MARKETING DE SERVIÇOS

O GEN | Grupo Editorial Nacional – maior plataforma editorial brasileira no segmento científico, técnico e profissional – publica conteúdos nas áreas de ciências sociais aplicadas, exatas, humanas, jurídicas e da saúde, além de prover serviços direcionados à educação continuada e à preparação para concursos.

As editoras que integram o GEN, das mais respeitadas no mercado editorial, construíram catálogos inigualáveis, com obras decisivas para a formação acadêmica e o aperfeiçoamento de várias gerações de profissionais e estudantes, tendo se tornado sinônimo de qualidade e seriedade.

A missão do GEN e dos núcleos de conteúdo que o compõem é prover a melhor informação científica e distribuí-la de maneira flexível e conveniente, a preços justos, gerando benefícios e servindo a autores, docentes, livreiros, funcionários, colaboradores e acionistas.

Nosso comportamento ético incondicional e nossa responsabilidade social e ambiental são reforçados pela natureza educacional de nossa atividade e dão sustentabilidade ao crescimento contínuo e à rentabilidade do grupo.

Marcos Cobra

MARKETING DE SERVIÇOS

gen | atlas

- O autor deste livro e a editora empenharam seus melhores esforços para assegurar que as informações e os procedimentos apresentados no texto estejam em acordo com os padrões aceitos à época da publicação, *e todos os dados foram atualizados pelo autor até a data de fechamento do livro*. Entretanto, tendo em conta a evolução das ciências, as atualizações legislativas, as mudanças regulamentares governamentais e o constante fluxo de novas informações sobre os temas que constam do livro, recomendamos enfaticamente que os leitores consultem sempre outras fontes fidedignas, de modo a se certificarem de que as informações contidas no texto estão corretas e de que não houve alterações nas recomendações ou na legislação regulamentadora.
- Data do fechamento do livro: 15/09/2020
- O autor e a editora se empenharam para citar adequadamente e dar o devido crédito a todos os detentores de direitos autorais de qualquer material utilizado neste livro, dispondo-se a possíveis acertos posteriores caso, inadvertida e involuntariamente, a identificação de algum deles tenha sido omitida.
- **Atendimento ao cliente: (11) 5080-0751 | faleconosco@grupogen.com.br**

- Capa: Manu / OFÁ Design
- Editoração eletrônica: Karen Ameomo
- Ficha catalográfica

CIP-BRASIL. CATALOGAÇÃO NA PUBLICAÇÃO
SINDICATO NACIONAL DOS EDITORES DE LIVROS, RJ

C589m

Cobra, Marcos
Marketing de serviços / Marcos Cobra. – 1. ed. – São Paulo: Atlas, 2021.

Inclui índice
ISBN 978-85-97-02144-8

1. Marketing. 2. Indústria de serviços - Administração. 3. Serviços ao cliente. I. Título.

20-66208 CDD: 658.8
CDU: 658.8

Meri Gleice Rodrigues de Souza - Bibliotecária - CRB-7/6439

Sobre o autor

Marcos Cobra

Possui graduação (1966), mestrado (1981) e doutorado (1989) em Administração de Empresas pela Fundação Getulio Vargas e curso em Planejamento Estratégico pela Universidade do Texas (1997). Professor titular da Escola de Administração de Empresas de São Paulo da Fundação Getulio Vargas até 2010. Presidente da Associação Latino-Americana de Acadêmicos de Marketing. Tem experiência na área de Administração, com ênfase em marketing e marketing de serviços, e nas áreas de comportamento do consumidor, estratégia e vendas.

Autor de 46 livros em Marketing, Vendas e Administração de Empresas, publicados no Brasil, em Portugal e na Colômbia. Atualmente, atua como conselheiro do Conselho de Administração do estado de São Paulo (CRA-SP), palestrante, professor de pós-graduação na Universidad de la Empresa (UDE), em Montevidéu, Uruguai, e como professor convidado em outras instituições de ensino superior. Orientador de mestrados e doutorados e sócio do Instituto Latino-Americano de Marketing (ILAM).

Apresentação

Conta a História que um grupo de artesãos invadiu a oficina de James Hargreaves, em Stanhil, noroeste da Inglaterra, no ano de 1768, e destruiu todas as suas máquinas de fiação, as *spinning jennies*, que em seus primeiros estágios de desenvolvimento produziam oito vezes mais que um artesão, por uma fração ínfima do esforço e sem muita habilidade requerida de seu operador. Foi um dos primeiros grandes marcos da Revolução Industrial e a ascensão das máquinas a vapor.

Forçado a se mudar para Nottingham, James Hargreaves melhorou seu produto, que passou a contar com 16 fusos, em vez dos oito originais. A mecanização havia chegado à Inglaterra e não teria mais volta.

A Segunda Revolução Industrial foi marcada pelo desenvolvimento de novas tecnologias, em diversas áreas, e pela mudança da matriz energética para o petróleo, cujas consequências foram o barateamento do transporte, os conflitos armados e o aumento dos gases de efeito estufa, que ocasionaram o aquecimento global com o qual estamos lidando atualmente.

A Terceira Revolução Industrial é a fase que muitos de nós vivenciamos desde os estágios iniciais – a eletrônica e a informática invadindo os escritórios e as casas –, aliada às novas tecnologias de comunicação, tomando toda a nossa atenção e tempo com os *tablets* e *smartphones*.

A Quarta Revolução Industrial, da sociedade 4.0 e do mundo exponencial, está trazendo modificações ainda mais radicais e certamente mais velozes que todas as outras. Baseada na integração entre o mundo físico e o ambiente virtual, os produtos desta nova etapa revolucionária são ideias, processos, serviços, que, pela própria natureza, estariam imunes àqueles artesãos que tentaram parar Hargreaves e o processo industrial em seu início.

Processos distribuídos, sensores interligados e inteligência artificial estão tão presentes, que nem percebemos mais quando estamos lidando com uma pessoa ou computador. A integração da eletrônica à biologia e o prolongamento da vida humana são apenas alguns dos destaques dessa nova era.

Seguindo essa linha de raciocínio, podemos afirmar que, até meados do século XVIII, o setor primário, cuja base era a agricultura e a extração de matérias-primas, era o que conduzia a economia e, por extensão, o mundo.

O período seguinte foi dominado pelo setor secundário – setor de transformação, das manufaturas das grandes corporações de "tijolo e cimento".

Hoje, a era econômica em que trabalhamos é regida pelo setor terciário, caracterizado pelo comércio, bancos e serviços. Nesse setor, as empresas podem, ainda, se diferenciar, oferecer experiências diferentes e customizar produtos para seus consumidores. É nessa atenção às interações entre consumidor e empresa que o papel do gestor tem destaque.

Precisamos ser os motores dessas mudanças em nossas organizações. O setor de serviços é o que tem maior valor econômico agregado e é amplamente utilizado como indicador de desenvolvimento de uma economia.

Estudar e planejar as ações nas áreas de serviços torna-se, portanto, cada dia mais relevante para toda e qualquer organização. Assim, a fim de ajudar nesse processo, surge mais esta grande obra do Administrador Marcos Cobra.

Alguns pensadores, professores e autores são, muitas vezes, alçados à categoria de gurus, destacando sua influência e respeitabilidade, mas poucos são aqueles que alcançam o nível do Professor Marcos Cobra: guru dos gurus.

Hoje, afirmo, sem reservas, que devem existir pouquíssimos trabalhos de conclusão de curso, dissertações de mestrado, teses de doutorados e livros na área que não usem suas obras como referência.

Respeitadíssimo na área de marketing, com inúmeros artigos e mais de 45 livros publicados – alguns traduzidos para outros idiomas –, membro da Academia Brasileira de Marketing, ex-professor e chefe do Departamento de Marketing da EAESP-FGV, é conselheiro do CRA-SP e muito nos brinda com seus *insights* em nossas reuniões plenárias e eventos com sua percepção da conjuntura atual e perspectivas para nossa profissão.

Esta obra irá abordar, da forma didática que caracteriza os livros do professor Marcos Cobra, como o profissional de Administração pode alavancar sua gestão de serviços. Serão discutidos desde as definições básicas de serviço e marketing, até a visão estratégica do marketing de serviços e seu papel como diferencial competitivo.

Não faltarão temas como marketing de experiência e o papel da tecnologia na qualidade dos serviços. Elaborado para o mundo digital, este livro é indicado para estudantes e pesquisadores das áreas de Administração de Marketing e Administração de Serviços.

Recomendo a leitura deste belo trabalho e espero que seus ensinamentos o inspirem a encarar os desafios do nosso futuro com uma citação de Thomas Edison: "Eu começo de onde o último homem desistiu".

Adm. Roberto Carvalho Cardoso
Presidente CRA-SP

Prefácio

O ser humano nasce, vive e morre sob a égide de um serviço. A lei biológica incorpora seus conceitos de ciclo de vida no mundo dos negócios em serviços.

A economia e serviços no mundo

A chamada *indústria da transformação* é responsável pelo giro da roda da economia. Ou seja, os investimentos na indústria da transformação produzem a base que ativa a produção industrial e estimulam a produtividade e consequente estímulo ao crescimento da safra agrícola. Essa roda continua girando, incrementando serviços empresariais, comerciais e sociais.

Os investimentos público e privado, somados ao consumo, são os desencadeadores do crescimento econômico do país que subsidiam a educação, a saúde, a segurança, entre outros serviços, produzindo receitas que possibilitam uma melhora sensível do nível de qualidade de vida, apontada pelo Índice de Desenvolvimento Humano (IDH), um indicador de progresso.

O tripé da economia se apoia em: investimentos (privados), consumo e governo. Serviços e marketing caminham juntos.

Serviço é toda atividade que visa suprir necessidades e desejos implícitos, explícitos e ocultos do consumidor.

Marketing em serviços é a arte e a ciência de identificar necessidades e desejos, até mesmo aqueles que o consumidor nem sabe que tem, levando serviços até o local de consumo, com a melhor oferta e um primoroso serviço de atendimento, antes, durante e após a venda.

A economia e o setor de serviços no Brasil

Os serviços são a bola da vez dos países desenvolvidos e em crescimento.

O Brasil, a Índia e a China, juntos, representarão, em 2050, 40% do Produto Interno Bruto (PIB) mundial. Até lá, somadas, as economias desses países deveriam ultrapassar, em 2020 (previsão feita antes da pandemia da Covid-19), o grupo composto por Estados Unidos, Alemanha, Reino Unido, França, Itália e Canadá, segundo relatório de Desenvolvimento Humano de 2013, publicado pelo Programa das Nações Unidas para o Desenvolvimento (PNUD).[1]

No PIB *per capita* (resultado da divisão do PIB pelo tamanho da população), em valores correntes, o Brasil passou de US$ 1.558 em 1983 para US$ 11.339 em 2012.

No *ranking* mundial de PIB *per capita*, em 2018, o Brasil ocupava a 81ª posição e, em 2020, não fosse a pandemia mundial da Covid-19, poderia estar na 67ª posição.[2]

O setor de serviços representava, em 2018, 75,8% do PIB total[3] e continua crescendo em todo o mundo. Porém, o que diferencia o profissional de sucesso são sua competência, qualificação e desempenho, somados à sua qualificação. Quanto mais capacitado o profissional, melhores serão os resultados e maiores as recompensas. É inegável que a dedicação aos estudos faz toda a diferença e passa obrigatoriamente por livros.

Os serviços são mola propulsora: empregabilidade

Os números mostram que, a partir de 2017, o Brasil teve uma ligeira retomada e viu seu PIB crescer 1,0%, impulsionado pelo agronegócio ante uma recessão de –3,5% em 2015 e 2016.

Entretanto, a economia do país permaneceu sendo uma grande economia de serviços. Afinal, dois terços desse setor são responsáveis por mais de dois terços do PIB do país e também dos demais países latino-americanos. É como se fosse o coração da economia. Além disso, em 2017, empregou 70% da mão de obra brasileira, com um detalhe significativo: a maioria são trabalhadores menos qualificados, que recebem salários mais baixos. Em essência, é o setor de serviços que garante a renda das famílias que estão na base da pirâmide social.[4]

O Brasil é um país de serviços

Conforme apurado pelo Instituto Brasileiro de Geografia e Estatística (IBGE), em 2011, havia cerca de 1,1 milhão de empresas prestadoras de serviços no Brasil, que faturaram aproximadamente R$ 1 trilhão, empregando 11,4

---

1 Caderno Economia. *O Estado de S. Paulo*, 17 ago. 2018.

2 *Trading Economics*. Disponível em: https://pt.tradingeconomics.com/brazil/indicators. Acesso em: 22 jul. 2020.

3 NETO, João. PIB cresce 1,1% pelo segundo ano seguido e fecha 2018 em R$ 6,8 trilhões. *Agência IBGE Notícias*, 28 fev. 2019. Disponível em: https://agenciadenoticias.ibge.gov.br/agencia-noticias/2012-agencia-de-noticias/noticias/23885-pib-cresce-1-1-pelo-segundo-ano-seguido-e-fecha-2018-em-r-6-8-trilhoes. Acesso em: 22 jul. 2020.

4 SALOMÃO, Alexa; PAPP, Anna Carolina; GOULART, Josette. *O Estado de S. Paulo*, São Paulo, 21 set. 2014. Caderno Economia & Negócios, B1.

milhões de pessoas, com um total de R$ 202,7 bilhões sob a forma de salários. Com um crescimento de 3,2% ao ano, o desempenho positivo do emprego se deve à criação de milhões de novos postos de trabalho em serviços, com ênfase em turismo e serviços em geral. Em 2018, antes da crise mundial causada pela pandemia da Covid-19, o PIB de serviços estava em 75,8%.

Segundo o IBGE, o setor de serviços representa o maior empregador do País, em razão dos diversos tipos de negócio e a necessidade de investimentos mais baixos, se comparado às empresas que trabalham com produtos. Otimistas diante desse cenário, empreendedores jovens e idosos têm investido cada vez mais nesse setor.

O principal freio ou acelerador de serviços é o varejo, que, nas regras adotadas para o cálculo do PIB, faz parte desse setor. O cenário de serviços é também influenciado pela atividade industrial (serviços empresariais) e pela atividade do comércio varejista, como serviços de transporte, serviços financeiros, distribuição, marketing e a chamada assistência ao cliente, para reparo ou troca de produtos.

Considerações

O Brasil é competitivo em termos de agricultura e extração de minerais, mas a economia interna depende de serviços para gerar empregos, uma vez que a indústria tem perdido competividade em relação a outros países do BRICS (Rússia, Índia, China e África do Sul). Com essas considerações, é fácil destacar a importância do setor de serviços para o equilíbrio do tripé da economia: Agricultura, Indústria e Serviços.

Entender e atender o mercado são as chaves do sucesso de uma empresa de serviços. Este livro tem como objetivo analisar a importância da cultura organizacional para formular estratégias competitivas em marketing para os diversos setores de serviços: educação, saúde, comunicação, turismo, bancos e etc.

Mãos à obra! Desejo uma boa leitura, esperando que ela seja instigante e instrutiva.

Marcos Henrique Nogueira Cobra
Colaboração de Cecilia Stroka

Agradecimentos

Agradecimentos a Roberto Cardoso, presidente do CRA-SP, pelo apoio; Cecilia Stroka, por sua contribuição crítica e inovadora; Paulo Kakinoff, presidente da Gol Linhas Aéreas; Pedro Barbastefano, da 29Horas Mídia Aeroportuária; Roberto Brezzo, Reitor da Universidad de la Empresa (UDE), Uruguai; Ana Maria Malik, da FGV Saúde; Dr. Consulta – proprietários e colaboradores; Hotéis Bella Itália – família Botolli; Loumar Turismo – Marcelo Valente, agradeço a abertura de suas estratégias empresariais que valorizaram o livro. A Fernanda Fedrigo, amiga e conselheira – Polo Iguassu. Pela especial colaboração ao Capítulo 12, "Diferencial estratégico de preço, distribuição e logística", agradeço ao amigo professor Francisco Conejero Perez, da Universidade Anhembi Morumbi, e ao amigo professor Wanderley Carneiro, Pró-Reitor da Fecap. Agradeço o apoio do Conselho Regional de Administração de São Paulo (CRA-SP).

Dedico esta obra a meus filhos, Gustavo e Isabela, e a meu neto, Caio. A Marcelo Augusto de Almeida e Ana Lucia Cobra de Almeida, sobrinhos apoiadores; a Claudia Soares de Oliveira – crítica, inspiração e apoio.

Sumário

PARTE VII

TIPOS DE SERVIÇOS, 199

Introdução[1]

Afinal, o que são serviços?

Serviço é toda atividade que visa suprir necessidades e desejos implícitos, explícitos e ocultos do consumidor.

Por que serviços são importantes?

O ser humano nasce, vive e morre sob a égide de um serviço. A lei biológica incorpora seus conceitos de ciclo de vida também ao mundo dos negócios em serviços.

Marketing em serviços é a arte e a ciência de identificar necessidades e desejos, até mesmo aqueles que o consumidor nem sabe que tem, levando serviços até o local de consumo, com a melhor oferta e um preço competitivo.

Serviços e marketing caminham juntos, pois todo serviço precisa ser criado a fim de atender a necessidades de consumo, com base em pesquisa, e ser vendido a partir de estratégias de comunicação e marketing, e ainda com um primoroso serviço de atendimento, antes, durante e após a venda.

"O CLIENTE NEM SEMPRE TEM RAZÃO"

Sem dúvida, essa é a premissa errada de muitas empresas de serviços que pecam por um atendimento, no mínimo, descortês.

A Fundação Procon-SP, órgão vinculado à Secretaria da Justiça e da Defesa da Cidadania de São Paulo, juntamente com 41 Procons Municipais, divulgou, em 2016, o *Ranking* Estadual de Reclamações, no qual estão listados os 50 fornecedores que mais geraram reclamações fundamentadas, ou seja, demandas de consumidores não solucionadas em curto prazo, ocasionando a abertura de processos administrativos. O resultado mostrou que, dos 894.845 atendimentos – entre consultas, orientações e carta de informações preliminares registrados –, 55.539 foram reclamações fundamentadas.

A lista apresenta, ainda, os índices de solução dos fornecedores com mais reclamações, bem como as suas formas de atendimento e prestação de serviço ao cliente. Entre os destaques com maior número de reclamações, aparece,

---

[1] Colaboração de Cecilia Stroka.

pela primeira vez, um grupo varejista – à frente, inclusive, de empresas dos segmentos de telecomunicações e instituições financeiras com os piores históricos nos Procons.

Trata-se do grupo Pão de Açúcar, composto pelas operações Ponto Frio, Via Varejo S/A, Pão de Açúcar, CompreBem, Eletro, Companhia Brasileira de Distribuição, Extra Hipermercado e Sé Supermercados Ltda. A maior parte das críticas, 89%, refere-se ao *e-commerce* do Grupo, ou seja, à entrega de produtos realizada de maneira não adequada. Isso representa críticas sobre um serviço.

O Grupo América Móvil, integrado pelas empresas Claro, Net e Embratel, novamente liderou o *ranking*, com 4.704 reclamações. Embora tenha sido observada diminuição em seus números, em comparação a 2015, o grupo piorou seu índice de solução, ao passar de 77% para 74%.

Ocupando o terceiro lugar, o Grupo Vivo/Telefônica tem 4.022 registros, resultado crescente em relação às reclamações de 2015.

Já a TIM Celular, apesar de manter o quarto lugar da lista, conseguiu reduzir as reclamações em 28% e aumentar o índice de solução em 81%, indo de 2.351 para 1.676 registros.

A Sky Brasil também foi evidenciada no *Ranking* Estadual, com aumento expressivo na quantidade de reclamações nos Procons Municipais. A empresa passou da 18ª posição no cadastro da capital para a quinta colocação, totalizando 1.533 reivindicações.

Índice de solução

Em 2016, o índice de solução apontou resultado negativo à Associação Paulista dos Beneficiários da Seguridade e Previdência (APABESP/CEPAASP), à Associação Brasileira de Apoio aos Aposentados, Pensionistas e Servidores Públicos (ASBP/PRODAC) e à Associação Nacional da Seguridade e Previdência (ANSP). Ou seja, associações de aposentados lideraram, no *ranking*, o setor de serviços privados, com 1.357 demandas não resolvidas, ante às 18 solucionadas.

A Samsung ficou entre as dez empresas com mais reclamações em 2016, e com o pior índice (42%) de atendimento. A companhia também surpreendeu negativamente com o aumento de 91% no volume de críticas, passando de 613 para 1.169.

Já entre as instituições financeiras, o Grupo Bradesco apresenta o maior número de reclamações, com aumento no número de solicitações e diminuição no de soluções, ao passar de 63% para 53% no período de um ano (BRASIL ECONÔMICO, 2017).

Face a esse cenário adverso, as empresas em geral, não só as de serviços, mas também as de comércio e indústria, buscam estabelecer a fidelização do cliente com a prestação de serviços sempre melhores e zelando pela imagem da sua marca no mercado.

Fazer marketing é, acima de tudo, atender a uma demanda de mercado proporcionando todo tipo possível de satisfação ao cliente.

Por meio do setor de serviços, é possível avaliar o desempenho da economia do país e o humor do consumidor. É grande a variedade de serviços empresariais e pessoais. O que faz a diferença está no atendimento ao cliente. Entre os vários serviços, podemos destacar:

TIPOS DE SERVIÇOS

1. Serviços públicos operados pelo Estado.
2. Serviços públicos privatizados.
3. Serviços privados em geral.
4. Prestação de serviços:
   - prestados às famílias;
   - serviços de informação (correios, telecomunicação, televisão, rádio, jornais, revistas, internet etc.);
   - prestados a empresas (serviços empresariais);
   - transportes, serviços auxiliares aos transportes;
   - atividades imobiliárias e de aluguel de bens móveis e imóveis;
   - outras atividades de serviços;
   - serviços de assistência técnica (serviços de manutenção e reparos);
   - canais de televisão por assinatura;
   - telefonia fixa e móvel.
5. Diversos.

   E isso inclui, entre outras, as seguintes configurações de serviços:

- venda de passagens aéreas;
- administração de aeroportos, ferrovias, estradas;
- serviços de TV por assinatura (Netflix, Amazon, Net, Sky, Vivo);
- recarga de celular;
- venda e locação de imóveis;
- crédito imobiliário;
- sistema financeiro: bancos, seguradoras, corretora de valores e cartões de crédito;

- movimento em bares e restaurantes;
- vendas de supermercado;
- vendas de varejo e atacado;
- anúncios na mídia tradicional e digital e nas redes sociais;
- movimento feminino em salões de beleza;
- comércio *on-line* (incrementa o setor de transporte e logística);
- entretenimento – cinemas, teatro e *shows*;
- serviços de interesse público, como gás, luz, água, combustível;
- serviços empresariais – construção civil, terceirização de serviços industriais, infraestrutura, tecnologia de comunicação;
- serviços de hospitalidade e turismo;
- serviços de saúde e planos de saúde;
- serviços educacionais;
- serviços jurídicos;
- serviços contábeis e consultoria;
- serviços de profissionais liberais (psicólogos, administradores, economistas, fisioterapeutas etc.);
- entre outros serviços.

O comportamento de compra do consumidor é largamente influenciado pela disponibilidade de crédito e de seu poder aquisitivo. Com a inflação mais alta, o crédito restrito, os juros elevados e o alto índice de desemprego, a antes auspiciosa nova classe média C – que sustentou a economia nos últimos anos – perdeu fôlego e tende a declinar ainda mais nos próximos anos.

Em meados de 2014, a nova classe média C sentiu o dinheiro encurtar, e o consumo diminuiu sensivelmente. De um total de 49,4% de famílias endividadas, 13% apresentavam contas em atraso e 5,2% não tinham condições de pagar suas despesas.

As famílias mais endividadas eram as da faixa de renda de até cinco salários mínimos (55,3%), seguidas das que recebiam entre cinco e dez salários mínimos (51,9%). Com dívidas, 49% dos consumidores da classe C afirmavam, no final de 2014, não terem condições de comprar os mesmos itens que compravam seis meses antes.

Em 2015, com a grave crise econômica do país, a nova classe média endividada viu seu poder de consumo diminuir assustadoramente, corroído por uma inflação elevada e pelo aumento do desemprego em mais de 40%. No entanto, a economia invisível, que representa quase 40% dos trabalhadores, mantém acesa a chama da economia visível.

Quadro 1 Critérios de renda familiar *per capita*

		Renda *per capita* mensal
A	classe alta	acima de R$ 2.728,00
B	baixa classe alta	R$ 1.120,01 a R$ 2.728,00
C1	alta classe média	R$ 705,01 a R$ 1.120,00
C2	média classe média	R$ 485,01 a R$ 705,00
C3	baixa classe média	R$ 320,01 a R$ 485,00
D1	vulnerável	R$ 178,01 a R$ 320,00
D2	pobre	R$ 89,01 a R$ 178,00
E	extremamente pobre	até R$ 89,00

Fonte: Data Popular (2014).

Diferentemente do que se supunha no passado, o desenvolvimento econômico brasileiro tem sido impulsionado pelo setor de serviços, e não pela atividade industrial.

Com seu amplo crescimento, o setor vem apresentando forte expansão nos últimos anos, ao passo que, na mesma medida, o setor industrial vem declinando na composição do PIB total do país.

Isso se deve ao fato de que, mesmo na indústria, o setor de serviços apresenta acentuado ritmo de contratação de mão de obra, a fim de suprir serviços empresariais.

SERVIÇOS EM ALTA

Em razão da má distribuição de renda no Brasil, as classes mais baixas, como a nova classe média C e ainda as classes D e E, buscam melhor qualificação profissional para aumentar seus rendimentos mensais. Vejamos a seguir algumas empresas de diferentes segmentos de serviços que obtiveram sucesso.

Educação

Com a ampliação do setor de serviços, aumenta a demanda por mão de obra qualificada, assim, a educação se dirige acentuadamente para a formação de pessoas. No entanto, ainda é "claramente insuficiente a oferta de educação de alta qualidade no Brasil" (KOLLER, 2014).

Os cursos profissionalizantes têm crescido em setores específicos, como informática, marketing, finanças, design, petróleo e gás, sucroalcooleiro e turismo. O *ranking* do setor é liderado pelo Serviço Nacional de Aprendizagem

Comercial (Senac), com foco em comércio e serviços, seguido pelo Serviço Brasileiro de Apoio às Micro e Pequenas Empresas (Sebrae) e o Serviço Nacional de Aprendizagem Industrial (Senai). O ensino a distância (EAD) não para de crescer, e o líder de mercado nesse segmento é o Sistema Kroton de Ensino Universitário, com mais de 1 milhão de alunos.

Comércio *on-line*

Segundo pesquisa realizada pelo Caderno PME – Pequenas e Médias Empresas (2017, p. 35), o comércio eletrônico vem crescendo de 10% a 12% ao ano. Em 2016, a Americanas.com alcançou índice de satisfação dos consumidores de 88%; em segundo lugar, a Kalunga, com 77%; seguidos pelo Mercado Livre, com 75%.

O rápido desenvolvimento das vendas *on-line* ocasionou o fechamento de inúmeras lojas físicas pelo país. Em nível mundial, *shopping centers* foram afetados, e até mesmo as vendas da Coca-Cola tiveram queda, uma vez que, ao diminuir os momentos de lazer fora de casa, o consumidor diminuiu também o consumo de refrigerantes em estabelecimentos comerciais.

Serviços empresariais

A contratação de pessoas é uma das maiores preocupações no setor de serviços, e a construção civil é um dos setores que mais sofrem. Conforme aponta pesquisa realizada recentemente pela Confederação Nacional das Indústrias (CNI), cerca de 70% das empresas no Brasil enfrentam dificuldades em razão da falta de mão de obra mais especializada para a construção civil (KONCHINSKI, 2011).

Ainda mais alarmante, o número de contratados com formação profissional é de apenas 18%. "Mesmo em crescimento, a construção civil ainda sofre com a escassez de mão de obra qualificada, o que tem impacto na qualidade e agilidade para entrega das obras", explica David Pinto, fundador do Instituto da Construção.

Pioneiro em cursos profissionalizantes para o setor, o Instituto da Construção finalizou o ano de 2012 com 60 unidades e faturamento de R$ 6 milhões. Em 2013, chegou a 200 unidades e faturamento de R$ 30 milhões. Os bons resultados se devem ao rápido crescimento do setor, impulsionado principalmente pelo *boom* imobiliário, pelas obras de infraestrutura do Programa de Aceleração ao Crescimento (PAC) e pelas obras destinadas aos grandes eventos esportivos, como a Copa do Mundo e os Jogos Olímpicos.

Os eventos esportivos também demandaram mão de obra qualificada em outras áreas, além da construção civil. Por outro lado, tem crescido a terceirização de mão de obra para diversos segmentos industriais, face à vasta rede de serviços empresariais que se acoplam à produção industrial do país.

Saúde

Sem dúvida, a saúde é uma das principais áreas de serviços requeridas no país. Os serviços de saúde pública e privada crescem à medida que a população se desenvolve. Os planos de saúde são a garantia para o crescimento de segmentos significativos de laboratórios de análises clínicas, hospitais, *home cares,* em uma vasta rede de serviços, que deve ser suportada por profissionais qualificados para o atendimento na área de saúde.

Com a omissão e falha do setor público, a saúde representa hoje grande preocupação para a família brasileira, principalmente a população que envelhece. Os índices de satisfação dos clientes com serviços de saúde privados apresentaram melhora. Em 2016, a Amil detinha 80%; Bradesco Seguro Saúde, 74%; Unimed, 72%.

O plano de saúde Prevent Senior, opção para pessoas com idade a partir de 49 anos, apresenta como alguns de seus diferenciais a medicina preventiva e também a rede própria de hospitais. Tem tido um crescimento exponencial, assim como as organizações de consultas médicas avulsas, *vide* o caso Dr. Consulta, ao final do livro. E a Omint detém a imagem de melhor do ramo.

Segurança pública e privada

Com o aumento da violência nas grandes cidades, cresce a demanda por serviços de segurança pública das polícias civil e militar e até o uso das Forças Armadas, como na cidade do Rio de Janeiro. Crescem também os serviços contratados de segurança privada, para proteção domiciliar, industrial, de transporte e de serviços em geral, no comércio e residencial.

Seguro de vida e seguro patrimonial

As empresas e as pessoas, em geral, têm buscado apoio de seguros de vida e seguros-saúde bem como seguros patrimoniais, como casa, carro, barco, sítio etc.

Fundos de pensão

Para fazer frente às necessidades de complementação de aposentadoria aos seus funcionários, as empresas investem na criação e administração de fundos de pensão.

Serviços de transporte

Os setores de transporte aéreo, rodoviário, ferroviário, fluvial, marítimo – no deslocamento de pessoas e de carga – flutuam com as crises econômicas e com a ausência de investimentos em infraestrutura. O Brasil só possui duas estradas de ferro para o transporte de pessoas e ambas pertencem à mineradora Vale: a Estrada de Ferro Vitória a Minas, que liga Belo Horizonte e cidades mineiras como

Governador Valadares a Vitória, no Espírito Santo; e a Estrada de Ferro Carajás, que liga São Luiz, no Maranhão, a Carajás, no Pará. Assim, a demanda de transporte marítimo e ferroviário tem se concentrado exclusivamente em carga.

Transporte aéreo

Há três grandes empresas aéreas no Brasil: Gol, Latam e Azul, nessa ordem de participação no mercado nacional.

Alimentação fora do lar

Entre os segmentos que mais cresceram no setor de serviços estão restaurantes, lanchonetes e diversas cadeias de *fast-food* e até *food trucks* – os famosos carrinhos de lanches representam 19,4% do mercado, com um aumento anual de 3,3%, de acordo com Márcio Rangem, franqueado da Empada Brasil, uma das maiores redes de empadaria do país, que já conta com 66 unidades em funcionamento. "A Empada Brasil sempre se destacou como uma opção muito vantajosa no ramo de franquias de alimentos" (SUA FRANQUIA.COM, 2013). Habib's, McDonald's, Burger King e diversos *fast-food* e restaurantes não param de crescer em 2019.

No segmento de vale-refeições, a Ticket é líder, seguida pela Sodexo e, em terceiro lugar, a Alelo e a VR-Vale Refeições, empatadas.

Turismo

O turismo é um setor de serviços que muito contribui para uma nova dinâmica econômica, gerando empregos, renda e divisas para o país, além de assegurar demandas sobre outras cadeias produtivas de bens e serviços. É considerável o poder de compra do setor de turismo em termos de móveis, televisores, aparelhos de ar condicionado, geladeiras, aviões, automóveis, bebidas e agronegócio (alimentos).

Em 2014, com a Copa Mundial de Futebol, realizada no Brasil, o turismo brasileiro viveu o seu melhor ano da história, com um considerável fluxo nas 478 cidades visitadas durante o período do evento, que trouxe 6,4 milhões de pessoas. Para se ter uma ideia, a média anual é de 5,7 milhões de turistas vindos do exterior.

Com a pandemia da Covid-19, a partir de 2020 o setor de turismo vai ter que se repensar. Antes menos de um terço dos brasileiros (62 milhões) viajava pelo país. Outros 70 milhões poderiam consumir turismo.

Com uma rica diversidade de ofertas de lazer e entretenimento, os destinos turísticos brasileiros eram a alavanca para a economia do país (LAGES, 2015).

No entanto, numa comparação com Portugal, um país relativamente pequeno em termos de território, o Brasil perde feio. Contra os 5,7 milhões de turistas que vêm ao Brasil, a terra lusitana recebe mais de 21 milhões de visitantes ao ano há cerca de 20 anos.

Setor bancário

Os serviços financeiros prestados pelos bancos são "artigo de primeira necessidade" do qual *ninguém* pode dispor. Visando ao sistema de operação a distância, os bancos não param de inovar. São muitos os aplicativos em *mobile*, incluindo pagamentos, transferências, aplicações, lojas *on-line* de produtos e serviços, entre outros. Como o futuro é o dinheiro de plástico e moedas digitais, como *bitcoins*, os bancos estão se reinventando, com estratégias cada vez mais sedutoras para atrair e reter clientes.

Segundo pesquisas do Caderno PME (2017), do Estadão, os índices de satisfação do Itaú e Bradesco estão empatados em 77%, vindo, a seguir, o Banco do Brasil, com 75% (*Internet Banking*).

Cartões de crédito

Os cartões de crédito crescem em velocidade vertiginosa, exigindo muita atenção na concessão de créditos. Na luta para vencer a concorrência, as bandeiras de cartões inovam na oferta de serviços, e, com isso, os índices de satisfação das pessoas jurídicas é muito próximo ao índice dos bancos. Hoje, muitos serviços bancários são aplicados quase que igualmente a cartões de débito e cartões de crédito. A bandeira com maior índice de satisfação é a Mastercard (79%), seguida do Visa (78%) e do Elo (65%) (CADERNO PME, 2017, p. 6).

Serviços de seguro

O setor de seguros é um dos que mais concorrem em serviços. As ofertas são cada vez mais criativas para atrair novos clientes. Os seguros automotivos, patrimoniais, acidentes pessoais, seguro-saúde, entre outros, inovam até o inimaginável. Consertos em residência, lavagem de estofados, serviço Vá de Táxi (Porto Seguro), reparos emergenciais automotivos e até mesmo carro grátis em caso de sinistro. Há, ainda, muito mais ofertas: espetáculos musicais, teatrais, cinema, esporte e uma infinidade de mimos para "paparicar" e reter clientes.

Internet

À medida que a velocidade do serviço de internet avança, cresce também seu uso na comunicação e na venda *on-line* de produtos e serviços. Isso exige um serviço de apoio de qualidade. A tecnologia da informação não para de se desenvolver, e o uso crescente das mídias sociais para pessoas e empresas proporciona uma grande extensão da cadeia de eventos que se multiplicam.

A *internet das coisas* é tendência de uso generalizado em todos os segmentos comerciais, industriais e de serviços. A digitalização não para, e os aplicativos criados são cada vez mais sedutores. Por exemplo, os aplicativos de mobilidade e de entrega de objetos e alimentação têm crescido muito.

Desta forma, não param de surgir inúmeros outros aplicativos com vistas a inovar em serviços até onde a imaginação alcançar: hospedagem, alimentação, transporte, saúde, serviços públicos em geral etc.

Telefonia móvel

Serviço detentor dos índices mais elevados de insatisfação de clientes, conforme revelado pelo movimento de reclamações no Programa de Proteção e Defesa do Consumidor (Procon). Será preciso investir em atendimento técnico e de reclamações para aprimorar o serviço. Em 2016, entre os que apresentaram melhor atendimento, figuraram a TIM (69) e a Nextel (68) (CADERNO PME, 2017, p. 18-19).

Serviços de TV por assinatura

Não faz muito tempo, surgiram outras opções para assistir a filmes que vão além da telona dos cinemas ou telinhas de TV, na programação dos telecines ou locação de vídeos. Hoje, isso tudo está superado com a Netflix e a Amazon, que disponibilizam um acervo enorme de filmes e séries especiais em aplicativos via internet.

Empreendedorismo

O surgimento de novos negócios se dá, sobretudo, na área de serviços, que, exigindo muitas vezes baixo investimento, atrai pessoas ávidas por um reforço de caixa no ganho pessoal.

Muitos empreendedores iniciam uma empresa sem abrir mão do emprego e passam a ter uma "vida dupla". Ter um salário fixo possibilita que o empresário de um novo negócio mantenha seu padrão de vida e invista em sua independência financeira, o que evita a necessidade de realizar empréstimos em bancos.

Em alguns casos, a empresa em que o empreendedor continua como funcionário pode trazer novos clientes e profissionais para o seu negócio (OLIVEIRA, 2014, p. 1).

SERVIÇOS EM BAIXA

Telefonia fixa

Este é um mercado em queda, pois hoje o uso do celular é universal. Mesmo assim, a qualidade do serviço da telefonia fixa faz a diferença. Na pesquisa PME – Pequenas e Médias Empresas do *Estadão*, a Net/Claro recebeu em 2016 a soma de 79 pontos, seguida, mas já bem atrás, pela Vivo, com 61 pontos e, por último, a Oi, com 48 pontos (CADERNO PME, 2017, p. 18-19).

Cultura

No Brasil, 42% das pessoas não consomem cultura. Segundo pesquisa realizada pelo Instituto Brasileiro de Opinião Pública e Estatística (IBOPE), quase a metade dos brasileiros não participa de atividades culturais com frequência. A pesquisa foi realizada em 74 munícipios do país, com 1.620 entrevistados entre 16 e 75 anos, de outubro a novembro de 2013. Essa mesma pesquisa revelou que cerca de 38% da população brasileira aprecia cinema, embora ir à igreja venha em primeiro lugar (JORDÃO; ALLUCCI, 2014).

Transportes e mobilidade urbana

No *ranking* mundial das cidades com pior mobilidade urbana, algumas são brasileiras: Rio de Janeiro, Recife, Belo Horizonte, São Paulo e Fortaleza.

Segurança

Entre 2005 e 2013, o tráfico de drogas transformou a cidade de Fortaleza, que passou contabilizar o maior número de homicídios no país, superando Maceió.

Segundo estatística do número de homicídios por 100 mil habitantes, o Nordeste é a região mais perigosa do Brasil. A taxa nordestina de homicídios se manteve na faixa dos 40 casos por 100 mil habitantes. Alagoas segue isolado como o Estado mais violento do país, com o registro de 65 assassinatos para cada grupo de 100 mil habitantes, em 2013.

Se o Nordeste fosse um país, seria o segundo mais violento do mundo, à frente da Venezuela (54/100 mil) e atrás apenas de Honduras (90/100 mil) (TOLEDO; RABATONE, 2015).

Em 2018, segundo Bretas (2018), as três cidades com o maior índice de homicídios eram:

1. Queimados, no Rio de Janeiro.
2. Eunápolis, na Bahia.
3. Simões Filho, também na Bahia.

Desenvolvimento humano

O Brasil recebeu destaque em relatório do Índice de Desenvolvimento Humano (IDH) por avançar pouco no *ranking*. No relatório de 2016, feito com base no ano de 2015, obteve a 79ª colocação (PIRES, 2017). O IDH varia entre 0 e 1: quanto mais próximo de 1, maior é o índice de desenvolvimento do país. Em 2018, a nota do Brasil foi de 0,761, ficando na 79ª posição no *ranking*. A Noruega permanece na primeira colocação e encabeça a lista das nações com IDH muito alto (PNUD, 2019).

QUALIFICAÇÃO

É inegável que a maior qualificação do serviço depende de tecnologias e de pessoas cuja dedicação aos estudos passa obrigatoriamente por livros e faz toda a diferença. Porém, a realidade mostra que o número de livros lidos por pessoa, no Brasil, caiu de 3,7 em 2007 para 3,1 em 2011.[2] Se excluirmos os livros didáticos, esse número cai para uma leitura de apenas um 1,2 livro por ano. Em 2011, nosso país apresentava o seguinte panorama:

- 3.073 livrarias para 5.700 municípios (1 livraria para cada 54 mil habitantes);
- 6.148 bibliotecas e 1 biblioteca pública para cada 33 mil habitantes.

Brasil: um país de serviços

Segundo o professor Francisco Gracioso, os serviços até 2016 representavam, como foi citado, a maior parte do PIB brasileiro, cerca de 71%.

De acordo com o IBGE (Instituto Brasileiro de Geografia e Estatística), em 2011, cerca de 1,1 milhão de empresas prestadoras de serviços no Brasil faturaram aproximadamente R$ 1 trilhão, empregando 11,4 milhões de pessoas, com um total de R$ 202,7 bilhões sob a forma de salários. Com um crescimento de 3,2% ao ano, o desempenho positivo do emprego se deve à criação de milhões de novos postos de trabalho em serviços, com ênfase em turismo e serviços em geral. Otimistas diante desse cenário favorável ao setor de serviços, empreendedores jovens e idosos têm investido cada vez mais no setor de serviços.

As oportunidades para as empresas que prestam serviços nunca foram poucas. O setor ocupa lugar de destaque na economia de nosso país com 75,8% do Produto Interno Bruto (NETO, 2019). Em contrapartida, a área de serviços continua sendo a campeã de reclamações no Procon. Para reverter essa posição, não têm sido poucos os esforços. Reduzir o número de reclamações é encontrar o ponto de equilíbrio entre inovação, novas tecnologias, qualidade e atendimento. A transformação digital traz em si um novo conceito de marketing de serviços e estamos no início. Esse processo tende a se acelerar mais e mais, sobretudo com as inteligências racionais, emocionais e de relacionamento aplicadas aos serviços.

Independentemente da área de atuação do marketing de serviços, é fundamental ter em mente que a maneira de atrair e reter clientes é diferente do modelo *off-line*. O mundo digital multiplica tanto o lado positivo como o negativo – as críticas negativas e as reclamações –, e ao mesmo tempo possibilita

---

[2] Portal Brasil (com Ministérios da Cultura e da Educação e a Câmara Brasileira do Livro). Disponível em: http://www.brasil.gov.br/cultura/2015/07/retratos-da-leitura-no-brasil/view. Acesso em: 5 fev. 2016.

feedbacks instantâneos e correção de rotas. É um enorme avanço. O conceito de *digital live*, obrigatoriamente, deve ser adotado nas estratégias do marketing de serviços.

O *digital live* determina, por exemplo, que uma ação em ponto de venda, hoje, ultrapassa os limites físico e ganha repercussão nas mídias digitais e redes sociais. Desenvolver ações que priorizem o marketing digital para serviços é um caminho sem volta e de muitos desafios, mas também permite múltiplas possibilidades.

Um ponto importante: é indispensável ter cautela ao avaliar a associação de aplicativos e a remuneração de pessoas, pois, inevitavelmente, surgem contrassensos que podem alterar o equilíbrio orçamentário e os contratos de trabalho, à luz da legislação vigente. De um lado, os serviços se utilizam dos aplicativos – a cada dia mais avançados em tecnologias inovadoras – e da presença do ser humano usando as inteligências emocional – proposta por Daniel Goleman (2001), psicólogo e escritor de renome internacional –, relacional, racional e espiritual.

Nessa transição, a mídia deixa de ser tática para ser muito estratégica; empresas já nascem digitais, com perfil específico e tendências diferentes da tradicional.

O Google e Facebook concentram os investimentos em mídia digital em 50% e 37% respectivamente. O Facebook é a maior rede social do mundo, com mais de 2,2 bilhões de contas ativas (WE ARE SOCIAL, 2019). Segundo a pesquisa Global Digital 2019, 66% da população brasileira é usuária do Facebook (RIBEIRO, 2019).

A cada hora, são postados 136 mil fotos e vídeos, além de mais de 510 mil comentários. O Brasil é o terceiro país em número de usuários do Facebook, com 99 milhões de contas ativas. Ou seja, oito em cada dez brasileiros internautas têm conta no Facebook. Um total de 93% dos profissionais de marketing mais respeitados no Brasil e no mundo utilizam o Facebook em suas campanhas, e 70% dos usuários ativos estão conectados em pelo menos uma página de negócios, gerando semanalmente 645 milhões de visualizações e 13 milhões de comentários.

Os aplicativos (APPs) têm o potencial de criar novos mercados. Porém, vale ressaltar que ao associar aplicativos com remuneração das pessoas surgem contrassensos que podem alterar o equilíbrio orçamentário e os contratos de trabalho, à luz da legislação vigente. A mídia, por exemplo, tem exercido influência vital na transição para o digital, deixando de ser tática para ser muito mais estratégica. Em meio ao caos atual, as empresas já nascem digitais e sua principal ferramenta – a comunicação, via rede social, cresce e aparece. Para se ter uma ideia, o Google e Facebook concentram os investimentos da mídia digital em 50% e 37% respectivamente, como citamos anteriormente.

PARTE I

IMPORTÂNCIA DA ÁREA DE SERVIÇOS

1 Evolução e Revolução em Serviços: o que Muda nos Ambientes Global e Nacional | Necessidades e Desejos

"Dizes-me com quem andas e eu te direi se vou contigo."

Barão de Itararé

OBJETIVOS DE APRENDIZAGEM

- Introduzir o conceito de cadeia de valor para serviços.
- Apresentar as características básicas de um serviço.
- Apresentar as perspectivas e os desafios econômicos do setor de serviços.
- Analisar a influência das inteligências no desempenho dos serviços.
- Entender como permanecer competitivo e como vender muito.

INTRODUÇÃO

Cadeia de valor

As atividades estratégicas relevantes de uma empresa de serviços devem estar desagregadas para que se possam compreender os potenciais de diferenciação e gerar economia de custos, pois toda empresa é uma reunião de atividades executadas para projetar, produzir, comercializar, entregar e sustentar o seu serviço. A cadeia de valores de uma empresa e o modo como ela executa suas atividades refletem sua estratégia em um particular setor de atividades.

A identificação das atividades de valor exige uma análise individual da sua função, os recursos que emprega, seus insumos e tecnologia, podendo ser divididas em atividades primárias e atividades de apoio. As atividades primárias estão relacionadas com a criação do serviço, sua venda e transferência para consumo do comprador, bem como o serviço de atendimento ao cliente no pós-venda.

As atividades de apoio dão sustentação às atividades primárias e a si mesmas, fornecendo recursos humanos, tecnologia, insumos e outros.

O valor de um serviço é apresentado no Quadro 1.1:

Quadro 1.1 Valor de um serviço

Um serviço só tem valor para o consumidor se o benefício oferecido for reconhecido como importante para ele.	Como a velocidade com que a concorrência imita a empresa líder está cada vez maior, a líder não pode parar de inovar e investir. O seu serviço deve ter custo relativo mais baixo, com desempenho superior ou no mínimo similar à concorrência.

O serviço deve ser permanentemente inovado, para que se diferencie da concorrência e apresente valor superior para o consumidor.

1.1 ECONOMIA E SETOR DE SERVIÇOS

A economia do mundo inteiro respira serviços, representando na maioria das vezes mais de 50% do PIB. Os serviços navegam desde alta tecnologia, de serviços públicos essenciais, até serviços privados profissionais e pessoais.

A ampliação da riqueza da humanidade se faz por meio de serviços: financeiros, empresariais, entre outros, e apoia o desenvolvimento das nações por meio de serviços educacionais. É, ainda, suportada por serviços de saúde e abençoada por serviços religiosos.

Por onde se olha, se vê um serviço. Saúde, educação, segurança, limpeza pública e doméstica, transporte, celulares, cinema, teatro, igrejas, luz, gás, saneamento e água, enfim, inúmeros serviços produzidos diretamente ou terceirizados na produção de serviços pessoais ou empresariais ou ainda na produção rural.

Na maioria das vezes, o serviço repousa em tecnologias diferenciadas na forma de aplicativos como Uber, Netflix, Google, Facebook, entre inúmeros outros.

A economia do mundo é movida por serviços.

1.2 CARACTERÍSTICAS DO SETOR DE SERVIÇOS

Dentre as principais características do setor de serviços, destacam-se:

- **Intangibilidade**: um serviço é mais intangível do que tangível. A Disney World, por exemplo, vende entretenimento, uma escapada ao mundo da fantasia. Um restaurante chique vende ambiente e sensação de realeza. O grande desafio do profissional de marketing é tornar tangíveis esses aspectos intangíveis de um serviço, destacando os benefícios de forma clara.

- **Relacionamento com os clientes**: muitos serviços não podem ser produzidos sem a presença e cooperação do cliente. Como os serviços não podem ser armazenados, eles devem ser produzidos ao mesmo tempo em que são consumidos. A Federal Express, por exemplo, primeira empresa a ganhar o prêmio de qualidade denominado *Baldrige Quality Award*, tem sua ação baseada na promessa de um rápido serviço de entrega. Para agilizar o seu processo, a partir de 1993, passou a fornecer aos seus clientes um computador com um *software* especial, em que o cliente paga apenas pela linha telefônica para conectar-se diretamente com o equipamento da FedEx, que possibilita enviar e receber mensagens indicando instantaneamente a localização de sua encomenda ao longo da rota de entrega.
- **Perecibilidade**: quando a presença do cliente for requerida para receber e consumir o serviço, a empresa do setor de serviços deve estar atenta ao tempo do cliente, pois os serviços são perecíveis. Em outras palavras, eles não podem ser armazenados para consumo posterior. Os carros de uma locadora de veículos que não foram alugados na data de hoje perderam faturamento que não pode ser recuperado. Portanto, serviços médicos, serviços aéreos, locação de veículos, energia elétrica, entre tantos outros, precisam ser consumidos instantaneamente à sua produção, pois não podem ser armazenados para consumo futuro. A demanda de serviços deve ser bem calculada e administrada.
- **Inseparabilidade**: o serviço depende da *performance* de tecnologias e sobretudo de pessoas. Um funcionário é parte essencial de um serviço. E, como decorrência disso, o setor de serviços é quase sempre caracterizado como de mão de obra intensiva. Uma pizzaria depende do desempenho do pizzaiolo e o seu custo é uma parte significativa do custo total da pizza. Um banco depende do desempenho de seus sistemas de atendimento *on-line*, seus computadores e do atendimento cordial de seus funcionários, seja do caixa ou mesmo do profissional de telemarketing.

1.3 SETOR DE SERVIÇOS: PERSPECTIVAS E DESAFIOS

Neste terceiro milênio, o grande diferencial serão as inteligências aplicadas e as respectivas tecnologias e também as pessoas. Diferentes e ao mesmo tempo comuns, essas tecnologias e pessoas estarão fazendo parte de comunidades ampliadas resultantes de associação de países. Em breve, teremos um só mercado com particularidades regionais, por meio de zonas de livre-comércio geográfico e plugados na internet e intranet. Dessa forma, é de se supor que os consumidores de serviços estarão sob as mesmas tendências e modismos, pois evoluímos muito rapidamente da sociedade industrial para a sociedade da informação. A tecnologia da informação está colocando o consumidor como um cidadão mais informado e, com isso, ele se torna mais exigente e adquire maior poder de barganha. Segundo Naisbitt (1987, p. 247 e conclusão): *"Em um mercado onde os consumidores estão sobrecarregados de informações, eles acabam selecionando as que são melhor direcionadas para as suas necessidades"*.

Os consumidores de serviços buscam hoje preço baixo, velocidade, serviços personalizados e qualidade alta, e, no futuro, essas exigências tenderão a ser ainda maiores e mais específicas. Da mesma forma, a concorrência torna-se dia a dia mais acirrada e ao mesmo tempo virtual e real, exigindo a criação de serviços que fidelizem clientes globais. As estratégias de valor agregado passam a merecer atenção redobrada para uma tecnologia inovadora, impulsionada por um marketing personalizado e apoiado por um esforço de vendas inusitado.

As empresas de serviços, como bancos, agências de viagem e de informática, acostumadas a serem compradas, devem aprender a vender, uma vez que o consumidor informado, via internet, não se deixará seduzir com argumentos de vendas inconsistentes.

1.4 COMO PERMANECER COMPETITIVO NO SETOR DE SERVIÇOS

Diversos autores vêm pregando uma nova visão de negócios para atender às exigências do mercado e para nele permanecer competitivo.

Dentre outros, Robert B. Tucker (1995), em seu livro *Administrando o futuro*, propõe às empresas os seguintes passos:

1. Repense a empresa a partir de seu cliente, e não de seus serviços.
2. Crie meios de ficar mais próximo de seus clientes.
3. Torne-se um observador atento de tendências.
4. Introduza constantes melhorias em seus serviços.
5. Busque permanentemente ideias novas, ainda que ousadas. A melhor maneira de predizer o futuro é inventá-lo.

Como o tempo é um recurso a cada dia mais escasso, é preciso criar serviços que poupem tempo das pessoas. A força propulsora da rapidez e da conveniência dos serviços deve procurar proporcionar economia de tempo e facilidades inusitadas aos consumidores.

1.4.1 A influência das inteligências no desempenho dos serviços

As organizações, objetivando a sobrevivência e o crescimento, investem em tecnologia e no capital humano apoiado em um composto de inteligências: artificial, emocional, relacional e espiritual, e esse é o grande diferencial estratégico em serviços.

Uma sociedade baseada em tecnologia, como a atual, precisa dispor de inteligência capaz de utilizar conhecimentos e produzir resultados. A informação é a base, a transformação digital é um fato, e são as pessoas que fazem a diferença. Nós seremos apoiados em robôs. Somos a diferença, seja no modelo analógico ou digital.

Ao deter uma rede de conhecimento, as organizações precisam ser capazes de encarar o dilema de transformar possibilidades em certezas frente à expressiva volatilidade. O conhecimento é o capital indispensável, mas não é único. As inteligências desenvolvem novos conhecimentos para criar um capital cultural, que permita sobreviver e crescer em um ambiente competitivo. Mas essa equação simples tem algumas variáveis indispensáveis ao bom desempenho.

Possuir *know-how* é o ponto de partida para se agregar valor a um negócio. É necessário ter uma equipe diferenciada que possua competências e talentos gerenciais com capacidade de inovar, gerar ideias pioneiras e criativas, transformar oportunidades em resultados auspiciosos. A aplicação da inteligência é um fator de diferenciação e competitividade que deve ser priorizado.

A seguir, listamos um cronograma da evolução dos conceitos de inteligência aplicada aos negócios em serviços:

- Inteligência artificial.
- Quociente de inteligência.
- Inteligência emocional (GOLEMAN, 2001).
- Inteligência relacional (AMARO, 2017).
- Inteligência espiritual – conceito apresentado, em 2004, por Danah Zohar e Ian Marshall (2018), que se relaciona a ser humano e propósito de vida.

As ações de marketing podem ser definidas pelos 4 Ps do marketing:

1. Produto ou serviço.
2. Preço estabelecido para a venda do serviço.
3. Propaganda e promoção de vendas do serviço.
4. Ponto de distribuição para a venda do serviço.

Aos 4 Ps alguns autores acrescentam três novos, totalizando, então, os 7 Ps. Os 3 novos Ps seriam:

- **Pessoas**: palavra-chave da gestão em serviços, a competência humana é o maior diferencial. Mais do que gerir pessoas, é preciso administrar potenciais competências individuais que se traduzem na competência organizacional.
- **Processos**: métodos de trabalho e equipamentos utilizados capazes de transformar informação de mercado em conhecimento, gerando resultado de vendas e de lucratividade.

- **Evidências físicas (palpabilidade)**: é preciso transformar os aspectos intangíveis de um serviço em aspectos tangíveis. Por exemplo, os caixas eletrônicos e os cartões de débito e de crédito são formas de tangibilizar serviços financeiros intangíveis por natureza.

Acionando as inteligências organizacionais artificiais, emocionais, relacionais e espirituais, uma empresa pode se tornar diferenciada. Ou seja, é fundamental usar o conhecimento de forma racional, observando os aspectos emocionais, relacionais e espirituais.

O capital cultural (ou conhecimento), conceito cunhado por Pierre Bourdieu, pode ser desenvolvido com base na inteligência racional; o capital social pode ser ampliado com o uso da inteligência emocional; o capital relacional permite ampliar a base de relacionamentos; e, apoiado na inteligência espiritual, o capital espiritual pode ser expandido, pois há um Deus dentro de cada pessoa.

Quadro 1.2 Funções dos capitais cultural, social e relacional face às inteligências e resultados esperados

Capital	Inteligência	Função	Resultados esperados
Capital cultural	QI = quociente de inteligência artificial	Como utilizar recursos tecnológicos	Harmonização entre humanização e tecnologia
Capital social	QE = quociente de inteligência emocional	Como utilizar as emoções	Direcionamento das emoções para maximizar ganhos sociais e financeiros
Capital relacional	QR = quociente de inteligência relacional	Como ampliar relacionamentos	Ampliação da base de atuação de uma organização
Capital espiritual	QS = quociente de inteligência espiritual	Como desenvolver o Deus que há em cada um de nós	Acreditar que sempre é possível superar obstáculos

Fonte: Zohar e Marshall (2004, p. 17).

1.4.2 Responsabilidade social e relacionamentos

As empresas são, essencialmente, pessoas.

Pessoas possuem inteligência para processar conhecimentos de maneira racional, relacional e emocional, transformando-os em competências para o desenvolvimento do seu trabalho. As empresas vão muito além de máquinas, processos e tecnologia. Elas devem ser sustentáveis e relacionar-se com base em suas competências gerenciais.

Para o sucesso organizacional, as habilidades sociais e comportamentais são tão ou mais importantes que os conhecimentos técnicos. A inteligência relacional – habilidade de mobilizar pessoas e recursos em prol de objetivos em comum – potencializa a criatividade, o espírito inovador e imprime velocidade de entrega.

O trabalho colaborativo e os negócios digitais, por sua vez, devem ter os olhos voltados para a humanização e a tecnologia. E humanização significa, por exemplo, erradicar a fome, promover a toda a população mundial o acesso à água, frear as mudanças climáticas que provoquem danos ambientais. É preciso melhorar a qualidade de vida das pessoas, incrementando para isso o uso da inteligência relacional.

1.5 INTELIGÊNCIA ESPIRITUAL

O que é inteligência espiritual?

> É uma terceira inteligência que coloca nossos atos e experiências num contexto mais amplo de sentido e valor, tornando-os mais efetivos. Ter alto quociente espiritual (QS) implica ser capaz de usar a inteligência espiritual para uma vida mais rica e mais cheia de sentido, com senso de finalidade e direção pessoal. O QS aumenta nossos horizontes e nos torna mais criativos. É uma inteligência que nos impulsiona e é com ela que abordamos e solucionamos problemas de sentido e valor. O QS está ligado à necessidade humana de ter propósito na vida. É ele que usamos para desenvolver valores éticos e crenças que vão nortear nossas ações. (ZOHAR; MARSHALL, 2018, p. 18-23.)

Os cientistas descobriram que temos um "Ponto de Deus" no cérebro, uma área nos lobos temporais que nos faz buscar significado e valores para nossas vidas. É uma área ligada à experiência espiritual. Tudo que influencia a inteligência passa pelo cérebro e seus prolongamentos neurais.

Um tipo de organização neural permite ao homem realizar um pensamento racional, lógico. Dá a ele seu QI, ou inteligência intelectual. Já outro tipo permite realizar o pensamento associativo, afetado por hábitos, reconhecedor de padrões e emotivo. É o responsável pelo QE, ou inteligência emocional. Um terceiro tipo, QR, inteligência relacional, permite que o pensamento criativo grupal seja capaz de novos *insights*, formulador e revogador de regras. Esse é o pensamento com que se formulam e se transformam os outros tipos de pensamento. É a esses novos tipos de pensamento que se dá o nome de QS, quociente espiritual, ou inteligência espiritual.

1.5.1 Inteligência emocional e inteligência espiritual

Qual é a diferença entre QE (inteligência emocional) e QS (inteligência espiritual)?

Daniel Goleman (2001), teórico do Quociente Emocional, fala das emoções: "*É o poder transformador. Implica em trabalhar com os limites da situação*". Danah Zohar fala da alma. "*O quociente espiritual tem a ver com significado das coisas, e não apenas como essas coisas afetam a emoção e como as pessoas reagem a isso. A espiritualidade sempre esteve presente na história da humanidade*" (ZOHAR, 2018).

E a isso tudo se agrega, ainda, a necessidade de valoração dos aspectos intangíveis da espiritualização que preserve os valores morais, éticos e existenciais. Afinal, onde estamos e para onde vamos? A busca de bens da fé – que incorpora nas pessoas a crença e a fé – é indispensável também na preservação das organizações, as quais, além do lucro, passam a valorizar o ser humano, que, afinal, é indispensável para a produção e a compra de seus produtos e serviços. Em síntese, as empresas de serviços surgem em decorrência de algum momento (*insight*) criativo que se dá por meio da inteligência racional. As empresas crescem e se desenvolvem à medida que estimulam a inteligência emocional e a inteligência relacional que associem emoção e relação, agregando novos valores a um serviço, que se perpetuam quando falam à alma das pessoas pela inteligência espiritual.

Venda muito: faça muita gente feliz!

"O cliente tem sempre razão" é uma falácia muitas vezes, pois o cliente nem sempre sabe o que procura no serviço, e a empresa nem sempre entrega ao cliente um serviço com a qualidade buscada.

Cliente satisfeito é o grande segredo da felicidade do cliente e do sucesso em vendas de serviços.

A tarefa básica do homem de vendas de serviços é vender ou satisfazer o cliente? O vendedor compete no mercado, e, para obter vantagens em relação aos seus concorrentes, deve se preocupar em identificar se o conteúdo do seu serviço está adequado ao mercado, se o cliente está satisfeito com a atual configuração do serviço e se o custo está de acordo com as possibilidades financeiras do cliente. Então, o vendedor deve se comprometer com o cliente para que ele fique satisfeito com o serviço adquirido, com a compra, com o próprio vendedor e com o atendimento pós-venda.

A política de satisfação do cliente requer uma filosofia de atuação do vendedor calcada nas necessidades do cliente, e não em suas próprias necessidades. Ou seja, o vendedor deve se concentrar na satisfação do cliente e, se possível, fazê-lo feliz, para que ele volte a fazer negócio. O objetivo final da política de satisfação do cliente é obter a sua lealdade, criando clientes para toda a vida. Obviamente, uma forma de construir uma relação para a vida toda com alguém é ver esse alguém com frequência, seja no relacionamento sentimental, seja no casamento, seja nos negócios.

A ausência não aumenta o amor, gera o esquecimento. A ausência faz com que seus clientes esqueçam por que algum dia fizeram negócio com o vendedor. A solução para evitar o esquecimento e para a diminuição dos negócios é encurtar o ciclo de compra, com o aumento do fluxo de visitas ao cliente. Na verdade, todos se beneficiam quando a empresa de serviços encurta o ciclo de compra. Esse é o segredo dos planos de incentivo dados aos clientes frequentes – *frequent flyers*. Por exemplo: incentivos financeiros ao consumidor, com passagens grátis ou *upgrade* para voar em uma classe superior à comprada, por voar com frequência com a Gol, Latam, Azul, Emirates, Lufthansa, KLM, Air France, United, Delta, Aerolineas Argentinas, American Airlines, estimulam mais a fidelização de clientes.

CONCLUSÃO

Como os serviços são perecíveis e não podem ser armazenados em momentos de baixa demanda para serem vendidos na demanda alta, os desafios de vendas são permanentes. Portanto, é exigida a adoção de um marketing competente para administrar a demanda e vencer a concorrência.

Permanecer competitivo, antes de ser uma questão estratégica, é um imperativo para a sobrevivência. As novas inteligências tornam as empresas e as pessoas mais inteligentes e, portanto, mais eficazes, mas nem sempre isso significa mais felizes. A tecnologia acelera os dispositivos e aplicativos a serviço do homem, mas ele sempre será um ser humano com expectativas variadas na busca da felicidade.

TRADUZINDO EM PONTOS DE AÇÃO ESTRATÉGICA

Pontos de ação	Providências necessárias	Resultados esperados
1. Identifique uma cadeia de valor para o serviço financeiro	Conduzir uma investigação junto a clientes e não clientes	Serviços de interesse e valor
2. Identifique a intangibilidade do serviço educacional	Conduzir uma pesquisa de mercado para medir fatores emocionais	Clientes interessados e envolvidos emocionalmente
3. Repense a empresa a partir dos clientes	Criar um painel de clientes	Clientes comprometidos
4. Venda muito: faça muitos clientes felizes	Procurar oferecer serviços de valor	Clientes felizes

QUESTÕES

1. Comente: de que maneira se pode tangibilizar um serviço?
2. Qual será o futuro dos bancos em 2050?
3. Comente a maneira pela qual os serviços turísticos podem se adequar aos desafios da inteligência artificial, que substitui as operações de venda presencial por venda por aplicativos.
4. O que vem a ser uma cadeia de valor em serviços?
5. Como uma empresa de serviços deve agir para fidelizar seus clientes?

REFERÊNCIAS

Livros

BATESON, John E. G.; K. HOFFMAN, Douglas. *Marketing de serviços*. 4. ed. Porto Alegre: Bookman, 2001.

GOLEMAN, Daniel. *Inteligência emocional*. Rio de Janeiro: Objetiva, 2001.

LOVELOCK, Christopher; WIRTZ, Jocken; HENZO, Miguel Angelo. *Marketing de serviços*. São Paulo: Pearson, 2011.

NAISBITT, John. *Megatendências*. Rio de Janeiro: Nova Cultural, 1987. p. 247 e conclusão.

TUCKER, Robert B. *Administrando o futuro*: as 10 forças de mudança para vencer a concorrência. São Paulo: Record, 1995.

ZOHAR, Danah; MARSHALL, Ian. *Measuring spiritual capital as a latent variable*. 2004. p. 17.

ZOHAR, Danah; MARSHALL, Ian. *Inteligência espiritual – QS*. 6. ed. Rio de Janeiro: Vivo Livros, 2018. p. 18, 19, 23, 24.

Artigos

NETO, João. PIB cresce 1,1% pelo segundo ano seguido e fecha 2018 em R$ 6,8 trilhões. *Agência IBGE Notícias*, 28 fev. 2019. Disponível em: https://agenciadenoticias.ibge.gov.br/agencia-noticias/2012-agencia-de-noticias/noticias/23885-pib-cresce-1-1-pelo-segundo-ano-seguido-e-fecha-2018-em-r-6-8-trilhoes. Acesso em: 22 jul. 2020.

AMARO, Mariana. Inteligência relacional. *Você S/A*, ago. 2017.

BRASIL ECONÔMICO. Veja o Ranking Estadual das empresas mais reclamadas em 2016 segundo o Procon-SP. *Economia – iG*, mar. 2017. Disponível em: <http://economia.ig.com.br/2017-03-16/reclamacoes-procon-sp.html>. Acesso em: 29 jun. 2020.

BRETAS, Valéria. As 100 cidades grandes e médias mais violentas do Brasil, segundo o Ipea. *Exame*. Disponível em: https://exame.com/brasil/as-100-cidades-grandes-e-medias-mais-violentas-do-brasil-segundo-o-ipea/. Acesso em: 14 jul. 2020.

CADERNO PME. Bancos investem em mobile. *O Estado de S. Paulo*, São Paulo, 31 jul. 2017, p. 14.

CADERNO PME. Escolha. *O Estado de S. Paulo*, São Paulo, 31 jul. 2017, p. 18-19.

CADERNO PME. Estratégia é ter plano corporativo. *O Estado de S. Paulo*, São Paulo, 31 jul. 2017. Caderno PME, p. 6.

CADERNO PME – Pequenas e Médias Empresas. *O Estado de S. Paulo*, São Paulo, 31 jul. 2017. Caderno PME. p. 35.

COBRA, Marcos. *Gestão de tendências*. Coletânea ADM. Associação Brasileira de Administração, n. 4, p. 37-39, 2017.

DATA POPULAR. *Folha de S. Paulo*, São Paulo, 21 set. 2014. Caderno Mercado, B1.

EDITORIAL ECONÔMICO. Sinais evidentes de recuo do setor de serviços. *O Estado de S. Paulo*, São Paulo, 26 set. 2014. Caderno Economia, B2.

FUNDAÇÃO PROCON-SP. *Ranking de Reclamações de 2016*. Disponível em: https://www.procon.sp.gov.br/ranking-de-reclamacoes-2016/. Acesso em: 9 jul. 2020.

JORDÃO, Gisele; ALLUCCI, Renata Rendelucci. *Panorama setorial da cultura brasileira 2013-2014*. São Paulo: Allucci & Associados Comunicações, 2014.

KOLLER, Daphne. *O Estado de S. Paulo*, São Paulo, 22 set. 2014. Caderno Economia, B16.

KONCHINSKI, Vinicius. Falta de mão de obra é problema para setor de construção. *Exame*, 31 jan. 2011. Disponível em: https://exame.com/brasil/falta-de-mao-de-obra-e--problema-para-setor-de-construcao/. Acesso em: 14 jul. 2020.

LAGES, Vinicius. Crescimento do turismo é o destino. *Folha de S. Paulo*, São Paulo, 16 fev. 2015. Opinião, A3.

OLIVEIRA, Felipe. *Folha de S. Paulo*, São Paulo, 20 jul. 2014. Caderno Mercado MPME, p. 1.

PIRES, Breiller. Brasil despenca 19 posições em ranking de desigualdade social da ONU. *El País Brasil*, 21 mar. 2017. Disponível em: https://brasil.elpais.com/brasil/2017/03/21/politica/1490112229_963711.html. Acesso em: 8 jul. 2020.

PNUD (Programa das Nações Unidas para o Desenvolvimento). Relatório de desenvolvimento humano do PNUD destaca altos índices de desigualdade no Brasil. 9 dez. 2019. Disponível em: https://nacoesunidas.org/relatorio-de-desenvolvimento-humano-do-pnud-destaca-altos-indices-de-desigualdade-no-brasil/. Acesso em: 22 jul. 2020.

OS 50 MAIORES VULTOS DA ADMINISTRAÇÃO. Sistema Conselho Federal de Administração/Conselho Regional de Administração. Brasília, 2015.

RIBEIRO, Carolina. Conheça as redes sociais mais usadas no Brasil e no mundo em 2018. 15 fev. 2019. *TechTudo*. Disponível em: https://www.techtudo.com.br/noticias/2019/02/conheca-as-redes-sociais-mais-usadas-no-brasil-e-no-mundo-em-2018.ghtml. Acesso em: 22 jul. 2020.

SUA FRANQUIA.COM. Setor de serviços representa quase 70% do PIB brasileiro. Jan. 2013. Disponível em: https://www.suafranquia.com/noticias/negocios-e-servicos/2013/01/setor-de-servicos-representa-quase-70-do-pib-brasileiro/. Acesso em: 14 jul. 2020.

TOLEDO, José Roberto; RABATONE, Diego. Nordeste é a região mais perigosa do Brasil pelo 3º ano. O *Estado de S. Paulo*, São Paulo, 8 fev. 2015. Caderno Metrópole, A25.

WE ARE SOCIAL. *Global Digital 2019 reports*. Disponível em: https://wearesocial.com/blog/2019/01/digital-2019-global-internet-use-accelerates. Acesso em: 10 jul. 2020.

PARTE II

OPERAÇÃO ESTRATÉGICA EM SERVIÇOS

2 Relevância da Cultura Organizacional | DNA da Empresa

"A criança diz o que faz, o velho diz o que fez e o idiota o que vai fazer."

Barão de Itararé

OBJETIVOS DE APRENDIZAGEM

- Entender o que é cultura da organização.
- Saber para que serve a cultura da organização de serviços do ponto de vista estratégico.
- Conhecer a missão da empresa como recurso estratégico.
- Aprender o que são valores.
- Entender para que servem as normas da empresa.
- Saber a importância dos símbolos e ações simbólicas da organização.
- Conhecer sobre o fundador e sua morte.
- Aprender sobre cultura organizacional e planejamento estratégico.
- Conhecer a cultura organizacional sob diversos ângulos – o modelo de Schein.
- Entender a cultura sob diversos ângulos.
- Compreender cultura única e múltiplas culturas organizacionais.

INTRODUÇÃO

O que é cultura organizacional?

É o conjunto de fatores que, agregados, caracterizam a postura da empresa, tanto interna quanto externamente, entre outros:

- A história da empresa.
- Os fatos e as conquistas marcantes.
- As crenças gerais e a filosofia.
- Os valores e as normas.

- A filosofia de trabalho.
- Os mitos, os ritos, as cerimônias e as tecnologias, entre outros aspectos, que fazem parte da definição de cultura organizacional.

Ou, em outras palavras, a **cultura organizacional** pode ser definida como o elenco de premissas básicas que o grupo fundador estabeleceu ou desenvolveu no processo de como atuar. Essas premissas devem ser disseminadas entre todos os membros do grupo que constitui a empresa. E devem ser passadas aos novos membros, fazendo-os agir em conformidade com os objetivos e procedimentos da instituição (adaptado de SCHEIN, 1984).

Para que serve a cultura organizacional?

Serve para estabelecer uma forma de conduta interna e para direcionar o planejamento estratégico.

A empresa deve levar em conta suas origens (o DNA da organização) e sua capacidade de saber fazer, desenvolvendo os serviços mais adequados ao mercado em função do seu conhecimento (*know-how*) e de sua capacidade.

Muitas vezes, observa-se uma oportunidade no mercado e se tenta desenvolver um novo serviço capaz de atender às expectativas de novos clientes. Mas a empresa pode fracassar nessa tentativa se o serviço a ser desenvolvido não estiver em consonância com a sua capacidade de saber fazer, e como utilizar adequadamente seus recursos tecnológicos e humanos, e se não estiver de acordo com a sua cultura organizacional.

Assim, a cultura de uma organização, além de reunir os principais elementos que a caracterizam, como seu histórico, seus rituais, seus mitos, seus símbolos e suas ações simbólicas e paradigmas, engloba ainda outros aspectos, que normalmente refletem o que é mais importante para uma empresa.

Para David Aaker (2007), a compreensão do que é cultura organizacional envolve:

- Sua missão econômica e social.
- A escala de valores ou crenças dominantes que definem prioridades.
- As normas de comportamento das pessoas na organização.
- Os procedimentos de atuação, seus símbolos e ações simbólicas.

Missão da empresa

A **missão empresarial** é composta basicamente da missão econômica e da missão social.

- **Missão econômica**: sobreviver e crescer por meio de serviços de qualidade e pela remuneração adequada de seus investidores, gestores e funcionários.

- **Missão social**: preservar o meio ambiente, buscando proporcionar por suas ações uma constante melhoria da qualidade de vida das pessoas da comunidade em que a empresa atua.

Valores

Para Peters e Waterman (1984), as empresas de sucesso adotam poucas crenças e valores:

- Crença em ser o melhor.
- Crença na importância das pessoas.
- Crença na superior qualidade de produtos e serviços.
- Crença de que o lucro é importante para o crescimento econômico.

Normas

O comportamento das pessoas na organização deve ser direcionado para levá-las a determinadas ações. As normas influenciam e restringem as decisões e as ações dos funcionários.

Símbolos e ações simbólicas

O uso de símbolos e ações simbólicas faz parte da caracterização da atuação de uma empresa, influenciado pela missão original do fundador da empresa.

A cultura organizacional é largamente difundida pelo uso de seus símbolos e ações.

Revisão bibliográfica

Um dirigente de uma empresa de serviços bem capacitado sabe que é preciso gerir a cultura (o comportamento social, as crenças, os símbolos, as tradições etc.) de sua empresa. Porém, são frequentes as menções a dificuldades – tanto por funcionários recém-admitidos quanto por quem tem já um razoável tempo de casa – para entender e assimilar a cultura empresarial. Este é um obstáculo que se acentua numa fase de crescimento ou menor grau de discrepância da cultura original (como aquela plantada pelo fundador ou controlador).

A questão é se esses diversos fenômenos culturais podem interferir e comprometer a missão, as estratégias e até uma trajetória de sucesso.

Há nas organizações ligações entre cultura organizacional e estratégia empresarial. Há, ainda, ações específicas decorrentes de alianças corporativas.

Alianças corporativas

Nos casos de fusão e de alianças nacionais ou internacionais com outras empresas, os profissionais vindos dessas organizações são um complicador a mais na integração das culturas organizacionais.

Quase sempre, a entrada desses novos executivos cria dúvidas sobre o rumo que tomará a empresa e a sua cultura organizacional. Não raro, surgem subculturas na cultura organizacional da empresa.

A subcultura organizacional pode ser entendida como culturas menores, como, por exemplo: a cultura de cada departamento dentro da cultura maior da instituição como um todo.

2.1 CULTURA ORGANIZACIONAL EM SERVIÇOS

O objetivo da utilização da cultura organizacional é avaliar:

- as mudanças, ao longo do tempo, dos elementos da sua cultura (tais como comportamentos, hábitos, crenças e significados);
- o seu meio ambiente;
- o impacto da cultura na gestão estratégica.

Alguns pressupostos devem ser observados.

- **Primeiro**: a cultura organizacional é fortemente influenciada pelo seu fundador. Quando uma empresa é criada, o fundador tem uma visão, a qual procura implantar e que inclui os elementos fundamentais de uma cultura a consolidar no negócio.
- **Segundo**: a cultura é um processo evolutivo que sofre influências diversas com o passar do tempo.
- **Terceiro**: a cultura é impactada pela presença de novos gestores na cúpula administrativa.

2.2 CULTURA SOB DIVERSOS ÂNGULOS

A palavra ***cultura*** vem do latim *colere*, que significa cultivar. A cultura é um complexo compartilhado, que inclui o conhecimento, a arte, as crenças, a lei, a moral, os costumes e todos os hábitos e aptidões adquiridos pelas pessoas que integram uma sociedade (LOURENÇO *et al.*, 2006).

A cultura já foi associada ao conceito de civilização, confundindo-se, ora aqui, ora acolá, com noções de desenvolvimento, educação, bons costumes, etiqueta e comportamentos de elite. Na França e na Inglaterra dos séculos 18 e 19, cultura se referia a um ideal de elite. Despontou a dicotomia (e, eventualmente, hierarquização) entre "cultura erudita" e "cultura popular", representada em Arnold (1971), e que ainda é a perspectiva adotada por muitos leigos nas sociedades ocidentais.

Na Sociologia e na Antropologia, conforme Tylor (2005), a cultura é um conjunto de ideias, comportamentos, símbolos e práticas sociais artificiais (isto é, não naturais ou biológicos), aprendidos de geração em geração por meio da vida em sociedade. Tal definição pode mudar de acordo com a perspectiva teórica do sociólogo ou antropólogo. Assim, para Ralph (1967:48):

> "como termo geral, cultura significa a herança social e total da Humanidade; como termo específico, uma cultura significa determinada variante da herança social. Assim, cultura, como um todo, compõe-se de grande número de culturas, cada uma das quais é característica de um determinado grupo de indivíduos".

Pela Antropologia, a cultura é a totalidade de padrões aprendidos e desenvolvidos pelo ser humano. Na definição pioneira de Tylor (2005), sob a etnologia (disciplina que estuda a cultura), cultura é "*o complexo que inclui conhecimento, crenças, arte, morais, leis, costumes e outras aptidões e hábitos adquiridos pelo homem como membro da sociedade*". Nesse sentido, corresponde, pois, às formas de organização de um povo, seus costumes e tradições transmitidas de geração para geração e que, a partir de uma vivência e tradição comum, apresentam-se como a identidade desses seus integrantes.

A abstração é uma característica da cultura: seus elementos só existem na mente das pessoas, em seus símbolos, tais como padrões artísticos e mitos. Entretanto, trata-se também de cultura material (por analogia à cultura simbólica) no estudo de produtos culturais concretos (obras de arte, escritos, ferramentas etc.). A cultura material é preservada no tempo com mais facilidade, relativamente à cultura simbólica, que é extremamente frágil.

Para a filosofia, cultura é o conjunto de manifestações humanas que contrastam com a natureza ou o comportamento natural. Na biologia, cultura é uma criação especial de organismos para fins determinados (por exemplo: estudo de modos de vida bacterianos, estudos microecológicos etc.).

No cotidiano, a cultura costuma ser associada à aquisição de conhecimentos e às práticas de vida reconhecidas como as melhores, superiores, eruditas; esse sentido se liga à "alta cultura" e é empregado apenas no singular (não existem culturas, apenas uma cultura ideal, na qual as pessoas devem se enquadrar).

Na filosofia, a cultura é um conjunto de respostas para melhor satisfazer às necessidades e aos desejos humanos. Cultura é informação para o conhecimento, isto é, um agregado de conhecimentos teóricos e práticos que se aprende e se transmite aos contemporâneos e aos que virão. A cultura é o resultado dos modos como os diversos grupos humanos foram resolvendo seus problemas ao longo da história. Cultura é criação.

2.3 MODELO DE SCHEIN

Toda organização se insere em um ambiente e interage com ele, mais recebendo influências, mas também procurando influenciá-lo. A cultura é uma dimensão do ambiente, constituída por pessoas que têm modos parcialmente similares de pensar, sentir e agir. A cultura, como esfera ambiental, não é isolada nem é constante.

A cultura organizacional, na perspectiva de Schein (2009), é um meio de adaptação ao exterior e de formação da coesão interna, conforme suas palavras:

> "O conjunto de pressupostos básicos que um grupo inventou, descobriu ou desenvolveu ao aprender como lidar com os problemas de adaptação externa e integração interna e que funcionou bem o suficiente para serem considerados válidos e ensinados a novos membros, como forma correta de perceber, pensar e sentir, em relação a esses problemas."

Portanto, a organização por inteiro vivenciou algumas experiências marcantes comuns, embora possam existir subculturas, e uma cultura forte deve prevalecer. O papel dos fundadores e dos primeiros líderes é seminal na moldagem dos padrões culturais, gerando formas próprias de resolver problemas e conflitos que possam surgir, proporcionando uma visão integrada de mundo e dos papéis que a organização deve cumprir. Salienta Schein (1991) que a cultura tem seu aspecto dinâmico, é aprendida e envolve um processo contínuo de formação e mudança, permeando todos os aspectos humanos.

2.4 MUDANÇA CULTURAL

A cultura é dinâmica. Com mecanismo adaptativo e cumulativo, a cultura sofre mudanças com a aquisição de conhecimentos. Certas ideias se perdem, outras se adicionam, em passos mais ou menos velozes nas diferentes sociedades.

O ambiente exerce papel relevante na indução de mudanças, embora não seja a única influência. As pessoas modificam a maneira de encarar o mundo tanto por contingências ambientais quanto por transformações da consciência social.

Os seres humanos não só recebem a cultura de seus antepassados, como também criam elementos que a renovam. A cultura é um fator de humanização. A pessoa só se torna um cidadão porque vive num grupo cultural. A cultura é um sistema de símbolos compartilhados com que se interpreta a realidade e que conferem sentido à vida dos indivíduos.

Duas vias básicas levam à mudança cultural:

- **Inovação**: introdução de novos conceitos de valor.
- **Difusão**: disseminação de novos conceitos a partir de outras culturas.

A mudança, ou seja, a aceitação de certos fundamentos dentro da cultura, normalmente acarreta resistência.

2.5 DA CULTURA ORGANIZACIONAL

O profissional integrante de uma empresa de serviços, "*qualquer que seja sua função ou posição na hierarquia, é alguém com memória, sentimentos e valores que vinculam a um contexto social mais amplo, do qual a empresa faz parte*" (BARBOSA, 1996). Isto é, funcionários e gestores são permeados por uma cultura organizacional.

Os principais elementos da cultura organizacional, segundo Schein (2009), são:

- **Valores**: é o que a empresa entende que é importante, porém não observam tudo. Alguns valores resistem ao tempo, por exemplo, a excelência no atendimento, o padrão de qualidade e o lançamento de novos produtos permanecem como tradição.
- **Crenças e símbolos**: é o que a empresa acredita como verdade. Pode ser simbólica, representada pelo seu fundador ausente, ou como uma crença, que é nada mais que aquilo que está dando certo baseado em uma proposta, hipótese sobre o que é real e todos acreditam e conseguem sucesso.
- **Cerimônias, eventos comemorativos**: tudo aquilo que é feito para integrar, motivar e entender a missão e o objetivo da empresa. Com isso, os funcionários sentem afinidade, conforto e confiança.
- **Heróis**: pessoas que fazem ou fizeram parte da empresa e surgem como exemplo a ser seguido sempre são citadas, vistas como heróis natos e reconhecidos no passado, tais como: Comandante Rolim (fundador da TAM Linhas Aéreas), Antonio Ermírio de Morais (Grupo Votorantin), Amador Bueno (fundador do Bradesco) e muitos outros no passado; e, na atualidade, entre outros: Paulo Kakinoff (presidente da Gol); Salim Mattar (Localiza); Carlos Wizard (idiomas e outras empresas de sucesso); Rodrigo Galindo (Grupo Educacional Kroton).
- **Regulamentos e ética**: podem estar escritos ou não e representam a forma de agir. No caso, a ética está ligada à moral coletiva.
- **Comunicação**: há a comunicação corporativa, baseada em normas e regulamentos; e a comunicação geral, ou seja, os boatos, a famosa "rádio-peão", em que se anunciam assuntos e novidades, inventadas ou não. O mesmo que comentários dos bastidores.

2.6 AMBIENTE SOCIAL ATUAL E EMPRESA DE SERVIÇOS

É necessário que uma empresa de serviços saiba apreender o contexto histórico, social e coletivo representado pela ação dos indivíduos e suas articulações nos campos econômico e social.

O ser humano é responsável por essa construção, que cria grupos e sociedades, conquanto nem sempre saibam tudo daquilo que fazem, mesmo quando aparentam coerência rumo ao futuro.

Atualmente, o ambiente social das organizações empresariais é afetado pela disseminação da educação. Crescentes parcelas da população adquiriram conhecimentos e habilidades. No passado, o estudo era privilégio de poucos, e o avanço subsequente se deu em virtude da pressão da sociedade, da internet e de outros meios digitais, como as mídias sociais, que agilizaram os relacionamentos, criando opiniões coletivas ou até estimulando modificações comportamentais.

Nessa realidade, a moral coletiva é influenciada, nos padrões e nas atitudes que levam à formação da ética, conforme Cretella (2010).

Portanto, uma organização recebe influência externa e depende muito do grau de educação de seus profissionais.

2.7 CULTURA ÚNICA E MÚLTIPLAS CULTURAS ORGANIZACIONAIS

Seria possível haver em uma organização mais de uma cultura? Para Kilmann (1991), só existe uma cultura, a de cima para baixo. As manifestações culturais compartilham elementos comuns e expressam conteúdos comuns. Por exemplo, os contos de fadas, as lendas e os mitos religiosos exibem notável similaridade em conteúdo e estrutura.

De uma maneira ou de outra, uma cultura é fonte de vantagem competitiva, a impulsionar a organização para um desempenho melhor, caso atenda às três condições a seguir (FREITAS, 1991):

1. A cultura deve ser valorativa, isto é, permitir à empresa fazer coisas ou comportar-se de maneira que leve a vendas elevadas, custos reduzidos, altas margens; isto é, que acrescente valor financeiro à empresa de serviços.
2. A cultura deve ser rara, ou seja, apresentar atributos e características que não sejam comuns a outras empresas.
3. A cultura deve ser imitável apenas de forma imperfeita, de modo que a empresa sem essa cultura e que tente imitá-la fique em desvantagem quando comparada àquela que é tomada como modelo.

2.8 O FUNDADOR E A CULTURA ORGANIZACIONAL

Como detém a propriedade, o fundador tem forte incentivo para manter o controle do negócio e zelar pelo capital investido. Em razão de sua autonomia, não precisa justificar suas decisões a terceiros, como se passa com os gestores profissionais.

No polo das desvantagens, a influência do fundador torna a empresa excessivamente dependente. Isso resulta no abafamento de outros gestores dentro da empresa, o que dificulta a retenção de talentos. A falta de delegação de poder resulta na limitada chance de ascensão hierárquica e pode limitar a atração de investimentos (GEDAJLOVIC *et al.*, 2004).

Os fundadores, quando bem-sucedidos, têm sua própria noção de como operacionalizar ideias novas. E, via de regra, possuem elevado nível de autoconfiança e determinação; assim como também têm certezas sobre a natureza do mundo, o papel que a sua organização exerce, a natureza dos relacionamentos humanos e os meios para se alcançar a verdade e os modos de administrar o tempo e o espaço (SCHEIN, 2009).

Continua Schein (2009) que a cultura emerge de três fontes:

1. As crenças, os valores e os pressupostos dos fundadores da organização.
2. As experiências de aprendizagem dos membros do grupo à medida que a organização se desenvolve.
3. As novas crenças, valores e novos pressupostos introduzidos pelos novos gestores.

A abertura de um negócio oferece uma promessa sedutora ao fundador: estabelecer uma cultura igual à sua imagem. Instalada tal cultura, o fundador passa a ter diante de si uma visão compartilhada dos costumes, das tradições e da maneira de fazer as coisas, capaz, em tese, de sobreviver à sua morte ou mesmo à sua futura saída da organização (FREITAS, 1991).

Nessa atuação, dependendo do sucesso alcançado pelo fundador, vai se configurando a forma da cultura da organização.

O papel do fundador é primordial, é a fonte primária da cultura. Ele tem a visão geral sobre aquilo que a organização deve ser e tem o poder para implantar a empresa dos seus sonhos. Como uma empresa comumente começa pequena, o fundador tem sua visão facilitada, ao contrário do que sucede com os demais membros, que entram quando a empresa já está maior. Portanto, embora a cultura seja criada pelas experiências compartilhadas, é o líder quem inicia esse processo, ao impor suas crenças, valores e pressupostos, como afirmado por Schein (2009).

De início, o fundador contrata quem pensa e sente como ele. Depois, ele doutrina e socializa os funcionários de acordo com seu pensamento. Na sequência, o comportamento do pioneiro serve de modelo, encorajando os funcionários a se identificar com ele e acabar incorporando seus valores, suas convicções e premissas. Sobrevindo o sucesso empresarial, a personalidade do fundador ou as de seus executivos marcantes passam a integrar a cultura organizacional. É o que se passou nos casos de Bill Gates, na Microsoft; Akio Morita, na Sony; Olavo Setúbal, no Banco Itaú; Amador Aguiar, no Bradesco; Antônio Ermírio de Moraes, na Votorantim.

Schein (2009) afirma, ainda, que os fundadores têm a difícil tarefa de ser simultaneamente claros e fortes para articular sua visão para a organização, mas também de permanecer abertos a mudanças, à medida que a visão se torna ineficaz em meio a um ambiente adverso.

Uma mudança marcante na organização é a sucessão dos fundadores e das famílias proprietárias que a administravam, a que se seguem gestores gerais de segunda, terceira e até quarta gerações.

2.9 FUNDADOR, VIDA E MORTE

Na maioria das vezes, a cultura organizacional de uma empresa de serviços é fortemente influenciada pelo fundador, e este, que não é eterno, acaba, ao final de um tempo, por sair de cena.

Nos últimos anos, observa Donizete *et al.* (2006), os estudos sobre o campo simbólico ganharam importância na Administração. Na perspectiva simbólica, uma vertente se volta para a compreensão da trajetória de vida da organização, que abrange conceitos relacionados ao mito do fundador e à cultura organizacional. O fundador é fundamental na moldagem dos padrões culturais da organização, como anteriormente exposto, e após sua morte pode surgir um mito em torno dele.

Inerente à sua condição humana, o fundador está sujeito à morte a qualquer momento, o que não implica necessariamente a morte da organização, pois esta possui a opção de continuar operando, e, em geral, é isso o que acontece. O falecimento, entretanto, é um evento crítico para a organização, que pode alterar substantivamente seu perfil e sua evolução.

Tome-se a morte prematura e abrupta do Comandante Rolim Amaro, fundador da TAM Linhas Aéreas, em um acidente de helicóptero. A TAM ficou, de certa forma, viúva em ideias e ideais. Seus funcionários se sentiram órfãos de um "pai patrão", líder carismático e sempre presente.

Um referencial teórico sobre o mito do fundador provém de Lourenço *et al.* (2006), que contemplam elementos como cultura organizacional, influência do fundador, mudança organizacional, memória organizacional e sentido da morte. A presença virtual do fundador tende a permanecer por muitos anos após a sua morte. Sua figura segue emblemática para a condução dos negócios. Contudo, os sucessores tendem a atenuar tal influência e alterar a cultura da organização, buscando novos valores, novos rituais, enfim, mudando o curso da história da empresa.

As estórias, aponta Freitas (1991), são narrativas que descrevem as realizações ímpares de um grupo e seus heróis. Servem para reforçar o comportamento desejado, fornecendo exemplos de comportamentos a seguir. Fossá (2013) destaca que, nas estórias, as pessoas se constroem e se reforçam mutuamente em suas crenças individuais e coletivas. Nesse sentido, é comum aos membros organizacionais recuperar estórias sobre a vida da organização, explicitando valores que eram fundamentais para o fundador.

Acrescenta Fleury (2012) que as estórias são permeadas pela tradição oral, que consiste no caminho fundamental para penetrar no universo cultural, dotado de valores e símbolos. Na memória organizacional, a figura do fundador pode também estar associada a um herói, que muito contribuiu para o crescimento e desenvolvimento da organização. Para se transformar em herói, é preciso pelo menos possuir uma saga e realizar uma série de feitos que ultrapassem o usual e o diferenciem dos demais, quer pela capacidade de vencer obstáculos, quer pela competência estratégica, quer pela habilidade em ficar e atingir metas audaciosas (FOSSÁ, 2013). Para Fleury (2012), o fundador como herói é um líder legítimo, haja vista seu comprometimento com a organização. Já na concepção de Fossá (2013), o herói desempenha um papel muito maior que o do líder. O herói, além de possuir objetivo, ética e moral, se coloca à frente para salvar uma ideia, um povo ou uma pessoa.

Sejam os heróis líderes ou mais do que líderes, neste trabalho se adota a definição de Deal *et al.* (1988). Heróis são figuras simbólicas:

- São dotadas de caráter motivador para organização.
- Desempenham importante papel na formação e manutenção da cultura, ao fornecer modelos.
- Tornam o sucesso atingível e humano.
- Simbolizam a organização perante o mundo exterior.
- Preservam o que a organização tem de melhor.
- Estabelecem padrões de desempenho e motivam os membros a alcançar os objetivos.

O fundador como herói é independente do seu estado de existência (vida ou morte). Após sua morte, porém, a organização reavive tal figura, e as estórias sobre os seus atos de coragem são intensificadas, seus valores são personificados, e, de modo geral, passam a ser interpretados como as qualidades desejáveis para todos os membros da organização. Por estar associado à figura de um herói, também o papel de mito é atribuível ao fundador de uma organização. O Comandante Rolim se tornou um mito, mas na TAM sua imagem foi esmaecendo com o tempo. Suas estórias permanecem ativas apenas no imaginário dos funcionários mais antigos da organização, que aos poucos estão saindo.

- **Artefatos**: são visíveis na organização, na sua arquitetura, tecnologia, comportamentos visíveis, manuais de instruções e procedimentos, disposição do ambiente de trabalho e regras de comunicação.
- **Valores**: governam o comportamento das pessoas, são os fundamentos para os julgamentos a respeito do que está certo ou errado, ou seja, o código moral do grupo. É o nível intermediário entre o consciente e o inconsciente, num conjunto de princípios que definem os artefatos.
- **Pressupostos básicos**: são paradigmas inconscientes e invisíveis, que determinam como os membros do grupo percebem, pensam e sentem o mundo, a realidade, o tempo e o espaço, a natureza da atividade humana e as suas relações.

Por conseguinte, a cultura sempre evolui, em virtude de alguma forma de aprendizado, ocorrendo nas esferas externa e interna. O aprendizado é cognitivo e afetivo, envolve aceitação, rejeição, predisposição e busca de soluções (que dependem dos ambientes externo e interno), o que cria ansiedade e dúvidas.

Os artefatos e os valores, nessa evolução, podem sofrer mudanças culturais, mas os pressupostos básicos permanecem inalterados, o que protege os gestores de incertezas. Os pressupostos são a parte mais profunda da cultura organizacional e, por isso, sofrem poucas e lentas mudanças.

As crenças e os pressupostos são o coração da cultura da organização. Os pressupostos existem além da consciência, são invisíveis e dificilmente identificados nas interações entre as pessoas de uma organização. Geralmente, são crenças consideradas "tabu", regras "táticas" que existem sem um conhecimento consciente sobre elas. Os pressupostos representam, ainda, aquilo que os membros acreditam ser a realidade, influenciando o que eles sentem e pensam.

2.10 CULTURA ORGANIZACIONAL E PLANEJAMENTO ESTRATÉGICO

Os desafios básicos para as empresas são sobreviver e crescer. Para isso, elas buscam vantagens competitivas, apoiadas em seus colaboradores e recursos estratégicos.

Assim, parte expressiva do sucesso de um negócio se vincula à cultura organizacional, ao lado do esforço coletivo. Para que o planejamento estratégico seja executado com sucesso, é preciso que todos saibam o papel que desempenham dentro da organização.

Se o processo de criação da visão estiver voltado somente para fora, ficará difícil imaginar que pessoas sem entusiasmo forneçam um serviço de qualidade.

Para que a empresa de serviços consiga, de fato, praticar a cultura organizacional, ela precisa construir sua verdadeira identidade. Usar valores que ela é realmente capaz de seguir. Só assim ela será capaz de transmitir ao pessoal tudo aquilo que a cultura representa e, em função dela, estabelecer as melhores vias de acesso para um planejamento estratégico consistente.

As empresas que respeitam seus norteadores conseguem inculcar seus valores nos colaboradores. Para manter esses princípios vivos na empresa, o discurso e as ações devem estar alinhados. Não é possível criar um ambiente motivador sem se praticar o que se prega. O compromisso tem de vir de todos os lados, mas, sobretudo, da alta direção.

A credibilidade e a confiança são conquistadas por meio de atitudes, não somente com palavras. Muitas organizações pregam sua missão, sua visão e seus valores na parede, mas não os transformam em ações e dão as costas à cultura organizacional.

A cultura organizacional de uma empresa de serviços deve estar relacionada às ações estratégicas e operacionais, e todos na empresa são responsáveis pelo seu desenvolvimento na busca da perpetuação da instituição.

CONCLUSÃO

As empresas de serviço nascem de sonhos de seus fundadores e se perpetuam à medida que sua cultura organizacional evolui e proporciona as bases para a sua consolidação. Sem culturas organizacionais claras, as pessoas se sentem órfãs de pensamentos sólidos para impulsionar seu crescimento. O papel do fundador é disseminar suas ideias e implantar as ações para os primeiros passos. No entanto, o sucesso de uma empresa de serviços repousa numa transição do fundador para seus seguidores. A morte do fundador não deve representar um hiato na história da empresa. Bons líderes sabem preparar gestores para uma continuidade sem traumas.

TRADUZINDO EM PONTOS DE AÇÃO ESTRATÉGICA

- ✓ Tornar a cultura organizacional uma ferramenta de planejamento e evolução.
- ✓ Identificar as subculturas existentes na empresa e integrá-las à cultura organizacional da empresa como um todo.
- ✓ Comprometer as pessoas com a cultura da organização.
- ✓ Entender que a cultura deve ser um processo evolutivo e incorporar as novas tecnologias, novos talentos e novas competências da empresa.

QUESTÕES

1. Defina o que é uma subcultura e qual é a sua importância diante dos desafios de crescimento.
2. Qual é a importância de valores e crenças na formação da cultura organizacional em uma empresa de serviços?
3. Construa um modelo de cultura organizacional e seus elementos-chave.
4. Qual é o papel do fundador na perpetuação da cultura na organização?

REFERÊNCIAS

AAKER, David. *Administração estratégica do mercado*. Porto Alegre: Bookman, 2007.

ARNOLD, Matthew. *Poetry and criticism of Matthew Arnold*. Boston: Houghton Miffl, 1971.

BARBOSA, L. N. H. Cultura administrativa: uma nova perspectiva das relações entre antropologia e administração. *Revista de Administração de Empresas*, v. 36, n. 4, p. 6-19, 1996.

CRETELLA, J. J. Da importância do princípio da moralidade. *Revista de Informação Legislativa*, v. 97, n. 7, 2010.

DEAL, T.; KENNEDY, A. *Corporate culture*: the rites and rituals of corporative life. Massachusets: Addissom-Wesley, 1988.

FISCHMANN, A. A.; ALMEIDA, M. I. R. *Planejamento estratégico na prática*. 2. ed. São Paulo: Atlas, 2018.

FLEURY, M. T. L. Estórias, mitos, heróis – cultura organizacional e relações no trabalho. *Revista Administração de Empresas*, v. 27, n. 4, p. 7-18, 1987.

FLEURY, M. T. L. *et al*. *Cultura e poder nas organizações*. 2. ed. São Paulo: Atlas, 2012.

FREITAS, M. E. Cultura organizacional: grandes temas em debate. *Revista de Administração de Empresas*, v. 31, n. 3, p. 73-82, 1991.

FOSSÁ, M. I. T.; PÉRSIGO, P. M. *Comunicação organizacional e cidadania*: olhares sobre a presença das corporações e da comunidade na mídia. Santa Maria: FACOS-UFSM, 2013.

GEDAJLOVIC, E.; LUBATKIN, M. H.; SCHULZE, W. S. *Crossing the threshold from founder management to professional management*: a governance perspective. New Orleans: Academy of Management Meetings, 2004.

KILMANN, R. H. *Gerenciando sem recorrer a soluções paliativas*. Rio de Janeiro: Qualitymark, 1991.

KROEBER, A. L. *El estilo y la evolucion de la cultura*. Madrid: Guadarrama, 1999.

LOURENÇO, Cléria Donizete da Silva; FERREIRA, Patrícia Aparecida. *Simbolismo, cultura organizacional e mito fundador*: um estudo de caso em uma empresa familiar. Salvador: Enanpad, 2006.

MARTIN, J. *Organizational culture*. New York: Sage, 2002.

MARTIN, J. *Cultures in organizations*: three perspectives. New York: Oxford University Press, 1992.

MONTEIRO, C. D.; VENTURA, E. C.; CRUZ, P. N. Cultura organizacional: em busca da compreensão sobre o dilema das organizações. *Revista Caderno de Pesquisa em Administração*, v. 1, n. 8, p. 69-80, 1999.

PEREZ, Francisco; COBRA, Marcos. *Cultura organizacional e gestão estratégica*. 2. ed. São Paulo: Atlas, 2016.

PETERS, Thomas J.; JR. WATERMAN, Robert H. *In Search of Excellence*: Lessons from America's Best-Run Companies. New York: Harper & Row, Publishers, 1984.

RALPH, L. *Cultura e personalidade*. São Paulo: Mestre Jou, 1967.

SCHEIN, E. H. *The role of the founder in the creation of organizational culture*. Cambridge: MIT, 1984.

SCHEIN, E. H. *Sloan Management Review*, v. 25, n. 2, 1984.

SCHEIN, E. H. *Organizational culture and leadership*. San Francisco: Jossey-Bass Publishers, 1991.

SCHEIN, E. H. *Cultura organizacional e liderança*. São Paulo: Atlas, 2009.

SCOTT, C. D.; JAFFE, D. T.; TOBE, G. R. *Visão, valores e missão organizacional*: construindo a organização do futuro. Rio de Janeiro: Qualitymark, 1998.

TYLOR, E. B. *Evolucionismo cultural*: textos de Morgan, Tylor e Frazer. Rio de Janeiro: Zahar, 2005.

3 Impacto Contínuo do Planejamento Estratégico | Inovação e Ruptura

"Nenhum vento é bom para quem não sabe para onde ir."
Sócrates

OBJETIVOS DE APRENDIZAGEM

- Conceituar planejamento estratégico e sua importância.
- Conhecer os desafios competitivos.
- Saber como planejar as oportunidades estratégicas.
- Conhecer o tratamento estratégico dos negócios.
- Saber analisar ambientes competitivos.
- Entender como vencer desafios de mercado.
- Analisar o conteúdo do plano de marketing.

INTRODUÇÃO

O planejamento estratégico é a peça fundamental para que uma empresa de serviço direcione seus recursos adequadamente diante de suas necessidades de curto, médio e longo prazos e de suas possibilidades de receita, anual e quinquenal.

O planejamento estratégico faz parte do exercício de estabelecimento de metas e de ações para viabilizar e rentabilizar as operações de uma organização de serviços. Deve levar em conta, entre outros fatores, sua cultura organizacional, suas tecnologias, seus recursos financeiros e sua participação de mercado.

Definidas as linhas gerais do planejamento estratégico, devem ser estabelecidas as estratégias por linha de serviços e segmentos de mercado.

A missão, a visão e os valores de uma empresa representam um norte para os gestores e colaboradores. Todas as ações, nos processos empresariais, dependem ao menos de certa participação do pessoal. Logo, o entendimento da cultura organizacional se reflete na comunicação, na produtividade e no desempenho da empresa de serviços.

Anualmente, qualquer empresa de serviços precisa elaborar um planejamento que vise identificar e quantificar seu mercado.

A origem do cliente e o que ele busca são tarefas a serem descritas no planejamento estratégico. Mas não é só. É preciso elaborar um elenco de ações que permita manter o fluxo de clientes anuais. O que eles querem, como atraí-los e, sobretudo, como mantê-los.

O planejamento deve contemplar um detalhado plano de marketing, descrevendo ações estratégicas e os correspondentes investimentos.

Revisão bibliográfica

O planejamento estratégico é a peça fundamental para que uma organização de serviços direcione seus recursos adequadamente e preveja suas possibilidades de resultados e de vendas.

Sem um plano, uma organização de serviços pode navegar no mercado tal como uma nau sem rumo.

Segundo Hitt (2007), o "processo de administração estratégica é o conjunto de compromissos, decisões e ações necessárias para que um serviço obtenha vantagem competitiva e obtenha retornos acima da média".

Uma eventual deterioração da economia do país ou de uma região por certo derruba o setor de serviços. Os serviços têm um peso próximo de 71% no Produto Interno Bruto (PIB), mas dependem do comportamento da indústria, do comércio interno e exterior e da agricultura. Se há uma queda do nível de emprego e na renda das famílias, há menos demanda de serviços pessoais, alimentação fora do domicílio, artes e espetáculos, lavanderias ou cabeleireiros. Sem demanda, os produtores reduzem o transporte de mercadoria. Assim, o reflexo de uma desaceleração econômica alcança os serviços prestados às famílias e toda a gama de serviços prestados no país (EDITORIAL ECONÔMICO, 2015).

Figura 3.1 Planejamento estratégico com base na cultura organizacional.

Conforme vemos na Figura 3.1, a cultura organizacional interfere no planejamento estratégico da empresa, bem como nas suas ações estratégicas de marketing.

Para Hitt (2007), a administração estratégica consiste em:

- Competitividade e retornos acima da média.
- Tecnologias disruptivas.
- Visão, missão e *stakeholders*.
- Recursos tangíveis e intangíveis e gestão de competências.
- Liderança em custos.
- Estratégia de diferenciação, diversificação, aquisição, liderança, cooperação e globalização.

3.1 DESAFIOS COMPETITIVOS

Os desafios competitivos no setor de serviços são hoje tão grandes, que as empresas não podem se acomodar imaginando que a demanda para seus serviços será mantida sempre em patamares que viabilizem o seu negócio. Ao contrário, a perda de demanda no setor de serviços pode ocorrer num piscar de olhos; basta surgir uma nova tecnologia, que o serviço se torna ameaçado. Os consumidores, cansados dos serviços atuais, estão ávidos por novidades. Novos aplicativos de mobilidade (Uber, Cabify, Rappi, iFood e outros) revolucionaram esses serviços e ameaçam taxistas; a nova ferramenta de locação de imóveis (Airbnb) ameaça os hotéis; o Google e as mídias sociais como o Facebook tornaram listas telefônicas, mapas, publicidade e outros instrumentos de relacionamento coisas do passado. A neurociência, sob a forma do neuromarketing, escaneia o cérebro dos consumidores, a fim de avaliar lembranças de publicidades. É usada, ainda, no apreçamento de serviços. Com o uso crescente da inteligência artificial, os robôs passaram a exercer várias funções em marketing e vendas.

Dessa forma, reter os clientes atuais e buscar novos se tornou uma luta incessante, que deve estar apoiada necessariamente em tecnologia diferenciada, em custos competitivos e, sobretudo, em novas e atraentes formas de serviços e também de atendimento a clientes. Assim, pode-se dizer que o raciocínio estratégico deve ser permanente na busca de soluções duradouras que proporcionem vantagens competitivas.

3.2 NECESSIDADE DE PLANEJAR OPORTUNIDADES ESTRATÉGICAS

A todo instante, surgem ameaças aos negócios de um serviço, vindas do macro e micro meio ambiente, como fatores econômicos e políticos, inovações tecnológicas, ou mesmo do ambiente interno da empresa.

O fato é que uma empresa de serviços, para se manter viva, precisa estar atenta, pois o seu negócio pode se tornar obsoleto, por mais que ela possua vantagens competitivas.

Isso significa, portanto, observar tanto o ambiente interno quanto o externo.

As deficiências organizacionais exigem pronta resposta, ou seja, é preciso corrigir rapidamente falhas operacionais para se manter competitivo, primar pela qualidade do serviço e do atendimento, entre outros aspectos.

Planejar significa prever e antecipar-se aos fatos, o que inclui alocar recursos físicos, humanos, tecnológicos e materiais, a fim de obter resultados de vendas e de lucro por meio da satisfação de seus clientes.

A velocidade com que uma empresa é capaz de lidar com as ameaças ao seu negócio e neutralizá-las depende, em parte, da amplitude da sua cultura organizacional, focada no seu negócio.

A cultura tem a ver com o seu passado, mas também com a sua postura em relação ao mercado. Uma empresa que tenha a cultura voltada apenas para a tecnologia, ou para a produção dos seus serviços, provavelmente terá mais dificuldades de atender às exigências do mercado do que uma empresa orientada pelo mercado. Saber atender à necessidade do cliente, no momento em que ele espera receber o serviço, é um dos aspectos de uma empresa cuja cultura está focada no cliente. A empresa de serviços deve ser o reflexo das necessidades e dos desejos de seus clientes.

Esse é o segredo de um planejamento estratégico bem-sucedido. A empresa precisa ser vista de fora para dentro, assim como os clientes a veem, e assim um bom gerente de marketing planeja suas ações, ou seja, do mercado para a empresa.

3.3 TRATAMENTO ESTRATÉGICO DOS NEGÓCIOS

O foco do negócio é o ponto primordial do sucesso. Ou seja, qual é o negócio básico da empresa: vender ou satisfazer o cliente? Gerar lucros ou fidelizar clientes?

Uma empresa de serviços, para ter sucesso, precisa tratar seus recursos estratégicos com o mesmo cuidado com o qual uma mãe trata seu filho recém-nascido. Analisar as oportunidades de mercado é o primeiro passo, avaliar a situação de mercado é o segundo passo, e assim por diante, até maximizar os recursos e obter resultados auspiciosos de vendas, participação de mercado, satisfação do cliente e lucros, entre outros objetivos estratégicos.

3.4 PARADIGMA HOLÍSTICO

A visão holística, integrando todas as funções organizacionais, permite refletir que as mudanças organizacionais devem ocorrer dentro das pessoas.

Não são as organizações que estão mudando, são as pessoas. Precisamos ter um coração global.

3.5 ESTRATÉGIAS PARA EMPRESAS LÍDERES DE MERCADO

A empresa líder de mercado no setor de serviços não pode parar e deve definir o tipo de estratégia a ser adotada:

Expandir o mercado por meio de:

- Novos usuários do serviço.
- Novos usos do serviço.
- Maior uso do serviço.
- Defesa da participação.
- Defesa da posição para inibir a atuação da concorrência.
- Defesa de um flanco em que a empresa esteja mais vulnerável.
- Contraofensiva procurando responder prontamente aos ataques recebidos.
- Adaptação aos diversos ataques da concorrência por meio de estratégia móvel ou de contração.

3.6 AMBIENTE COMPETITIVO

Uma empresa de serviços pode desenvolver sua competitividade estratégica centrada na marca, no serviço de atendimento, em forças tecnológicas genéricas ou, ainda, na satisfação de desejos do consumidor.

3.7 FORMAS DE COMPETIÇÃO

Dentre as formas de competição, destacam-se as seguintes estratégias:

- **Estratégia de marca do serviço**: força de marcas locais e globais.
- **Estratégia de serviços**: para diferenciar o serviço pela anexação de outros serviços, a fim de ampliar o serviço original, buscando um posicionamento diferenciado no mercado.
- **Estratégia genérica**: centrada em benefícios aos clientes.
- **Estratégia de satisfação de desejos**: quando o cliente tem seus desejos satisfeitos, ele não sai em busca de outros serviços.

Qualquer que seja a estratégia adotada, a empresa precisa se comprometer com os resultados, a serem obtidos frente à concorrência.

3.8 AMEAÇAS A UMA EMPRESA DE SERVIÇOS

Dentre outras ameaças, as mais frequentes são:

- Ameaças de novos concorrentes.
- Poder de barganha dos fornecedores da empresa de serviços.
- Poder de barganha dos compradores do serviço.
- Ameaça de serviços substitutivos.
- Rivalidade entre os concorrentes existentes.

Para neutralizar as ameaças, a empresa precisa ter recursos financeiros a fim de obter barganhas com os fornecedores e estar apta a enfrentar as ameaças de serviços substitutivos e a ação dos concorrentes existentes. Deve, ainda, estar preparada para derrubar a barganha dos compradores de serviços.

3.9 DESAFIOS DA CONCORRÊNCIA

A força da concorrência, mesmo para um negócio de atuação apenas local, exige das empresas:

- Criar foco operacional que proporcione um valor superior para o cliente.
- Obter um custo adequado a cada segmento de mercado em que a empresa de serviços atua.
- Ter obsessão com a qualidade e o serviço.
- Apresentar maior flexibilidade estratégica e operacional.

Além disso, as empresas devem proporcionar uma produtividade que resulte em redução de custos e lhes permita desenvolver serviços de qualidade a preços competitivos, de forma a encantar os clientes.

3.10 COMO VENCER DESAFIOS

Os serviços globais precisam respeitar as necessidades e os desejos locais:

- *Fast-food: McDonald's* com cerveja na Alemanha e na Áustria, saquê no Japão, torta de banana no Brasil e no Caribe, além de salada.
- *KFC:* frango com arroz e feijão.
- *Pizza Hut:* sabor a preços mais acessíveis.
- *Burger King:* o hambúrguer grelhado.

Entretanto, em um mercado, o sucesso passado não é garantia para o sucesso futuro.

O processo de administração estratégica engloba um conjunto de compromissos, decisões e ações necessários para que um serviço obtenha vantagem competitiva e retornos financeiros atraentes.

Planejar significa estabelecer estratégias para atingir os objetivos anuais de atrair novos clientes e reter os atuais, gerando adequado fluxo de caixa.

A elaboração do planejamento estratégico se inicia com a avaliação dos cenários, ou seja, identificar as oportunidades de mercado existentes e em seguida avaliar se dispõe de capacidade e competências para atender à demanda. Em outras palavras, a empresa precisa identificar mercados e formular ações estratégicas para conquistá-los.

A partir do planejamento estratégico, a empresa deve formular planos operacionais, tais como plano orçamentário, plano de recursos humanos e competências, plano de produção de serviços, e desenvolver um plano de marketing.

Segundo Kotler e Keller, um plano de marketing consiste em um processo rigoroso para conquistar e manter um mercado, exige tempo e dedicação em sua redação e, o que é mais importante, em sua implantação, controle e revisão.

Portanto, o plano de marketing é um dos mais importantes instrumentos do planejamento estratégico. Tem como objetivo ampliar vendas, direcionando os negócios para reter os clientes atuais e conquistar novos clientes.

3.11 TIPOS DE ESTRATÉGIAS QUE UMA EMPRESA DE SERVIÇOS PODE ADOTAR

Ao longo dos anos, os modelos de estratégia empresarial foram evoluindo, quase sempre envolvendo pessoas, equipamentos, serviços e difusão da tecnologia diferenciada e das tecnologias disruptivas, como aplicativos, entre outras. A tecnologia está mudando significativamente a natureza da concorrência e, assim, contribuindo para ambientes competitivos instáveis. Depois de analisar os ambientes externo e interno, uma empresa de serviços tem as informações de que precisa para formar uma estratégia ofensiva ou defensiva. Os investidores aprendem muito acerca de uma organização avaliando a sua visão e a sua missão (HITT, 2007).

A Figura 3.2 mostra os principais modelos de ação estratégica de 1960 a 2005.

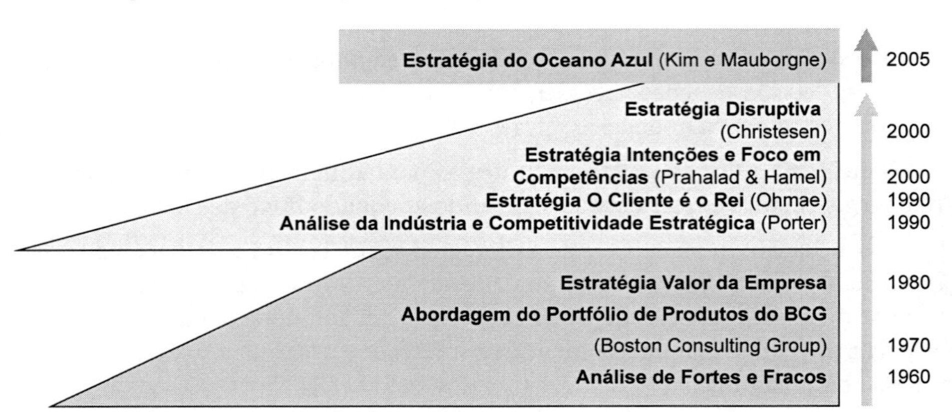

Figura 3.2 Principais modelos de ação estratégica de 1960 a 2005.
Fonte: adaptado pelo autor.

3.12 MODELOS DE ESTRATÉGIAS

3.12.1 Análise de fortes e fracos

É uma espécie de análise de culpa. Relaciona os pontos fortes com os pontos fracos de um serviço e suas ameaças com as oportunidades em relação à sua estrutura e ao seu desempenho no mercado de serviço. Além de dificuldades de caixa e de investimentos para adequar o serviço às necessidades e expectativas do mercado, é preciso avaliar o atendimento ao consumidor.

3.12.2 Abordagem do portfólio de produtos do Boston Consulting Group (BCG)

Neste modelo, o objetivo era minimizar a ação da concorrência por meio do fortalecimento das fraquezas organizacionais e da melhoria da oferta de produtos e serviços. Em ambos os casos, a atuação das pessoas, dos funcionários das empresas de serviços, era considerada importante para tornar produtos ou serviços ofertados em:

- Serviços oportunidade.
- Serviços estrela.
- Serviços vaca leiteira.
- Serviços abacaxi.

O *serviço oportunidade*, ou menino prodígio, é um serviço novo, de baixo crescimento e baixa participação de mercado. O produto *estrela* é um produto de rápido crescimento de mercado, e o produto *vaca leiteira* são os geradores de caixa. O produto *abacaxi* tem baixa participação de mercado e baixa rentabilidade. A ação estratégica é transformar produtos estrela em vaca leiteira, evitando que eles se tornem um produto abacaxi, contaminando, assim, o desempenho da organização como um todo.

3.12.3 Estratégia valor do serviço

Quanto mais eficaz for o desempenho do serviço, maior será o seu valor de mercado, sobretudo em função da sua imagem de marca no mercado em comparação com outros serviços.

Por analogia, pode-se construir um serviço com maior valor para o cliente.

O que caracteriza valor para o cliente? Entre outros aspectos:

- Desempenho do serviço.
- Localização, facilidade de acesso.
- Bom ou excelente padrão em instalações e atendimento. Isso se aplica tanto a hotéis e pousadas, restaurantes, lanchonetes, como a bancos, seguradoras, serviços de saúde e serviços educacionais, entre outros serviços.
- A estratégia de valor deve significar uma relação superior de custo-benefício do serviço na comparação com a concorrência.
- Serviços que proporcionem satisfação e bem-estar.

3.12.4 Análise da competitividade

No início dos anos 1990, tinha-se como foco a análise da competitividade da empresa em seu setor industrial. Sem dúvida, além de produtos diferenciados, a análise contemplava o desempenho da empresa como um todo e da força de vendas, em especial, como uma de suas vantagens competitivas.

Isso significava oferecer serviços diferenciados, procurando, com um desempenho de bom atendimento, obter vantagens competitivas.

3.12.5 O cliente é o rei

Ainda nos anos 1990, foi estabelecida a estratégia de valorização do cliente, com a adoção do tapete vermelho e toda uma paparicação a fim de manter e conquistar os clientes.

3.12.6 Estratégia intenções e foco em competências

O norte-americano Gary Hamel e o guru indiano C. K. Prahalad foram indicados por muitos como os grandes candidatos à sucessão de Michael Porter como estrategistas. A dupla escreveu a obra *Competing for the Future*, em 1990, que influenciou toda uma geração de gestores, da qual foram popularizados os conceitos de "intenção estratégica" (*strategic intent*) e "competências distintivas" (*core competences*). Este último foi particularmente útil. Numa época repleta de fusões e aquisições fracassadas, Hamel e Prahalad aconselharam os gestores a centrarem os seus esforços nas competências que realmente dominavam e nas quais eram melhores do que a concorrência. "Faça apenas o que sabe fazer bem e delegue todo o resto" era o pensamento dominante nessa época.

Nos anos seguintes, Gary Hamel passou a dedicar-se mais aos temas da inovação, aproveitando o momento da "nova economia" e das redes sociais. Prahalad, por seu turno, apostou no estudo da pobreza. O autor indiano não percebia por que é que as grandes empresas continuavam a lutar ferozmente por um pouco mais de quota nos mercados saturados, quando, nos países emergentes, como China, Índia ou Brasil, havia uma enorme massa de consumidores com poder de compra em ascensão. O guru indiano chamou esse grupo de consumidores de o "fundo da pirâmide" (*bottom of the pyramid*). São 2,5 milhões de pessoas que vivem com menos de três dólares por dia, mas que representam o maior mercado do mundo, um autêntico filão para as empresas.

Os fatos deram razão a Prahalad. Nunca, como agora, se falou tanto das oportunidades de negócio nos países emergentes, da ascensão dos pobres à classe média e dos milhões de pessoas que tentam aderir à economia formal. Prahalad apontou as estratégias adequadas para se ter sucesso junto dos consumidores com baixos rendimentos. Muitos exemplos vêm da Índia, seu país natal. É lá que pontifica o grupo Tata, que se tornou famoso em escala global por ter criado o Nano, o automóvel mais barato do mundo, que custa menos de 2.500 dólares, mas que hoje é dono da inglesa Jaguar.

Há mais exemplos, desde os computadores portáteis a menos de 100 dólares, as cirurgias de catarata por apenas 30 dólares, os quartos de hotel a 20 dólares, Airbnb para locação de residências, Uber como serviço de táxi mais barato, até as chamadas de celular a menos de um centavo de dólar por minuto.

Com base na *estratégia intenções e foco em competências*, um serviço poderia concentrar suas ações estratégicas em oportunidades de mercados, seja de alta, baixa ou média renda. Prahalad recomenda a base da pirâmide, onde está a população de baixa renda. Contudo, independentemente de qual público-alvo buscar, a empresa de serviços deveria direcionar suas ações estratégicas e suas principais competências para não perder sinergias e conquistar o coração do cliente, concentrando esforços em oportunidades de mercado.

3.12.7 Estratégia disruptiva

Nos anos 2000, ganhou força a estratégia do novo, que rompe com tudo o que existe. Ela propõe: sempre olhe para baixo se pretende atingir um determinado mercado. Comece por baixo. Tenha como foco os segmentos menos lucrativos, que geralmente são desprezados pelos líderes.

Isso vale para os serviços ofertados e também para a estrutura organizacional das empresas abertas ao público, como hotéis, empresas aéreas, pousadas, restaurantes, escolas, bancos, seguradoras, entre outros serviços. Um exemplo de empresa que adota a estratégia *disruptiva* é a Apple, reinventando o celular, o computador e lançando *tablets*. Na área do varejo, essa estratégia significa "reinventar o vendedor balconista". A Amazon já conta com robôs em suas lojas de varejo, que substituem a presença humana.

3.12.8 Estratégia do oceano azul

Na estratégia do oceano azul, a empresa foca sua atuação de maneira diferente, reinventando a sua operação. Neste caso, temos como exemplo o Cirque du Soleil, que reinventou o circo ao deixar de contar com seus elementos tradicionais, como animais, astros circenses, uso de vários picadeiros e palhaços, concentrando sua ação na beleza e na leveza do espetáculo, com temas e ambientes refinados, cenografia elaborada, músicas e danças artísticas.

Quadro 3.1 Exemplo – Cirque du Soleil aplicado a serviços

Eliminar	**Incrementar**
Retrabalho Tecnologia ultrapassada	Inovação
Reduzir	**Criar**
Reclamações	Ampliação dos serviços atuais Novos serviços

Fonte: Adaptado de CHAN, W. Kim; MAUBORGNE, Renée. *Estratégia do oceano azul*. Rio de Janeiro: Campus, 2009.

É importante eliminar o retrabalho e a tecnologia superada, e incrementar a inovação. Reduzir o ruído de reclamações, ampliar os serviços atuais e criar novos serviços.

Por exemplo, um serviço precisa ser repensado, e as pessoas, em especial aquelas que atendem o público, precisam ter um bom desempenho, integrando sobretudo o "prazer de servir". Portanto, o foco estratégico deve ser o desenvolvimento de competências organizacionais que habilitem a empresa de serviços a qualificar melhor o seu desempenho, por meio do somatório de competências e inteligências gerenciais.

A competência organizacional é o conjunto de qualificações e tecnologias essenciais ao desempenho de um serviço no mercado. Para evitar a imitação por parte da concorrência, é preciso que o serviço se diferencie das demais e que tenha um atendimento ao cliente com desempenho acima da média do mercado. Isso exige que cada pessoa esteja envolvida e comprometida com o trabalho e que tenha capacidade inerente à sua respectiva função.

Em conformidade com o posicionamento estratégico de um serviço, é possível identificar se ele navega em um oceano vermelho com muita concorrência ou em um oceano azul com pouca concorrência.

3.13 POR QUE PLANEJAR?

Planejar é um exercício que vai além de um plano orçamentário, ou seja, de previsão de receitas e despesas. No entanto, outros fatores colocam o planejamento como uma ferramenta estratégica essencial.

- Os negócios de amanhã serão diferentes dos atuais.
- Administrar hoje os negócios de amanhã é diferente.
- A velocidade das mudanças é crescente e imprevisível.
- Há demasiadas variáveis a serem consideradas no exercício estratégico de planejamento.
- A comunicação precisa ser ampla e abrangente nos negócios financeiros, turismo e educacionais, de saúde etc.

Como um instrumento de planejamento, o plano deve realizar uma completa análise da situação atual da empresa no mercado, procurando avaliar criticamente o mercado e suas principais tendências.

Em uma análise crítica da atuação da concorrência e das inovações tecnológicas, avaliar, sobretudo, o impacto da inteligência artificial e relacional. Isso possibilitará elaborar um plano detalhado de comunicação normal e digital e um plano detalhado de estratégia de distribuição e venda, além de uma análise detalhada dos custos e resultados esperados sob a ótica econômico-financeira.

3.14 QUAL DEVE SER O FORMATO DO PLANO?

O plano deve relatar os objetivos da instituição e as principais estratégias a serem adotadas, bem como os recursos a serem utilizados e, por fim, os resultados esperados.

3.15 COMO SE ELABORA UM PLANO DE MARKETING?

O primeiro passo é montar um Sistema de Informações de Mercado (SIM).

O SIM deve servir de apoio ao plano de marketing. É imprescindível um sistema de informações confiável, que é o processo de coleta sistemática de dados para alimentar e atualizar o plano.

O sistema de informações deve colher, entre outras informações:

- A análise da concorrência regional e nacional.
- A análise dos índices econômicos, tais como inflação, índice de desemprego, entre outros. Por exemplo, um dos indicadores importantes em serviços é avaliar o fluxo de clientes e a sua origem.

O plano de marketing deve conter um mapeamento das principais oportunidades e ameaças, confrontando os pontos fortes e fracos, direcionando recursos financeiros e esforços mercadológicos para administrar adequadamente o fluxo de vendas do serviço, de forma a rentabilizar a operação, a fim de obter recursos para investimentos em tecnologia.

- Objetivos e metas para o ano. Posicionamento desejado no mercado, em termos de participação de mercado e lucro, por linha de produto, tipo de cliente e região.
- Recursos financeiros, materiais e humanos necessários para dar suporte estratégico para a realização dos objetivos.
- Planos de ação estratégicos e táticos: preços, comunicação e vendas por canal de distribuição.

3.15.1 Controle do esforço de marketing: orçamento, responsáveis e cronograma do plano

O orçamento deve prever verbas para: pesquisas de mercado, propaganda, treinamento de gerentes, supervisores, corretores e vendedores, promoção de vendas e serviços aos clientes internos e externos.

A demonstração de resultados esperados é a estimativa de investimentos e lucro por tipo de serviço, por cliente e por região. Deve, ainda, conter anexos de planos de contingência que deem suporte à realização do plano de marketing.

3.15.2 Conteúdo do plano de marketing

Um plano de marketing deve, entre outros pontos, conter:

- Uma clara visão do mundo dos negócios do serviço.
- Uma análise das situações internas e externas.

Deve, ainda:

- Formular objetivos que se pretende alcançar no próximo período.
- Procurar criar em todas as ações um valor agregado que permita superar a concorrência direta e indireta.

- Elaborar políticas, estratégias e táticas.
- Formular um orçamento detalhado de todas as ações, cronograma de realizações e resultados esperados.

Um bom plano de marketing se inicia com o fato de que o marketing deve dar suporte à empresa como um todo.

3.15.3 Como preparar o plano de marketing

Para organizar o plano, é preciso, primeiro, realizar um diagnóstico situacional, ou seja, analisar os pontos fortes e fracos da empresa. Em seguida, formular ações estratégicas visando consolidar o posicionamento dos serviços em cada mercado em que a instituição opere. Uma vez isso feito, o passo seguinte é o da redação de planos operacionais de vendas, propaganda e promoção de vendas. E, ao final, o plano deve ser implantado.

O plano de marketing, além de corporativo, pode ser estabelecido para cada unidade operacional. Assim, por exemplo, em um banco, além do plano geral, pode haver um plano para cada unidade operacional: pessoa física ou jurídica (*corporate*) e para cada agência bancária. Esses planos menores podem ser elaborados conforme os desafios de mercado.

A organização do pensamento estratégico é o primeiro passo antes da elaboração do plano: onde estamos e aonde pretendemos chegar.

Analise, antes de mais nada, quais são os pontos fortes e fracos da empresa, além de listar as principais ameaças e oportunidades para o negócio do serviço.

Dentre os fatores ambientais que mais interferem nos negócios de uma empresa, destacam-se:

- Aspectos sociais da empresa de serviços e os fatores sociais ambientais, isto é, externos à empresa.
- De que maneira a situação política interfere nos negócios da empresa de serviços.
- Dos mercados em que uma empresa pode atuar, é importante definir os mercados-alvo e principais concorrentes.
- Para cada mercado geográfico, é importante definir um plano de atuação.

3.15.4 Sumário executivo do plano de marketing

Quanto ao plano de marketing, podemos considerar como essencial o seguinte:

- Deve relacionar-se com outros planos.
- Deve estar acoplado ao planejamento estratégico da empresa e não pode funcionar como uma ferramenta isolada.

- Deve conectar-se aos objetivos corporativos com relação a lucro, crescimento etc., participação de mercado desejada e alianças estratégicas visadas.

3.16 PESQUISA DE MERCADO

O sistema de informações é a inteligência viva de uma organização. Por meio da pesquisa, é possível determinar o que o cliente quer, como atua a concorrência, quais são os fatores sociais, políticos e econômicos que mais interferem nos negócios da organização. Em nível macroambiental e em nível de micro meio ambiente, pode-se determinar o que o cliente espera receber da empresa e o que os fornecedores gostariam de receber sob a forma de informação de mercado.

O plano deve conter uma análise detalhada de cada segmento de mercado visado.

3.17 OBJETIVOS E METAS EMPRESARIAIS

Os objetivos contidos no plano devem ser:

- Quantificados em termos de volume de serviços e de receita esperada.
- Especificados no tempo, por mês ou por ano. Margens de lucro por tipo de serviço prestado.
- Metas corporativas e metas departamentais, ou seja, metas da empresa como um todo e metas por departamento.
- Recursos corporativos a serem alocados por tipo de serviço, por tipo de cliente e por região em que a empresa atue.
- Fatores ambientais: anotar a influência ambiental nos negócios da empresa para o próximo ano.
- Concorrência: direta e indireta. Prever suas principais ações e influências nos negócios da empresa.
- Mercados-alvo a serem atingidos no próximo ano.
- Mercado potencial: estimativa de potencial de cada mercado de interesse da empresa.
- Segmentos de mercado e alvos desejados.

3.18 ANÁLISE COMPETITIVA

Por meio da análise da atuação da concorrência, é possível estabelecer ações estratégicas e táticas para neutralizar a ação dos principais competidores.

As perguntas-chave são: Quem são os concorrentes? Como eles se comparam à sua instituição em termos de porte e desempenho? Onde eles atuam? Em que setores do mercado eles são mais competentes? Quais são os seus principais produtos e serviços? Quais são as vias de distribuição que eles utilizam? Quais são os serviços que a concorrência mais vende?

- Enumerar os pontos-chave da concorrência.
- Listar as principais ameaças da concorrência.
- Determinar estratégias para vencer a concorrência.

Uma vez definidos os focos estratégicos, é preciso listar os dados-chave da empresa ou da sua unidade de negócios.

3.19 PLANO DE COMUNICAÇÃO

Deve conter um detalhamento dos objetivos e estratégias promocionais e o público-alvo que se pretende atingir, visando à consecução dos objetivos de marketing. Do plano devem fazer parte um planejamento de mídia e o orçamento pormenorizado.

As estratégias de propaganda devem ter objetivos claros acerca de quem se pretende atingir, quando, onde, com que frequência e por quais veículos.

O plano de mídia deve apresentar um cronograma detalhado das ações táticas a serem executadas, uma seleção de mídia tradicional e digital, uma análise de alternativas e uma alocação de recursos.

3.20 PLANO DE VENDAS

Como parte do plano de marketing, deve constar um plano de vendas por região, por tipo de clientes e por equipe de vendas. Devem figurar nele também as estratégias de vendas que possibilitem ampliar a participação de mercado e aumentar os lucros da empresa.

As estratégias de vendas devem ser formuladas para:

- Prevenir a perda de clientes-chave: possibilitar o crescimento dos clientes-chave.
- Projetar um crescimento seletivo dos clientes menos importantes: eliminar uma parte de clientes marginais (clientes que não dão lucro).
- Diminuir custos dos clientes marginais.
- Obter novos negócios com clientes potenciais selecionados.
- O plano de vendas deve apresentar um cronograma de atividades digitais e presenciais.

- Treinar todos os vendedores, gerentes e demais pessoas envolvidas com vendas.
- Treinar o pessoal de sistemas operacionais e atendimento a clientes.
- Comprometer o pessoal de suporte de vendas com os objetivos de vendas a serem alcançados.
- Motivar e controlar os desempenhos de vendas.

3.21 ESTRATÉGIAS DE PREÇOS

Para vencer a concorrência, é preciso definir uma estratégia de preços por região e por tipo de serviço.

3.22 ESTRATÉGIAS DE SERVIÇOS

O plano deve, ainda, analisar o portfólio de serviços da empresa, em face do principal concorrente e das formas de contornar adversidades. Ou seja, como agregar um serviço não esperado aos serviços da empresa pode significar um benefício para os clientes. Resta saber se esse valor agregado é percebido como importante. No plano deve constar uma análise de valor, ou seja, o que é um serviço de valor para o cliente.

Um plano de marketing deve ser redigido sob a ótica do cliente, isto é, a empresa se vendo como os clientes a veem. Ver o mercado com os olhos do cliente pode ser uma forma inteligente de ampliar os negócios, pois, dessa forma, pode-se delinear o que os clientes querem, aplicar a melhor forma de satisfazer às suas necessidades e ainda realizar desejos explícitos e ocultos.

3.23 AVALIAR A COMPETÊNCIA ESTRATÉGICA

Medir o grau de competência das equipes da empresa em termos de inteligências integradas na solução de problemas, avaliando os pontos fortes e fracos da estrutura organizacional. A empresa, para ter sucesso em mercados competitivos, deve ter pessoas de talento e tecnologias avançadas.

CONCLUSÃO

Planejar é sempre um desafio que exige uma disciplina tática para organizar dados e formular opções viáveis. Um plano de marketing, para ter sucesso, deve estar redigido de forma pragmática, de forma a apresentar os objetivos, analisar o cenário para o ano, desenvolver estratégias, prever a alocação de recursos financeiros, materiais e humanos, e, mais do que isso, deve ter emoção e coração. Um plano frio não é um planejamento, mas um documento como outro qualquer, fadado a ser engavetado.

Com o uso da inteligência racional e inteligência emocional, o planejamento deve contemplar avaliações de novas tecnologias e uso de robôs nos negócios da empresa.

Para que o planejamento seja bem-sucedido, são necessários alguns cuidados em cada um dos seguintes passos:

- Reunir dados.
- Analisar pontos fortes e fracos e ameaças e oportunidades.
- Analisar opções estratégicas.
- Ousar investir em soluções.
- Colocar as ações do plano em prática.
- Corrigir o rumo das estratégias adotadas.
- Controlar os gastos e avaliar os resultados.

TRADUZINDO EM PONTOS DE AÇÃO ESTRATÉGICA

Pontos de ação estratégica	Providências necessárias	Resultados esperados
1. Reunir dados	Organizar um banco de dados	Dispor de informações para o planejamento
2. Analisar pontos fortes e fracos da empresa frente à concorrência e ameaças e oportunidades	Comparar dados	Confrontar a empresa com principais concorrentes
3. Analisar opções estratégicas	Avaliar alternativas estratégicas	Tomar decisões estratégicas de sucesso
4. Investir em soluções	Alocar recursos estratégicos	Conseguir implantar o plano
5. Colocar as ações do plano em prática	Comprometer as pessoas da organização com o planejamento	Obter *market share*, lucro e a satisfação do cliente
6. Corrigir o rumo das estratégias adotadas	Adotar medidas rápidas para redirecionar o plano	Manter plano no curso certo rumo aos objetivos traçados e redefinidos
7. Controlar os gastos e avaliar os resultados	Montar dispositivos de controle de recursos e de resultados	Manter o plano dentro dos valores estabelecidos

QUESTÕES

1. Resumidamente, o que é planejamento estratégico em marketing de serviços?
2. Quais são os principais passos para a elaboração de um planejamento de marketing?
3. Quais são as principais estratégias para uma empresa desafiante num mercado?
4. Quais são as estratégias mais usuais de uma empresa seguidora do líder?
5. O que é uma estratégia de nicho de mercado?

REFERÊNCIAS

Livros

AZEVEDO, Abaetê; POMERANZ, Ricardo. *Marketing de resultados*. São Paulo: M. Books, 2004.

BATESON, John E. G.; HOFFMAN, K. Douglas. *Marketing de serviços*. Porto Alegre: Bookman, 2001.

BROWN, Tim. *Design thinking*. Rio de Janeiro: Campus, 2010.

CHAN, W. Kim; MAUBORGNE, Renée. *A estratégia do oceano azul*. Rio de Janeiro: Campus, 2005.

CHRISTENSEN, Clayton. *O dilema da inovação*. São Paulo: Elsevier, 2007.

COBRA, Marcos. *Administração de marketing no Brasil*. 4. ed. Rio de Janeiro: Campus, 2016.

HITT, Michael A.; IRELAND, R. Duane; HOSKISSON, Robert E. *Administração estratégica*. São Paulo: Cengage, 2007.

IACOBUCCI, Dawn (org.). *Os desafios do marketing*. São Paulo: Futura, 2001.

KOTLER, Philip; KELLER, Kevin Lane. *Administração de marketing*. 14. ed. São Paulo: Pearson, 2012.

LEWIS, David; BRIDGES, Darren. *A alma do novo consumidor*. São Paulo: M. Books, 2004.

LOVELOCK, Christopher; WIRTZ, Jochen; HEMZO, Miguel Angelo. *Marketing de serviços*. 7. ed. São Paulo: Pearson, 2011.

MADIA, Francisco Alberto de Souza. *Marketing trends 2017*. São Paulo: M. Books, 2016.

OHMAE, Kenich. *La mente del estratega*. Madrid: McGraw-Hill, 2004.

OHMAE, Kenich. *The borderless world*: power and strategy in the interlinked economy. New York: Harper Collins, 1999.

OHMAE, Kenich. *Triad power*: the coming shape of global competition. New York: The Free Press, 1985.

PORTER, Michael. *Competição*. Rio de Janeiro: Campus, 2009.

PORTER, Michael. *Estratégia competitiva*. Rio de Janeiro: Campus, 1999.

Artigo

EDITORIAL ECONÔMICO. Deterioração econômica derruba setor de serviços. *O Estado de S. Paulo*, São Paulo, 20 jun. 2015. Caderno Economia, B2.

4 Marketing de Experiência | Emoções

"Mantenha a cabeça fria, se quiser ideias frescas."
Stanislaw Ponte Preta

OBJETIVOS DE APRENDIZAGEM

- Desvendar o que é marketing de experiência em serviços.
- Conhecer os tipos de experiência.
- Trabalhar os conceitos de Pine e Gilmore.
- Entender como mensurar uma experiência.
- Conhecer os cinco Modelos Experienciais Estratégicos (MEEs) propostos por Schmitt.

INTRODUÇÃO

Para muitas pessoas, o serviço mais lembrado é uma viagem, que nada mais é que um devaneio necessário para a recuperação de energias, uma busca de sensações únicas, como a realização de sonhos. Uma viagem é um compromisso consigo mesmo; muitas vezes, visitar amigos e parentes, conhecer novos lugares e novas pessoas torna-se uma meta de vida. O turista é estimulado pelo "eu preciso e eu mereço". Viajar é um bem exaurível, do qual só podemos guardar uma leve lembrança, assim como os serviços em geral.

Segundo Luiz Gonzaga Godoi Trigo (2013) e Mario Beni (2012, p. 263),

> a relação do ser humano com as viagens é bastante antiga – data dos tempos do nomadismo e das primeiras viagens épicas ou de peregrinação em busca de conhecimento – e é reveladora de seus sentimentos mais profundos. As viagens povoam o imaginário das civilizações desde os primórdios da humanidade [...] Os perigos e as maravilhas das viagens sempre encantaram as pessoas. E assim o setor de entretenimento desenvolveu-se nas sociedades industriais e pós-industriais tendo como características marcantes: as novas tecnologias de informação, a valorização e legitimação do prazer como um di-

reito humano similar a outros direitos historicamente consagrados (educação, saúde, segurança, moradia, trabalho), o crescimento do setor de serviços cada vez mais especializados e direcionados a nichos e a conscientização da diversidade, sustentabilidade e qualidade de vida como valores inerentes às novas sociedades, as sociedades marcantes por inovações e mudanças constantes. Inovar significa estar disposto a mudar.

Assim como as pessoas de classe A buscam no turismo uma experiência única e exclusiva, a nova classe C busca a inclusão social. Todas as classes sociais, de alguma maneira, consomem produtos turísticos, como algo tangível ou intangível, e isso leva em consideração todos os sentidos que os seres humanos utilizam quando viajam. Mas não é só. Todo e qualquer serviço é intangível, que fica registrado no consciente ou no inconsciente das pessoas:

- Visão (apreciar paisagens, ver as cores do lugar).
- Olfato (perceber o cheiro da mata, de um rio ou do mar).
- Audição (ouvir o gorjeio de pássaros ou o barulho da água).
- Tato (poder pegar e sentir um objeto, como uma peça de artesanato).
- Paladar (degustar uma iguaria, ou uma bebida).

Se pararmos para pensar, veremos que a própria vida é uma viagem, com prazo para começar, mas sem prazo determinado para terminar. E, ao longo dessa viagem, as experiências se renovam. Por isso, todo e qualquer serviço é um bem intangível que fica no imaginário das pessoas após o seu consumo.

4.1 MARKETING DE EXPERIÊNCIA EM SERVIÇOS

Segundo Pine e Gilmore (1999),

> quando uma pessoa paga por um serviço, ela está adquirindo um conjunto de atividades intangíveis executadas em seu interesse. Mas, quando ela adquire uma experiência, está pagando para dedicar seu tempo a desfrutar de uma série de eventos memoráveis que a envolva de modo pessoal.

No caso, um serviço, qualquer que seja, ou mesmo uma cidade ou destino turístico, deve apresentar experiências – como numa peça de teatro em que o espectador participa do espetáculo, ou quando o cliente do restaurante é convidado a ir à cozinha participar do preparo da sua comida.

O intuito é envolver cada consumidor de modo pessoal. Assim, a experiência é um bem hedônico processado na mente da pessoa que tenha sido engajada, física, emocional, intelectual e até mesmo espiritualmente. É importante frisar que pessoas diferentes não têm a mesma sensação, mesmo diante de uma mesma experiência.

4.2 REVISÃO BIBLIOGRÁFICA

Uma experiência com a utilização de um serviço deve conter:

- **Conteúdo**: significa desde a concepção inicial da ideia até a experiência final oferecida ao consumidor.
- **Conduto**: meio pelo qual o consumidor tem acesso à experiência.
- **Consumo**: a forma como o consumidor utiliza a experiência. Por exemplo, um filme pode ser visto no cinema ou em casa.
- **Convergência**: como as várias mídias e tecnologias se compõem para comunicar e ajudar a manter a sustentação da experiência; por exemplo, um serviço de entretenimento.
- **Satisfação de necessidades**: um serviço é sempre uma necessidade a ser satisfeita.
- **Realização de desejos explícitos e ocultos**: uma experiência é desejada e amplamente esperada para realizar sonhos e fantasias, ou seja, desejos explícitos e ocultos.

A experiência é vista, portanto, como um bem hedônico, que proporciona prazer, mas com incerteza de qualidade, tem atributo subjetivo, simbólico e estético, intangível, escasso e sazonal. Possui curto ciclo de vida e entra rapidamente em declínio, portanto, seu risco de consumo econômico e social é relativamente alto. A experiência de consumo é multissensorial e variável, com baixo envolvimento cognitivo e elevado envolvimento emocional. O motivo de compra de um bem hedônico é a busca de experiência e prazer. É, portanto, emocional, com um caráter simbólico, e representa a expressão da individualidade e da subjetividade. Sua compra é normalmente por impulso, com frequência de consumo limitada, e depende de características subjetivas do comprador.

Entretanto, nem todo serviço pode ser considerado um bem hedônico. Um serviço público, um serviço de saúde nem sempre proporcionam emoções prazerosas; mas sempre serão experiências, desejadas ou não.

> Um serviço, como entretenimento, viagem, qualquer que seja, até mesmo a permanência em um *spa* ou em um hospital, deve ser experiencial.

Segundo Pine e Gilmore (1999), as experiências representam um tipo de produção econômica que carece de maior organização, pois os consumidores, os economistas e, enfim, o mercado como um todo colocam, equivocadamente, essa produção econômica no setor de serviços. Em geral, a experiência deriva de uma observação direta ou da participação em acontecimentos reais, virtuais ou imaginários, ou seja, é a decorrência de uma interação material ou abstrata.

Segundo Schmitt (1999), a observação direta ocorre no momento em que o turista visualiza algum acontecimento, ou participa de algum tipo de atividade. Já as participações reais, imaginárias ou virtuais dizem respeito ao contato que o turista tem com uma situação. Nesse sentido, toda viagem e todo jantar à luz de velas é uma experiência única, para enfatizar as sensações invocadas.

Pine e Gilmore (1999) defendem que a experiência não é a última das ofertas econômicas.

À medida que um serviço é padronizado (por exemplo, Netflix), ele começa a proporcionar experiências, mas essa oferta passa a se tornar comoditizada e facilmente copiada, forçando a empresa de serviços a buscar meios de diferenciar suas experiências.

Para isso, os autores sugerem que a experiência não pode ser somente um evento isolado, mas sim uma série de experiências, possibilitando, dessa forma, alcançar um efeito mais duradouro. Os autores denominam essa nova oferta como *transformações*.

De acordo com Pine e Gilmore (1999), as transformações ocorrem sempre que uma experiência é customizada, exatamente para suprir as necessidades individuais do consumidor, para que ele alcance um fim ou propósito específico, mudando seu estado de ser. Ou seja, um serviço pode customizar as experiências com o intuito de alcançar um efeito mais profundo e duradouro ao consumidor.

Um exemplo de transformação se dá quando um consumidor busca um cinema que disponibilize, além de recreação, uma oferta gastronômica variada e bons filmes.

Segundo os autores, a experiência pode envolver o consumidor em diferentes dimensões. Dessa maneira, por exemplo, a participação de um turista pode ser ativa ou passiva, dependendo de como isso afeta pessoalmente a performance ou evento derivado da experiência. Ou seja, o turista pode simplesmente contemplar a queda d'água das Cataratas do Iguaçu; experimentar descer de rapel até o movimento das águas; ou ir de barco próximo às quedas das cataratas (passeio organizado pela empresa Macuco nas Cataratas de Foz do Iguaçu, tanto do lado brasileiro das cataratas como do lado argentino).

É possível observar esse tipo de dimensão em diferentes ocasiões de um espetáculo de circo. Há momentos em que o espectador apenas observa a ação no picadeiro, sem que se envolva com ela. Entretanto, há outros em que ele é convidado para participar dessa ação – junto à encenação dos palhaços, por exemplo –, influenciando pessoalmente na experiência proporcionada pelo circo.

Em outro exemplo, ser convidado para dançar um tango com um dos dançarinos é uma experiência incrível e inesquecível.

A conexão entre o consumidor e o ambiente descreve o tipo de vínculo ou ligação que unirá a pessoa ao evento. Essa relação pode ocorrer na forma de uma imersão ou absorção – que varia de acordo com a atenção da pessoa ao evento –, envolvendo o consumidor em um nível físico de participação ou somente mental.

Em outras palavras, quando as relações se dão na forma de imersão, o consumidor adentra a experiência de modo a sentir-se parte dela, ao passo que a absorção ocorre no instante em que ele se projeta mentalmente na experiência.

Essa dimensão pode ser encontrada, por exemplo, em um parque ecológico. A partir do momento em que uma pessoa observa e contempla um parque ecológico a distância, ela está se envolvendo com o parque de modo a trazer para sua mente as sensações que sentiria caso estivesse presente naquele local (absorção).

Em contrapartida, caso essa mesma pessoa se encontre dentro do parque, seu envolvimento com o ambiente passa a acontecer na forma de imersão, ou seja, a pessoa se relaciona com o ambiente em um nível muito mais próximo; ela faz parte do ambiente (imersão). De forma breve, na absorção a experiência "vem" até o consumidor, ao passo que na imersão o consumidor "vai" até a experiência (PINE; GILMORE, 1999).

4.3 DOMÍNIOS DA EXPERIÊNCIA

Cruzando as dimensões absorção e imersão, é possível determinar quatro domínios da experiência: entretenimento, educacional, estético e escapista.

4.3.1 Tipos de experiências

Conforme Pine e Gilmore (1999, p. 40), podem ocorrer os seguintes tipos de experiência:

Entretenimento: uma experiência abrange o domínio do entretenimento sempre que um indivíduo absorve passivamente a experiência por meio de seus sentidos, assistindo ao evento sem influenciar seu desempenho. Esse domínio compreende atividades como assistir à televisão, ir ao cinema, teatro ou circo, ou qualquer outra forma de experiência em que o consumidor observe passivamente a realização de uma performance. O entretenimento também pode estar presente em ocasiões menos óbvias, como, por exemplo, em restaurantes no México em que o garçom faz malabarismo com os pratos e convida os frequentadores a dançar, ou em uma visita ao Pantanal.

Figura 4.1 Dimensões da experiência.

Fonte: Pine e Gilmore (1999).

Educacional: o domínio educacional contempla atividades que engajam mais a mente do que o corpo do consumidor, como atividades esportivas que exercitem seu físico ou a aprendizagem que exercite a mente.

Estético: o domínio estético busca despertar prazeres sensoriais no consumidor, imergindo-o em um determinado evento ou ambiente, sem que o turista o afete pessoalmente, ou seja, ele aprecia um ambiente essencialmente intocado.

Como exemplos, podem-se citar as atividades de contemplar, como visitante, obras de arte em um museu; caminhar como turista pelo Parque Nacional da Serra da Capivara, no Piauí; visitar sítios arqueológicos na Fundação Museu do Homem Americano, patrimônio da cultura; ou ainda passear pelas dunas de areia dos Lençóis Maranhenses, ou no delta do rio Parnaíba, no Piauí.

Todo serviço deve preservar uma atmosfera do ambiente do serviço. Seja presencial, seja *on-line*, deve guardar uma impressão agradável.

Escapista: a ideia que melhor explica o domínio escapista é *fuga da realidade*. Neste domínio, o consumidor participa e imerge totalmente no ambiente, afetando a experiência por meio de sua performance ativa e envolvida. Participar de um jogo de futebol ou partida de *paintball* são exemplos de escapismo.

Andar de bicicleta por trilhas no arquipélago de Fernando de Noronha; de dromedário nas dunas de Genipabu, em Natal. Ou, ainda, um passeio sobre o gelo do Perito Moreno, na Patagônia, Argentina, ou a visita a um bar de gelo em Puerto Iguazu, com uma mesa sobre o gelo e nela vários copos, uma garrafa de uísque e uma machadinha de quebrar gelo para o *drink* maravilhoso que irá aquecer o turista. São exemplos de escapismos, uns mais etílicos; outros apenas de contato com a natureza.

Para Pine e Gilmore (1999), não se deve utilizar um único domínio.

Para os autores, as organizações de serviços podem apresentar aspectos dos quatro domínios – simultaneamente – de uma mesma experiência.

Por exemplo, a cozinha de um restaurante pode ser desdobrada para uma preparação pelo cozinheiro na frente da mesa do cliente, ou pode, ainda, ser envidraçada ou aberta.

Em alguns *shows* ou peças de teatro, o espectador é convidado a participar da *performance.*

No restaurante mineiro Trago de Luz, em Tiradentes, há uma placa bem visível: "A pressa é inimiga da refeição" – ou seja, aguarde com paciência.

Todos esses aspectos compõem o domínio do entretenimento.

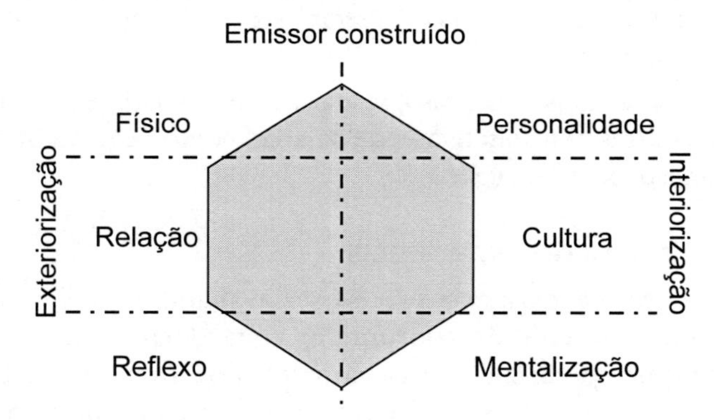

Figura 4.2 Prisma da identidade.

4.3.2 Princípios fundamentais para o *design* de um projeto experiencial

Pine e Gilmore (1999) propõem, ainda, o que chamam de princípios fundamentais para o *design* de um projeto experiencial:

1. Criação de um tema: é importante que a experiência seja temática, ou seja, que se crie um assunto, um argumento a ser desenvolvido, que conduza os elementos do projeto na direção de um enredo totalmente unificado, cativando o cliente.
2. Na harmonização de impressões do lugar, é importante que se ofereçam momentos indeléveis.
3. Eliminação de impressões negativas: a experiência também deve eliminar qualquer sensação que cause desconforto ou se desvie do tema. Serviços desatentos são extremamente perigosos, pois podem destruir todo o clima construído acerca do serviço.

Kotler e Keller (2012) e Grönroos (2009) citam a importância de se atender às expectativas do cliente.

Desenvolvimento de um composto de lembranças: a experiência precisa registrar na mente das pessoas os momentos vividos no uso do serviço.

4.3.3 Proporcionar o envolvimento do cliente nos cinco sentidos

Para Pine e Gilmore (1999), ao menos um dos cinco sentidos – tato, olfato, paladar, visão e audição – precisa, de alguma forma, sensibilizar o cliente.

Ver uma paisagem fica no consciente das pessoas, assim como a degustação de um alimento ou bebida, bem como o cheiro de mato ou da maresia. Abraçar uma árvore. Enfim, o cliente precisa sentir o serviço. Pine e Gilmore (1999) afirmam que apenas o envolvimento físico não basta. É preciso que a relação custo-benefício seja atraente. Um serviço precisa ser lembrado com satisfação e, se possível, prazerosamente.

Há experiências mais auditivas e visuais, como assistir a uma aula ou concerto musical, e outras mais olfativas e de paladar, como degustar um churrasco. Enfim, serviços são experiências.

4.3.4 Mensuração da experiência

Toda e qualquer experiência precisa ser avaliada. Isso significa identificar o grau de envolvimento do consumidor com a experiência, por meio de pesquisa. A pesquisa pode ser do tipo entrevista pessoal ou questionário por *e-mail* após o consumo do serviço. É interessante uma pesquisa do tipo antes e depois do evento, para avaliar o interesse antes e a satisfação após a experiência. A partir dessas aferições, é possível construir métricas para mensurar cada tipo de experiência, desde uma experiência muito satisfatória até uma experiência insatisfatória.

4.4 ORIGEM DO MARKETING DE EXPERIÊNCIA

Inicialmente, Schmitt (1999) concebeu o termo *marketing de experiência*, mas restringia sua visão de experiência a aspectos sensoriais e estéticos.

Em 1999, em seu artigo para o *Journal of Marketing Management* "*Experiential marketing*", Schmitt afirmava que: "*As experiências ocorrem como um resultado do encontro, vivenciado através de situações. As experiências proveem aspectos sensoriais, emocionais, cognitivos, comportamentais e valores relacionais que recolocamos valores funcionais.*"

Em geral, a experiência é decorrência de uma observação direta ou mesmo de uma participação do consumidor em acontecimentos reais, virtuais ou imaginários; ou seja, a experiência é fruto de uma interação material e/ou abstrata.

4.5 EXPERIÊNCIA COMO COMPOSIÇÃO

Autores como Shaw e Ivens defendem que "*a experiência não é apenas material emocional ou sensorial, ela é composta pela combinação de todos esses aspectos*".

Já para Schmitt, as experiências "*são acontecimentos individuais que ocorrem como resposta a algum estímulo*" (SCHMITT, 1999). Esses estímulos provocam diferentes reações no consumidor.

As reações sensoriais ocorrem no momento em que o cliente reage a seus sentidos, como é o caso da pessoa que entra em uma churrascaria e sente aquele cheiro maravilhoso de carne assando na brasa, ou ainda quando sente o cheiro de pão quentinho de uma padaria. O aroma muitas vezes é o melhor de tudo.

As reações emocionais resultam na alteração do estado mental da pessoa. Quando é bem tratado, a reação é positiva; caso contrário, pode ser negativa e irritar o cliente.

Nessa linha de raciocínio, um doente pode sentir mais dor se o médico ou o enfermeiro for descortês; caso o funcionário de uma empresa de serviços se comporte de forma imprópria, o cliente pode apresentar diferentes sentimentos, como frustração ou desapontamento.

Os serviços de atendimento ao cliente de empresas de serviços são campeões de insatisfação, conforme constata mensalmente o Programa de Proteção e Defesa do Consumidor (Procon), órgão do governo que registra reclamações.

Entretanto, caso o funcionário atenda o cliente de forma cortês, essa interação positiva pode perdurar na mente do consumidor durante considerável período de tempo.

É evidente que existem experiências que são espontâneas, já que determinados estímulos não são passíveis de manipulação – é o caso de um raio que cai em uma árvore. Esse fator meteorológico não pode ser previsto, mas causa um impacto inesquecível.

Por fim, as experiências podem proporcionar alegrias ou desapontamentos.

4.6 MODELOS EXPERIENCIAIS ESTRATÉGICOS

Schmitt conceitua as experiências em cinco diferentes tipos, denominando-as Modelos Experienciais Estratégicos (MEEs). Esses modelos são partes singulares e específicas que compõem uma experiência, "*cada qual com seus próprios processos e estruturas inerentes*".

Os cinco MEEs propostos por Schmitt serão vistos a seguir.

4.6.1 Modelo sensorial

Representa a parte da experiência que faz apelo a um ou mais sentidos do consumidor: visão, tato, olfato, audição e paladar.

Schmitt destaca que, devido à relativa facilidade na manipulação de estímulos provenientes desse modelo, uma quantidade considerável de organizações de serviços se dedica unicamente ao planejamento de experiências sensoriais, deixando os outros quatro tipos de experiência de lado.

Segundo Schmitt, existem inúmeras situações em que os modelos sensoriais são encontrados não apenas nos serviços. Por exemplo, nos uniformes de funcionários de um hotel, no avental de médicos e enfermeiros, no uniforme do bombeiro ou tripulante de empresa aérea, nos ambientes em geral e ainda na arquitetura de uma cidade de turismo, ou mesmo nas peças publicitárias de uma oferta de serviço.

Partindo para um exemplo mais específico desse modelo: uma série de estímulos pode caracterizar a presença de uma experiência sensorial em um serviço, seja financeiro, de saúde, educacional ou um serviço religioso.

Num ponto turístico, o cheiro da mata, o aroma do mar, as cores e a luminosidade do lugar são exemplos de aspectos sensoriais.

4.6.2 Modelo emocional

Apresenta apelo aos sentimentos e às emoções individuais do cliente. As experiências emocionais abrangem tanto dimensões conscientes como subconscientes e compreendem desde emoções passageiras até sentimentos duradouros, possibilitando a criação de vínculos emocionais entre um turista e a cidade visitada, entre um paciente e um hospital, um aluno e sua escola, ou, ainda, entre um fiel e sua religião.

O grau de intensidade das experiências emocionais varia conforme o estado de espírito e temperamento do consumidor e a situação de consumo (PONTES, 2012).

Por outro lado, a predisposição emocional de um consumidor também é relevante nessa análise. Por exemplo: o momento da interação entre um morador de uma cidade turística e um visitante. Ou entre o funcionário de um banco e o cliente.

4.6.3 Modelo cognitivo

Os modelos cognitivos fazem apelo ao intelecto, engajando o consumidor em pensamentos elaborados e criativos. Em outras palavras, esse modelo inclui experiências que envolvam mentalmente o consumidor na situação de consumo, fazendo um elo entre o que ele esperava e o que ele efetivamente sente ao consumir o serviço.

Segundo Schmitt, esse modelo pode engajar um consumidor em dois tipos de pensamentos: os convergentes e os divergentes. O pensamento convergente envolve aspectos racionais bem definidos, ou seja, engloba pensamentos analíticos e probabilísticos. Em geral, análises sistemáticas de um problema caracterizam esse tipo de modelo cognitivo.

Já o pensamento divergente é mais livre, associado à habilidade de gerar muitas ideias, mudar de perspectiva ou criar ideias originais.

Há de se considerar que ambos os tipos de pensamento são estimulados de maneiras distintas: um espetáculo do Cirque du Soleil pode despertar pensamentos convergentes e divergentes.

Diversas imagens e ideias podem surgir na mente do espectador no momento em que ele está assistindo a um *show* da Madonna. Entretanto, ao se questionar quanto à qualidade da poltrona, do som e da luminosidade, além de grandes filas na bilheteria, pode concluir racionalmente que a experiência não foi tão boa quanto ele acreditava ser ao comprar o evento.

A experiência cognitiva também pode estar presente em uma peça publicitária, no momento em que o consumidor lê ou vê uma mensagem.

4.6.4 Modelo comportamental

Os modelos comportamentais criam experiências relacionadas ao consumidor de um serviço.

Categorias de experiência

Schmitt menciona a existência de nove diferentes categorias de experiências de ação: aspectos físicos, ações motoras, sinais corporais, influência do ambiente sobre desejos físicos, estilos de vida, comportamento não verbal, autopercepção, mudanças comportamentais e indução de ações não pensadas.

Essas categorias são distribuídas ao longo de dois grupos: as associadas ao corpo e as ligadas ao estilo de vida.

Em relação às associadas ao corpo, dizem respeito a qualquer atividade que se limite a aspectos físicos do consumidor. As ligadas ao estilo de vida compreendem as situações em que há mudança do comportamento ou da autopercepção do consumidor.

As experiências comportamentais estão presentes, por exemplo, quando o cliente é maltratado em um atendimento em uma empresa, seja um banco, uma empresa aérea, ou mesmo um serviço público. Cada consumidor deve ter ao menos um exemplo de mau atendimento para relatar.

4.6.5 Modelo relacional

Os modelos relacionais desenvolvem ligações entre o consumidor e a empresa de serviços.

As experiências relacionais apresentam aspectos dos outros quatro modelos experienciais, entretanto, vão além de sua simples soma. Representam algo maior do que a totalidade dos outros modelos, pois estabelecem vínculos com outras pessoas e culturas, ou seja, extrapolam a habitual relação entre indivíduo e empresa. Assim, o objetivo desse tipo de modelo é desenvolver ligações entre o consumidor, a marca do serviço e o seu significado social. Por exemplo, entre um aluno e o significado social da sua escola, ou entre o passageiro e a empresa aérea, entre o cliente e o banco, quando essas relações representarem uma conquista social.

Nesse modelo, estão presentes grupos sociais mais específicos, como pessoas da mesma crença, estilo de vida e profissão, e grupos sociais mais abstratos, como pessoas de um mesmo país, sociedade ou cultura.

Esses grupos sociais são importantes para o turista, para o aluno, pois atribuem um senso de identidade social definida como "*a parte do autoconceito que sofre influência na participação de um grupo social*" (SCHMITT, 1999). No modelo relacional, há uma grande interação entre a empresa e o cliente. Essa interação pode ser objetiva ou subjetiva, ou seja, pode ser buscada (objetiva) ou fruto do acaso (subjetiva).

As experiências relacionais estão presentes, por exemplo, no momento em que as pessoas se encontram. Assim, uma pessoa busca abrir uma conta em um banco de prestígio com o intuito de ser aceita por determinado grupo – por exemplo, um grupo de clientes Itaú Personnalité, passando por uma experiência relacional (SCHMITT, 1999).

Para Schmitt, as organizações não precisam objetivar a utilização de um único modelo experiencial, já que, quanto maior a quantidade de MEEs presentes, maior o apelo da experiência para o consumidor. A combinação de dois ou mais modelos experienciais é chamada por Schmitt (1999) de *experiência híbrida.*

Quando as experiências integram qualidades de modelos sensoriais, emocionais, comportamentais, cognitivos e relacionais simultaneamente, obtém-se a *experiência holística.*

As experiências holísticas podem incidir, por exemplo, no momento em que um indivíduo decide comprar um serviço de telefonia. Neste caso, o modelo sensorial pode estar presente na aparência do aparelho e na imagem da empresa prestadora do serviço.

Esse modelo pode envolver um produto (hospitalidade) com diferentes sentidos, como a textura da roupa de cama (pousada/hotel), seu cheiro (olfato) ou sua aparência (visão).

O *modelo emocional* pode ter origem na interação entre o consumidor e os funcionários da empresa ou seus contatos digitais. Em outras palavras, caso o cliente não seja atendido adequadamente por um funcionário, esse contato pode gerar um sentimento de frustração para ele, gerando uma experiência emocional negativa.

O *modelo cognitivo* pode advir da reflexão após a venda, das lembranças do atendimento em casos de necessidade de assistência técnica.

Por fim, os *modelos relacionais* estão presentes quando os serviços produzem o sentimento de pertencer a determinado grupo social. A confraria dos amantes de artes tem o hábito de frequentar lugares semelhantes.

4.7 PROVEDORES DE EXPERIÊNCIAS (*PROEXPS*)

Para executar as ações de modelos estratégicos, Schmitt sugere a criação de provedores de experiências (*proexps*), componentes táticos de uma organização que possibilitam a ocorrência das experiências. Ou seja, uma experiência é proporcionada por meio de provedores de experiências (SCHMITT, 1999).

As experiências podem envolver diferentes tipos e quantidades de *proexps*, variando em função da complexidade da situação de consumo do serviço.

Para citar alguns possíveis *proexps*: as peças publicitárias veiculadas em diferentes mídias, os atendentes e funcionários das concessionárias do serviço, o *site* da marca, a aparência do ambiente interno e externo da concessionária e, principalmente, o próprio serviço.

Dessa forma, os *proexps* não só proporcionam a experiência de um serviço específico, como também são uma forma de interação entre o consumidor e a marca detentora do serviço. De acordo com Schmitt (1999), os *proexps* podem ser distribuídos em sete principais grupos:

- **Comunicação**: ações de comunicação e peças publicitárias, incluindo a propaganda, comunicações internas e externas da empresa e as campanhas de divulgação de seus serviços.
- **Pessoas**: são todos os funcionários ou representantes das empresas que entram em contato com o cliente.

Dentre os mais usuais, podem-se citar os atendentes de serviços ao cliente, recepcionistas de hotéis e pousadas, caixas de banco, aeromoças, garçons e demais prestadores de serviços.

A proposta de Schmitt de colocar as pessoas como um grupo de *proexps* é semelhante ao conceito de *momentos da verdade*, defendido por Carlzon (2005). Ou ainda os chamados *meeting points*, pontos de encontro, da professora Egeria di Nalo, da Universidade de Bologna, Itália.

- ***Website* e mídia eletrônica**: esses provedores de experiências representam toda forma de interação com um cliente por meio de *sites* da internet. Nesse item, estão inclusos *sites* especializados, salas de *chat*, Facebook, Twitter, Instagram, entre outros.

- ***Customer experience***: são métodos de registros das experiências do cliente de serviços.
- ***Omnichannel* e CRM (*Customer Relationship Management*)**: representam métodos de fidelização de clientes. ***Omnichannel*** é uma tendência do varejo que se baseia na convergência de todos os canais utilizados por uma empresa. Trata-se da possibilidade de fazer com que o consumidor não veja diferença entre o mundo *on-line* e o *off-line*. O ***omnichannel*** integra lojas físicas, virtuais e compradores (SEBRAE).
- **Ambientes espaciais**: são *proexps* presentes nas infraestruturas, logradouros, bem como prédios, estruturas de lazer, restaurantes, lojas, espaços públicos ou feiras comerciais.
- **Comarcas**: dizem respeito aos provedores de experiência resultantes de qualquer aliança ou parceria entre diferentes marcas de serviços.
- **Identidade visual e verbal**: são *proexps* compostos por elementos visuais ou verbais que conduzem o consumidor à associação mental de determinada marca de serviço. Entre os elementos que compõem esses provedores de experiências, há os nomes, os logotipos, os sinais e símbolos, os códigos e a tipografia da marca da empresa ou do serviço propriamente dito.
- **Presença do serviço**: diz respeito aos provedores de experiência que se baseiam nas atrações e satisfações por meio das quais o serviço possa proporcionar experiências positivas ao cliente.

O conceito de provedores de experiências (*proexps*) proposto por Schmitt é praticamente o mesmo que o conceito de pontos de contato, definido por Kotler e Keller (2012, p. 151) como "*qualquer ocasião em que o cliente tem contato com a empresa de serviços – isso inclui desde uma experiência em si até uma comunicação boca a boca, em uma estratégia de marketing viral*".

Schmitt desenvolveu ainda o conceito de gestão da experiência do cliente (GEC), definindo-o como "*o processo no qual se gerencia, estrategicamente, toda a experiência de um cliente com determinada empresa*" (SCHMITT, 1999).

Este conceito aborda tanto aspectos internos quanto externos, ao longo de cada ponto de contato, ou seja, os momentos em que o cliente interage com a empresa de serviços.

4.8 SERVIÇO DE EXPERIÊNCIA

As experiências em serviços são decorrentes de emoções ou satisfações.

O Netflix vende suas séries como emoções. A Vivo, serviços de telefonia, como satisfação.

O Peru vende Machu Picchu como destino de experiência, assim como a Bolívia faz com algumas comunidades no lago Titicaca. O México vende uma experiência memorável na península de Yucatán, a Argentina e o Chile fazem o mesmo com as geleiras da Patagônia, como Perito Moreno e outros espaços de puro gelo.

Algumas experiências, por sua capacidade de influir na psique das pessoas, podem causar ansiedade ou estresse. A ansiedade é entendida, segundo Josemar de Campos Maciel (2016), como "*um medo difuso, sem objeto, mas que mesmo assim mina as forças do indivíduo, enquanto vai drenando sua confiança na própria capacidade de decidir*". Já o estresse, segundo Josemar, é como "*a quantidade de peso que uma viga ou barra é capaz de suportar sem envergar ou sofrer deformações importantes*".

Portanto, por mais enriquecedora que seja a experiência em serviços, ela deve evitar situações de estresse que possam ocasionar desconforto no atendimento. Em vez disso, deve ser um processo contínuo e acumulativo que provoque o aprendizado acerca do lugar. Ou seja, o turista deve considerar sua experiência suficientemente interessante, para que queira voltar e desfrutar novamente do lugar.

Mas não é só. Segundo o sociólogo francês Pierre Bourdieu, à medida que o lazer compreenda também visitas a museus, a instituições artísticas e preencha o tempo livre do turista, com experiências culturais, o turista estará enriquecendo seu capital cultural, que poderá render acréscimos futuros em seu capital econômico e, por conseguinte, também ao capital social.

Dessa forma, pode-se dizer que um serviço é mais do que realizar sonhos e desejos mais profundos.

Viajar pode ser tudo isso e muito mais. Segundo Cynthia Menezes Mello Ferrari (2013), "*é poder ter por algum tempo a chave dos nossos destinos nas mãos*". E assim, a experiência de viajar, tal qual a fotografia, transformou-se, conforme a autora, numa prática social em quase todas as sociedades. Tornou-se um objeto de consumo importante.

Para Cecília Gaeta e Alexandre Panosso Netto (2010), a experiência com o serviço pode ser:

- **Sensorial**: pela gastronomia, pela visão da natureza, pela viagem, pelo atendimento do dentista, do médico etc.
- **Percepção**: pelos sentidos das pessoas – audição, visão, tato, paladar e olfato.
- **Sensação**: estados de espírito, a emoção e outros sentimentos pessoais do consumidor do serviço.
- **Pensamento**: apela ao raciocínio e ao desafio intelectual com abordagens antropológicas, sociológicas, históricas, entre outras.

- **Ação**: está ligada a comportamentos e a estilos de vida. Enriquece a vida do consumidor do serviço, melhorando suas experiências físicas, como, por exemplo, uma academia de ginástica, um passeio a cavalo, esquiar na neve etc., e seus inter-relacionamentos, mostrando-lhe alternativas para fazer as coisas. O turismo de aventura é um exemplo: escalar montanhas, mergulhar em paraísos tropicais ou junto a tubarões, pular de *bungee jump* (saltar de uma ponte amarrado pelos tornozelos), explorar cavernas. Já o turismo religioso explora visitas a lugares santos, como Lourdes, na França; Fátima, em Portugal; Aparecida do Norte, no estado de São Paulo; bem como mesquitas em cidades árabes e cidades e templos budistas na Índia, Japão e China, entre outros. E o turismo médico significa a visita a grandes centros de saúde, por exemplo, na Turquia, Cuba, Malásia, Costa Rica, Ribeirão Preto e São Paulo etc. Este tema será abordado no Capítulo 16, Marketing para Serviços de Saúde.
- **Relacionamento**: levar o consumidor a se relacionar consigo mesmo e com outras pessoas.

Viagens e estadas em monastérios, templos, igrejas e mosteiros, lugares exóticos, até mesmo viagens de navio. A Índia, o Tibete e a Rússia são apenas alguns exemplos de experiências de relacionamento.

4.9 TIPOS DE EXPERIÊNCIA EM SERVIÇOS

No final da década de 1970, Cohen (1979) propôs uma das mais significativas tipologias de experiências:

- **Recreacional**: esse tipo de experiência envolve atividades como o cinema, a televisão, os eventos desportivos, espetáculos teatrais, *shows* musicais, entre outros. São atividades suplementares à atividade básica do turista enquanto permanece em um destino, em busca de relaxamento e entretenimento.
- **Existencial**: esse tipo de experiência se relaciona a atividades espirituais, como meditação, peregrinação, assistir a uma missa ou culto religioso.
- **Experimental**: esse segmento inclui, por exemplo, turistas que buscam o significado da vida por meio de experiências autênticas; procuram redescobrir a si próprios por meio do turismo.
- **Experiencial:** as pessoas buscam o significado para suas vidas pelo contato com outras culturas. Na verdade, buscam experiências autênticas nos campos social ou cultural.
- **Diversidade:** esse segmento busca momentos de escape por atividades superficiais de lazer, para "recarregar as energias".

A experiência é um construto social (PONTES, 2012). Trata-se, em primeiro lugar, de um acontecimento visual, de algo diferente da rotina diária. Pode ser uma experiência positiva ou negativa, dinâmica, transitória, excepcional. Depende do contexto. É uma atividade de lazer multifuncional que envolve as vertentes de entretenimento e aprendizagem e compreende qualquer experiência de contato com espaços, lugares e paisagens.

Para Pine e Gilmore (1999), o entretenimento é apenas uma vertente da experiência.

Portanto, fazer marketing experiencial é hoje um ponto a mais a ser trabalhado por uma empresa aérea, uma cidade ou destino turístico, um museu de arte, um parque nacional ou quaisquer outros serviços públicos ou privados que possam ser oferecidos ao consumidor ávido de emoções memoráveis.

CONCLUSÃO

A experiência deve ser inesquecível, mas precisa ser única, na mente e no coração do consumidor.

O uso das técnicas do marketing experiencial, em princípio, é válido para todo e qualquer serviço, seja público ou privado, seja uma escola ou uma boate, uma igreja ou teatro, e assim por diante.

TRADUZINDO EM PONTOS DE AÇÃO ESTRATÉGICA

Principais aspectos teóricos do capítulo	Possíveis repercussões práticas	Resultado esperado
1. Entretenimento	Pode ser a maior experiência proporcionada em lazer, turismo, educação, até mesmo em saúde.	Satisfação do serviço consumido.
2. Experiência educacional	Aprender a lidar com o serviço ofertado.	Saber usar o serviço.

Resumo de ações em experiências

1. Oferecer experiências encantadoras ao consumidor do serviço.
2. Renovar experiências para que o consumidor se torne cliente frequente do serviço ofertado.
3. Identificar sonhos e fantasias buscadas pelo consumidor no serviço oferecido.
4. Proporcionar sensações e emoções inusitadas sempre que o consumidor for em busca do serviço.
5. Tornar o consumidor do serviço um parceiro da empresa.

QUESTÕES

1. O que vem a ser experiência em turismo? E em saúde? Em educação?
2. De que maneira um espectador se sente mais envolvido com um teatro?
3. Como construir lembranças inesquecíveis na mente de um cliente de serviços?
4. Como promover sensações de satisfação ao cliente?
5. O que vem a ser marketing de experiência em serviços?

REFERÊNCIAS

BENI, Mario (org.). *Turismo, planejamento estratégico e capacidade de gestão*. São Paulo: Manole, 2012. p. 263 e outras.

CARLZON, Jan. *A hora da verdade*. São Paulo: Sextante, 2005.

CHRIS, R. (org.) *The tourist experience*. Londres: Continuum, 2002.

COHEN, Erik. A phenomenology of tourist experiences. *Sociology*, n. 13, p. 179-201, 1979.

FERRARI, Cynthia Menezes Mello. *Visualidade nos contratos comunicativos em revistas de turismo: construção de imaginários para turistas*. Doutorado em Comunicação e Semiótica, São Paulo, 2013.

GAETA, Cecilia; PANOSSO NETTO, Alexandre. *Turismo de experiência*. Rio de Janeiro: Editora Senac, 2010.

GRÖNROOS, Christian. *Gerenciamento de serviços*. Rio de Janeiro: Campus, 2009.

KOTLER, Phillip; KELLER, Kevin L. *Administração de marketing*. 14. ed. São Paulo: Pearson Education, 2012.

MACIEL, Josemar de Campos *et al.* (org.). *Vulnerabilidades no espelho*. Porto Alegre: Editora Fi, 2016.

PINE, J.; GILMORE, J. *The experience economy*: work is theatre and every business is a stage. Boston: Harvard Business School Publishing, 1999.

PONTES, M. C. *Marketing experiencial ou o uso da experiência no marketing? Estudo de caso em hotéis cinco estrelas na cidade de São Paulo*. 2012. Tese (Doutorado) – Universidade de São Paulo, São Paulo, 2012.

SCHMITT, B. *Experiential marketing*. Nova York: The Free Press, 1999.

SEBRAE. O que é omnichannel? Disponível em: https://www.sebrae.com.br/sites/PortalSebrae/artigos/integre-seus-canais-de-vendas-a-partir-do-conceito-de-omni-channel,87426f65a8f3a410VgnVCM2000003c74010aRCRD. Acesso em: 17 jul. 2020.

TRIGO, L. G. G. *A viagem:* caminho e experiência. São Paulo: Aleph, 2013.

TRIGO, L. G. G. *Existencialismo:* um enfoque cultural. Curitiba: Ibpex, 2011.

TRIGO, L. G. G.; COOPER, C.; HALL, C. M. *Turismo contemporâneo*. São Paulo: Elsevier, 2011.

TRIGO, L. G. G.; PANOSSO NETTO, A. *Cenários do turismo brasileiro*. São Paulo: Aleph, 2009.

PARTE III

GESTÃO DA EMPRESA DE SERVIÇOS

5 Hora da Verdade em Serviços | Desempenho (Satisfação)

"Não é triste mudar de ideias, triste é não ter ideias para mudar."
Barão de Itararé

"Sábio é o homem que chega a ter consciência da sua ignorância."
Barão de Itararé

OBJETIVOS DE APRENDIZAGEM

- Discutir a importância do desempenho humano e tecnológico em empresas de serviços.
- Discutir o impacto dos cenários econômicos e sociais no desempenho das organizações de serviços.
- Apresentar o conceito de competitividade para empresas de serviços latino-americanas.
- Apresentar a autogestão e a força mágica nas empresas de serviços.
- Apresentar pontos para a tomada de ação nos negócios em serviços.

INTRODUÇÃO

O desempenho das organizações de serviços

Em uma pedra na porta do supermercado Stew Leonard, em Danbury, nos EUA, havia a seguinte inscrição:

> **Regra número 1**
> O cliente tem sempre razão.
>
> **Regra número 2**
> Caso o cliente esteja errado, volte à regra nº 1.

As modernas formas de gestão se contrapõem: gestão de pessoas *versus* gestão de competências e talentos. É preciso utilizar as variadas formas de inteligência na gestão de tendências para a contínua revolução tecnológica.

O mundo não para, e os gestores vivem desafios permanentes, porque o conhecimento tem prazo de validade cada vez menor.

A administração de recursos humanos, por exemplo, antes centrada em gestão de pessoas, hoje concentra suas ações em gestão de competências, ou seja, desenvolver talentos necessários ao bom desempenho no mundo dos negócios.

Frente a novos desafios organizacionais, as escolas de administração precisam rever currículos e introduzir conceitos inusitados, antes que seus programas de ensino se tornem inadequados. E isso envolve o treinamento de profissionais e estudantes de administração. O *saber* é o poder. E as escolas precisam se adequar aos novos tempos, formando novos e competentes administradores. Reciclar e reinventar são as palavras de ordem na busca do conhecimento diferenciado que proporcione vantagens competitivas organizacionais.

5.1 DESEMPENHO DE UMA ORGANIZAÇÃO DE SERVIÇOS

As empresas de serviços têm o seu desempenho centrado em tecnologia dura, à base de máquinas e equipamentos, e em tecnologia mole, baseada em sistemas operacionais. Pode haver casos em que as empresas são apoiadas por tecnologia híbrida, ou seja, equipamentos e processos, uma mistura entre tecnologia dura e tecnologia mole.

Mas, de qualquer maneira, no meio desse processo existe o ser humano. Não raras vezes, ele é o fator de desequilíbrio do processo. Um restaurante McDonald's une tecnologia dura e tecnologia mole apoiada em desempenho humano; já as companhias de telecomunicações, eletricidade e mídia, entre outras, estão fortemente apoiadas por infraestrutura e tecnologia dura.

5.1.1 Desempenho humano

A produtividade e a motivação do funcionário de uma empresa de serviços são a base para o correto atendimento de clientes.

Pode-se dizer que não basta fornecer um manual de normas e procedimentos para que ocorra o bom atendimento ao cliente. É preciso muito mais.

Um funcionário, para atender bem, precisa primeiro entender o que o cliente quer, e isso pressupõe um conhecimento do serviço que vende e um espírito voltado à investigação a fim de descobrir as necessidades e desejos dos clientes.

O bom desempenho em serviços depende, portanto, de três fatores-chave: conhecimento do serviço e do mercado, habilidade e vontade de servir, e atitude. Ou seja, ter prazer em atender.

Produtividade = p

Conhecimento = c

Habilidade = h

Atitude = a

p = (c + h) a

Portanto, a produtividade de um funcionário de uma empresa de serviços pode ser avaliada a partir do seu conhecimento somado à sua habilidade, e a soma destes fatores multiplicada pela sua atitude. Esta fórmula permite medir o desempenho.

Uma organização de serviços precisa estar atenta ao desempenho humano e também de seus aplicativos tecnológicos, que podem estar obsoletos.

Existe uma regra prática: se tudo vai bem, é porque você não olhou direito...

E outra: em função do ótimo, não se faz o bom...

Ou seja, por melhor que sejam os desempenhos humanos e tecnológicos, sempre existem falhas que precisam ser corrigidas, se possível com antecedência.

5.1.2 Quais são as forças dos funcionários de serviços?

Os funcionários de uma empresa de serviços devem ser competentes e dedicados no binômio da busca da satisfação do cliente e da empresa. A identificação das forças de uma empresa é ponto de partida para uma correta estratégia de atuação. Quando, porém, os funcionários são omissos ou displicentes, por melhor que seja o serviço ofertado, terá tudo para não agradar os clientes.

5.1.2.1 Como é o desempenho de um funcionário?

O fator-chave para o sucesso de uma empresa de serviços, seja um banco, um hospital, uma corretora de valores, uma empresa de telecomunicações, uma companhia de energia elétrica, um hotel, uma empresa de mídia ou uma companhia aérea, é, sem dúvida, o desempenho de seus funcionários. No caso de um hospital, o desempenho pode salvar uma vida; em um hotel, pode encantar um hóspede. Em qualquer circunstância, o que vale é incentivar o bom atendimento, sob quaisquer circunstâncias.

5.1.2.2 Os funcionários devem saber ouvir

Pode parecer elementar, mas um funcionário de uma empresa de serviços deve saber ouvir dúvidas e reclamações para poder atender e orientar seus clientes. Deve, ainda, saber ler, no sentido de saber o que pode e deve fazer, além de buscar sua atualização permanente de conhecimentos úteis para dissipar dúvidas dos clientes.

5.1.2.3 Quais são os valores dos funcionários?

Quando um funcionário elege a cortesia e a boa vontade como expressão de valor, por certo ele estará se dedicando a tornar os clientes satisfeitos. Clientes felizes devem ser o valor para um funcionário motivado.

5.1.2.4 Responsabilidades no relacionamento humano

Cada funcionário, em sua função, deve ser responsável pelo bom atendimento. Não pode existir uma empresa de serviços bem-sucedida se não houver uma correta delegação de autoridade para a solução de problemas e uma responsabilidade equivalente, atribuída e cobrada.

5.1.2.5 Tratamento não é atendimento

A empresa de serviços deve lidar com o cliente com educação e bons modos: isso faz parte do bom atendimento. Atender é ir além das dúvidas e reclamações de um cliente, é ajudá-lo a resolver todas as questões que ele porventura tenha ou possa vir a ter.

5.1.2.6 Como combater a incompetência e a mediocridade

No meio empresarial, existe muita incompetência e mediocridade, entraves ao bom desempenho no atendimento. Uma das formas mais eficazes de combater a incompetência e a mediocridade dos funcionários do setor de serviços é fazer um investimento programado em pessoas talentosas e competentes, desde o recrutamento e seleção até o treinamento e remuneração. Ou seja, as pessoas devem ser estimuladas a usar a competência na solução de problemas dos clientes e devem ser incentivadas, por meio de sistemas de remuneração e de promoção na carreira, a serem criativas e objetivas.

5.1.3 Pesquisa de satisfação de clientes

Toda empresa de serviços deve zelar permanentemente por seu desempenho. Isso significa avaliar o grau de satisfação ou insatisfação de seus clientes.

Há sinais de alerta que se acendem à medida que se avalia a satisfação.

Quando o grau de satisfação é:

1. **Ótimo**: acende-se uma luz verde – de atenção.
2. **Bom:** acende-se uma luz amarela – de atenção maior.
3. **Médio:** acende-se uma luz laranja.
4. **Péssimo:** acende-se uma luz vermelha e toca uma sirene muito forte.

5.1.4 Impacto dos cenários econômicos e sociais no desempenho das organizações de serviços

O final do século 20 foi fortemente pressionado pelo impacto da globalização. Esse impacto foi ainda maior nos países em desenvolvimento da América Latina, que estavam desunidos e, portanto, despreparados para enfrentar a união de países europeus, de países asiáticos e de países da América do Norte (Canadá, Estados Unidos e México). E mesmo os países do Mercosul, como o Brasil, a Argentina, o Uruguai, o Paraguai e até mesmo o Chile, têm se defrontado com crises econômicas internas que se refletem de forma danosa sobre a economia de seus parceiros. Seria preciso raciocinar em bloco, buscando soluções integradas, em vez de isoladas e míopes. Os desafios da globalização para as empresas do setor de serviços têm sido de gênero e grau. Ou seja, a concorrência internacional, dispondo de uma completa infraestrutura e abundância de recursos, tem exercido uma influência muito forte, restringindo as possibilidades isoladas de empresas de atuação apenas nacional ou regional.

O conceito de globalização, ao implicar uma certa homogeneização e uniformização de produtos e serviços, significa também que os gostos do consumidor padronizam-se ao mesmo tempo ao longo do universo. Portanto, para que haja globalização, é necessário que determinados serviços sejam mundialmente homogêneos, pois a globalização é decorrente do livre comércio e fluxo de serviços e de capitais sob a forma de investimentos, lucros e dividendos que podem caminhar sem restrições de um país para outro. No entanto, na contramão da globalização, diversos países como Estados Unidos, Brasil, Argentina e Uruguai estão passando a agir com interesses individualizados.

A globalização seria a forma de difundir a riqueza ao facilitar o fluxo de capitais e tecnologia. Ao trabalhar só, o país precisa ser mais competitivo e eficiente para lidar com seus mercados.

5.1.5 Implicações da globalização nas empresas de serviços

O efeito da globalização nas empresas de serviços essenciais, mas de pequeno porte, que nos países latino-americanos são em grande número, é perverso. Sem competitividade, a pequena empresa de serviços tende a desaparecer, a menos que concentre sua ação em áreas restritas ou faça malabarismos fiscais.

A globalização não é um fenômeno recente; teve início com a busca do caminho das Índias pelos portugueses antes do período de descobrimentos na América. Os descobrimentos acabaram por globalizar a Europa à Ásia e à América. No entanto, graças a uma violenta expansão da malha industrial, que até 1930 estava restrita a três países – Inglaterra, Estados Unidos e Alemanha –, hoje se espalhou pelo mundo: Tigres Asiáticos, China, Índia, Turquia, México, Argentina e Brasil. Assim, o mundo hoje consome produtos globais com ofertas locais.

5.2 COMPETITIVIDADE DE UMA EMPRESA DE SERVIÇOS

As empresas de serviços normalmente atuam em mercados altamente competitivos, o que exige delas um elevado poder de fogo para conseguir sobreviver e crescer nesses mercados. As estratégias adotadas podem visar a situações isoladas ou em conjunto. Uma empresa de serviços pode objetivar a competitividade para crescer em seus mercados, e isso implica uma adequada cobertura do mercado visando obter elevada participação de mercado que lhe permita crescer geograficamente (horizontal e verticalmente).

5.2.1 Competir para uma cobertura do mercado

Uma empresa de serviços, muitas vezes, para ser competitiva, precisa cobrir uma ampla faixa do mercado. Por exemplo, as empresas de telecomunicações, eletricidade, serviços de água e saneamento têm sob sua responsabilidade a cobertura de uma grande área do mercado.

5.2.2 Competir para crescer geograficamente

Significa manter em cada região geográfica uma participação adequada. E, se possível, buscar crescimento em áreas de potencial de mercado representativo em que a concorrência não atue ou tenha pouco "poder de fogo".

5.2.3 Fórmula básica para o sucesso

As empresas de serviços na América Latina estão sob a égide de seus países, ou seja, o "poder de fogo competitivo" de uma organização é fortemente influenciado pela competitividade da nação na qual ela tem sua operação única. No caso de empresas multinacionais ou mesmo globais, essa influência acerca de seus negócios tende a ser menor.

A análise da competitividade das nações leva em conta fatores como os investimentos em infraestrutura e a sofisticação dos mercados financeiros, classificando os países de acordo com o seu poder competitivo.

5.2.4 Brasil ocupa a 71ª posição no *ranking* de competitividade

De acordo com o Relatório 2019 de Competitividade Global, elaborado anualmente pelo Fórum Econômico Mundial – organização não governamental que tem *status* de consultora das Nações Unidas –, o Brasil está na 71ª posição do *ranking* global de competitividade, entre 141 países pesquisados. Em 2018, o país ocupava a 72ª posição (World Economic Forum, 2019).

Entram no balanço da competitividade critérios como controle dos capitais, tarifas e cotas, barreiras disfarçadas à importação, volatilidade das taxas de câmbio, burocracia oficial, evasão fiscal, participação do setor privado no crédito doméstico, taxa de juros, infraestrutura financeira, estradas, serviços de telefonia internacional, telefones celulares, gastos empresariais com pesquisa e desenvolvimento, sofisticação tecnológica, anos de escolaridade.

Na América Latina, o Chile tem a economia mais competitiva (33ª posição geral), seguido do México (48ª posição). No topo da classificação geral, estão Singapura, Estados Unidos e Hong Kong.

5.3 DESAFIOS DA ORGANIZAÇÃO MODERNA

As empresas centradas apenas nos lucros advindos de sua base de negócios estão com os dias contados. A organização moderna deve ter a alma impregnada da noção de inovação em que a felicidade nos negócios emana de uma força mágica centrada na qualidade de vida das pessoas. É uma nova força, a do amor às pessoas da organização, que as envolve fazendo com que elas se sintam comprometidas com os resultados.

É preciso repensar a organização tradicional, considerando os seguintes aspectos:

- **Administração do relacionamento com o consumidor**: é importante identificar, atrair e construir relacionamento com todos os clientes.
- **Inovação no serviço**: é preciso inovar concebendo novos atrativos serviços.
- **Administração de infraestrutura**: é necessário construir e gerenciar facilidades para altos volumes, por meio de tarefas operacionais repetitivas (HARVARD BUSINESS REVIEW, mar./abr. 1999, p. 135).

Quando se olha para a superfície de muitas empresas, são encontrados três diferentes tipos de negócios, debaixo de uma única atividade.

Uma empresa e três negócios: um negócio de relacionamento com os clientes; um negócio de inovação do serviço; e um negócio de infraestrutura.

Quando a empresa se vê, ela nem sempre percebe a tríade. O papel de uma empresa de serviços é encontrar clientes e construir relacionamentos com eles. Se a empresa é um banco, sua função é obter e manter clientes.

Administrar relacionamentos duradouros: construir amarras com o cliente.

Uma empresa aérea, por exemplo, precisa fidelizar clientes, e todos na organização devem agir para satisfazê-los e mantê-los fiéis. Ser criativo é a palavra de ordem.

Inovação de serviços: conceber novos e atrativos serviços.

O papel da inovação do serviço é exatamente este: manter um interesse permanente do cliente. Uma companhia aérea e um hotel devem agir como um amante sedutor e inovador, criando sempre novos serviços e procurando surpreender seus clientes mais exigentes, para mantê-los envolvidos.

Papel da infraestrutura: construir facilidades pelo elevado volume de negócios.

A infraestrutura é a base de operação de um banco com inúmeras agências, de uma companhia de telecomunicações, de energia elétrica, de televisão a cabo com cabeamento e equipamentos, mas que dependem de alto volume, de operação repetitiva e comunicação.

5.3.1 A nova "garagem" de empresas

Algumas organizações lançaram inovações que mudaram paradigmas em serviços, como a Apple, a Cisco System, a Amazon, o Google, a Microsoft e o Facebook. Nem todos esses serviços nasceram nas garagens de seus criadores, mas diversos aplicativos, sim, nasceram na "garagem".

Nos EUA, esse é um conceito comum; muitas pessoas têm na garagem da residência verdadeiros laboratórios de experimentação e inovação. Hoje, esse conceito evoluiu do *hobby* para uma atividade programada em criação. Entretanto, a crescente facilidade e o custo menor da inovação possibilitam que, hoje, assim que uma *start-up* registra o mínimo de sucesso, já tenha de enfrentar dezenas de clones. Estamos na quarta era da inovação. Nela, a escala de uma empresa de grande porte pode viabilizar a inovação, em vez de inibi-la (HARVARD BUSINESS REVIEW, set. 2012, p. 21-30).

Isso pode ocorrer em função de uma infraestrutura global, de forte reputação. Por exemplo, relações de parceria com clientes e fornecedores, conhecimento cientifico, experiência com agências reguladoras do governo e excelência de processos. Gente criativa com autonomia adquire maestria e senso de propósito na inovação.

Nesse processo, na primeira etapa, o inventor age de modo solitário; na segunda, entra o laboratório da empresa; na terceira, surge uma *start-up* financiada com capital de risco; e, na quarta etapa, agem os catalizadores internos que se incumbem de viabilizar o projeto.

Num exemplo de ações de inovação que criam ou repaginam projetos de serviços, o Google Earth virou contador de histórias. Um novo recurso do serviço, chamado "viajante", não apenas permite às pessoas conhecerem o lugar com imagens 3D, mas também as pessoas que são importantes naquela região. Exemplos disso são as produções brasileiras dirigidas por cineastas, como Fernando Meireles: *Eu sou a Amazônia*.

O Google Maps é uma ferramenta para que a pessoa possa se localizar, e o Google Earth é uma ferramenta para se perder... por ilhas de todo o mundo; conhecer um grupo na Tanzânia que está protegendo chimpanzés etc. É muito conteúdo disponível para o usuário se perder.

5.3.2 Autogestão

Levar os funcionários, ditos clientes internos, à autogestão, ou seja, torná-los motivados a agir dentro dos seus limites de atuação ou fora deles como se fossem donos do negócio. A História está repleta de personagens autogestores: Napoleão, Leonardo da Vinci, Mozart.

No mundo dos negócios, em cada país, existem empresários com esse perfil de excelentes inovadores, motivadores, verdadeiros líderes carismáticos.

5.3.3 Força mágica

Compelidas por uma força interior, as pessoas da organização se sentem parte do processo e comprometidas com os resultados. Essa força mágica se manifesta à medida que a organização e seus líderes sejam pessoas sedutoras.

De maneira geral, as pessoas estão hoje preocupadas com o seu bem-estar pessoal, seja ele mental, psicológico/emocional ou físico. Quando uma organização de serviços, para a qual o desempenho humano é importante, se preocupa com o estado geral de seus funcionários, ela por certo obtém melhor colaboração, e o desempenho cresce como uma força mágica.

Os líderes sedutores são normalmente pessoas simples, mas dotadas de grande carisma, Gandhi era um desses líderes, assim como Perón, na Argentina. Essa é, sem dúvida, uma força mágica. A liderança carismática move "montanhas".

5.3.4 Gerenciamento de relacionamentos

O gerenciamento de relacionamentos baseia-se no seguinte:

- **Imperativo econômico**: face ao custo elevado de aquisição de novos clientes, é preciso surpreender os clientes atuais para não perdê-los.
- **Imperativo cultural**: a empresa de serviços precisa ser sedutora.
- **Imperativo competitivo**: a empresa de serviços que não tiver competência não sobrevive apenas com base em diferenciação de serviços. É preciso unir competência e diferenciação.

5.3.5 Gerenciamento da inovação

Fazem parte do gerenciamento da inovação:

- **Imperativo econômico**: os clientes são seduzidos por meio de novos e atraentes serviços.
- **Imperativo cultural**: a organização de serviços que pretende obter sucesso precisa estar centrada em talentos, ou seja, em executivos talentosos capazes de inovar e mesmo revolucionar o negócio, indo sempre além da imaginação.
- **Imperativo competitivo**: a organização de serviços precisa ser atraente, mantendo um clima de permanente inovação e sedução.

5.3.6 Gerenciamento de infraestrutura

No gerenciamento de infraestrutura, considera-se o seguinte:

- **Imperativo econômico**: uma empresa de serviços que possui elevados recursos imobilizados em termos de ativos para atender a demanda – como uma frota para uma companhia aérea; centrais telefônicas para empresas telefônicas; e cabeamento para empresas de eletricidade – necessita gerar muitos negócios para absorver os custos elevados e deve buscar a economia de escala em cada tipo de serviço gerado.
- **Imperativo cultural**: deve fazer parte da cultura da organização de serviços reduzir custos, padronizar operações e buscar a eficácia operacional.
- **Imperativo competitivo**: entrar em novos negócios pode ser uma forma de ratear custos e obter economia de escala de operações. Por exemplo, otimizar o uso de um mesmo equipamento para novos negócios; utilizar um avião para voos domésticos durante o dia e à noite para voos intercontinentais.

Quando a interação com custos falha, a empresa, independentemente do tamanho, sofre forte pressão diante de diversos fatores: econômicos, culturais e competitivos (Quadro 5.1).

Quadro 5.1 Diferentes fatores de orientação da organização

A organização baseada na inovação	A organização baseada no relacionamento com o cliente	A organização baseada em infraestrutura
Econômica		
Os pioneiros podem praticar preços mais altos e obter um elevado *market share*; velocidade é a chave.	O custo elevado de obter um cliente torna imperativa a obtenção de largas margens; economias de escala são a chave.	Custos fixos altos exigem volume de vendas, que é essencial para obter custos unitários baixos; economia de escala é a chave.
Cultura		
Funcionários criativos e talentosos, "estrelas".	Orientados para serviços; "o cliente em primeiro lugar".	Foco no custo; padronização, eficiência.
Competição		
Batalha por talento; poucas barreiras para entrada; muitos pequenos concorrentes.	Batalha por escopo; rápida consolidação; poucos grandes concorrentes dominam a cena.	Batalha por escala; rápida consolidação; poucos grandes concorrentes dominam.

Fonte: HARVARD BUSINESS REVIEW, mar./abr. 1999, p. 135.

5.4 FUTURO DA ADMINISTRAÇÃO DE SERVIÇOS

Para enfrentar os desafios futuros da administração de serviços, as ações de desempenho devem ser:

- Planejadas – para que tudo esteja sendo observado.
- Organizadas – para que tudo ocorra de acordo com o previsto.
- Inovadoras – para que o mercado seja surpreendido.
- Controladas – devem ser estabelecidos indicadores de desempenho para avaliar o grau de satisfação dos clientes.
- Corrigidas – nenhum desempenho insatisfatório deve ser negligenciado, ao contrário, deve ser corrigido prontamente.

CONCLUSÃO

As empresas de serviços estão fortemente apoiadas nos desempenhos humano e material. Ou seja, as pessoas e os equipamentos são a chave do sucesso de uma organização de serviços. A produtividade de um funcionário depende do seu conhecimento, da sua habilidade e da sua atitude. Portanto, os funcionários precisam estar em perfeita harmonia com o conhecimento e a motivação para o trabalho.

As organizações modernas de serviços devem ter o foco do seu negócio na competitividade, apoiada na permanente inovação e no relacionamento com os clientes. Caso o negócio da empresa exija investimentos em infraestrutura, é preciso construir facilidades de desempenho com base em economia de escala de produção do serviço.

TRADUZINDO EM PONTOS DE AÇÃO ESTRATÉGICA

Pontos de ação	Providências necessárias	Resultados esperados
1. Estabeleça as bases de desempenho da empresa	Crie parâmetros de desempenho	Melhora do desempenho dos funcionários da empresa
2. Avalie o desempenho humano	Crie estímulos para a melhoria do desempenho	Funcionários motivados
3. Avalie o grau de competitividade tecnológica da empresa	Compare os resultados alcançados com os da concorrência	Melhora da força competitiva da empresa
4. Repense o modelo organizacional	Reveja os modelos atuais	Maior eficácia na tomada de decisão
5. Promova inovação frequente	Crie incentivos aos funcionários de talento. Premie a inovação	Serviços mais criativos e inovadores
6. Estabeleça relacionamento com os clientes	Crie incentivos com base em benefícios: financeiros, estruturais e sociais	Cliente fidelizado
7. Aplique uma força mágica	Promova a força interior das pessoas a serviço da organização	Maior comprometimento de todos na organização

QUESTÕES

1. O que configura um bom desempenho de uma empresa de serviços?
2. De que maneira o desempenho humano interfere no resultado de uma empresa de saúde?
3. De que maneira podem ser avaliados a produtividade e o desempenho de um funcionário de serviços?
4. Como pode ser minimizada a incompetência em uma organização de serviços?
5. Discuta a diferença entre tratamento e atendimento a clientes.
6. Defina o que é uma força mágica e como pode ser aplicada em serviço.

REFERÊNCIAS

COBRA, Marcos. A gestão de tendências. *Revista Associação Brasileira de Administração,* 2017.

HARVARD BUSINESS REVIEW. A nova "garagem" de empresas. *Harvard Business Review*, set. 2012, p. 21-30.

HARVARD BUSINESS REVIEW. Rethinking the organization. *Harvard Business Review,* mar./abr. 1999, p. 135.

PERELMUTER, Guy. Máquinas que aprendem. *O Estado de S. Paulo*, São Paulo, 13 abr. 2017. Caderno Economia. Disponível em: https://economia.estadao.com.br/noticias/negocios,maquinas-que-aprendem,70001736664. Acesso em: 8 jul. 2020.

WORLD ECONOMIC FORUM. *The Global Competitiveness Report 2019*. Disponível em: http://www3.weforum.org/docs/WEF_TheGlobalCompetitivenessReport2019.pdf. Acesso em: 29 jul. 2020.

PARTE IV

DEMANDA DE SERVIÇOS

6 Ponto Nevrálgico em Serviços | Gestão de Competência (Pessoas Fazem a Diferença)

"Tudo seria fácil se não fossem as dificuldades."
Barão de Itararé

OBJETIVOS DE APRENDIZAGEM

- Entender o que é atendimento.
- Compreender quais são as principais competências em serviços.
- Apresentar alguns cursos de formação em serviços.
- Conhecer o papel das competências em serviços.
- Descrever as formas de competência.

INTRODUÇÃO

As empresas que atuam direta ou indiretamente com serviços precisam estar atentas ao padrão de desempenho de sua mão de obra. Isso implica desenvolver competências diferenciadas e, ao mesmo tempo, especializadas.

Novos serviços são criados para que as pessoas possam realizar algo de um jeito melhor do que antes, ou para fazer coisas que até então não podiam. Mas a inovação também traz riscos. O grau de risco de uma inovação depende, em grande medida, de escolhas feitas pelas pessoas na hora de usá-las e da competência do funcionário ao instruí-las para o uso.

A moral da história é que toda inovação envolve um salto no desconhecido. Para que a sociedade progrida, é preciso que o novo serviço traga vantagens reais ao usuário e que o processo seja administrado com competência pela força-tarefa designada.

Mas não é só; mesmo os serviços já existentes exigem a gestão do processo por funcionários competentes.

6.1 ATENDIMENTO

Tanto o atendimento como o tratamento devem se pautar por cuidados éticos e de bons modos que revelem o "prazer de servir". Portanto, não basta o profissional em serviços conhecer normas e padrões de atendimento de sua organização; além de tal conhecimento, ele deve possuir habilidades que, somadas a uma atitude positiva, revelem competências diferenciadas.

6.2 COMPETÊNCIAS

Mas, afinal, o que é competência em serviços? As definições de competência têm evoluído ao longo do tempo. Em passado recente, competência era confundida com desempenho, quando, na verdade, o desempenho é resultado do esforço despendido com base na competência individual de cada profissional do setor de serviço.

O conceito de competência foi proposto de forma estruturada pela primeira vez em 1973, por David McClelland, na busca de uma abordagem mais efetiva que os testes de inteligência nos processos de escolha de pessoas para as organizações. O conceito foi rapidamente ampliado para dar suporte a processos de avaliação e para orientar ações ou comportamentos efetivos esperados.

Entre os vários conceitos, destacamos três como referência para o entendimento da competência gerencial em serviço:

- Conjunto de conhecimentos, habilidades e atitudes que têm mostrado causar ou predizer desempenho excelente.
- "Um saber agir responsável e reconhecido, que implica mobilizar, integrar, transferir conhecimentos, recursos, habilidades que agreguem um valor econômico à organização e social ao indivíduo" (FLEURY, 2000).
- "É o conjunto de conhecimentos, habilidades e experiências que credenciam um profissional a exercer determinada função" (MAGALHÃES *et al.*, 1997).

6.2.1 Cursos de formação

O setor de serviços no Brasil se ressente de falta de mão de obra qualificada em diversas funções. Por essa razão, são essenciais cursos de preparação das pessoas envolvidas direta ou indiretamente com a prestação de serviços.

Os cursos devem focar a capacitação para a função e também uma qualificação adequada, ou seja, um curso de hotelaria deve capacitar o aluno ao bom desempenho em cada função específica do setor, tornando-o um profissional capaz para o exercício da atividade. Mas é recomendável que, em adição aos cursos regulares de capacitação ou de formação, existam cursos especializados na continuidade do programa, visando à melhor qualificação das pessoas. Além disso, mais importante do que formar profissionais é conduzi-los a desenvolver suas competências. A gestão de pessoas deve, dessa maneira, se concentrar na gestão de competências.

O setor de serviços na América Latina e no Brasil em especial carece de pessoas competentes e motivadas ao bom desempenho de suas funções. Vale ressaltar o papel de entidades públicas e privadas, como o Senac, na formação e qualificação de profissionais nas diversas áreas do segmento serviços, com ênfase em áreas como gastronomia e hospitalidade. Diversas escolas de turismo têm desenvolvido papel pioneiro na formação de profissionais para o setor, mas ainda há muito por fazer se observarmos a vocação do país para serviços e, sobretudo, para o turismo.

6.2.2 Papel das competências em serviços

Para cada tipo de atividade existe um padrão de competência requerida. Por meio de uma análise do papel de cada profissional em sua função específica, são estabelecidas as responsabilidades exigidas, bem como os resultados esperados. O bom profissional é aquele que atinge e supera metas de desempenho. Dessa forma, as definições de competências requeridas facilitam a avaliação. E as competências são sujeitas a procedimentos de validação contínua. Elas devem ser especificadas e tornadas públicas antes da instrução do que se espera de desempenho do profissional em sua atividade, bem como o conhecimento necessário, a habilidade requerida e a atitude esperada.

6.2.3 Formas de competência

Nenhum ser humano é capaz de prever todas as consequências de seu trabalho, seja com um serviço de linha ou com uma inovação. As competências podem apresentar as seguintes formas:

- **Competência humana**

  Todo ser humano é dotado de capacidade física, mental e intelectual para realizar um trabalho. Portanto, a competência humana é definida como o conjunto de conhecimentos, habilidades e atitudes requeridos e específicos em cada função de uma atividade.

- **Competências individuais e gerenciais**

  Cada indivíduo que faça parte de uma empresa de serviços e que lide direta ou indiretamente com o cliente deve possuir bom senso e discernimento, além da capacidade de enxergar os problemas que envolvem o cliente e ver os problemas dele como se fossem seus.

  Agindo como um gestor do negócio do serviço, cada indivíduo deve ver sua empresa como um negócio viável e rentável. E o cliente, qualquer que seja, deve ser atendido em suas expectativas e desejos.

- **Competência coletiva e grupal**

  O profissional de serviços deve ter a competência de saber agir em equipe, procurando se entrosar e superar as crises do individualismo de cada colega de trabalho.

- **Competência organizacional**

  Em serviços, é essencial agir com o espírito do bem servir, procurando sempre a satisfação do cliente. Esta competência pode ser entendida como o conjunto de qualificações e tecnologias essenciais ao desempenho de uma empresa ao captar e reter clientes. Isso exige de cada pessoa envolvida com o atendimento a clientes uma capacidade específica inerente à sua função.

  A competência de uma empresa é o somatório de competências humanas de todos que lidam direta ou indiretamente com clientes.

  Para Eugenio Mussak, existem dois tipos de competência: a essencial e a transversal. A competência essencial é formada por aqueles atributos que formam um bom profissional em sua área específica de atuação. Ou seja, cada pessoa deve realizar o básico esperado para a sua atividade. Já a competência transversal, ou específica, diz respeito a todos os atributos complementares dentro do ramo de atuação do profissional de serviço e que tornam seu trabalho mais completo e eficiente.

A capacidade plena significa realizar o básico e ir além. Assim, o profissional em serviço deve procurar realizar o melhor em cada atendimento ao cliente. Ou seja, fazer bem-feito. O prazer de servir não deve se restringir ao atendimento básico, deve encantar o cliente.

6.3 METACOMPETÊNCIA: O QUE É E PARA QUE SERVE

Segundo Perrenoud e Thurler (2002), competência pode ser entendida como a capacidade de mobilizar diversos recursos cognitivos para enfrentar um tipo de situação. Dessa maneira, é preciso identificar, no mínimo, três elementos para entender a noção de competência.

- O **primeiro** deles é conhecer os tipos de situação e as habilidades a serem acionadas para responder corretamente.
- O **segundo** elemento prevê a ação de identificar os recursos que mobilizarão os conhecimentos específicos, ou seja, o saber-fazer, em que o repertório de ações será acionado para resolver fatos de seu cotidiano.
- E o **terceiro** elemento é a natureza dos esquemas de pensamento, isto é, as habilidades cognitivas desencadeadas a partir da situação.

O prefixo grego ***meta*** exprime a ideia de "depois de", "sucessão". Entende-se por metacompetência a capacidade que os profissionais têm de articular as diferentes competências, sejam elas intelectuais, sociais, práticas, emocionais, em seu cotidiano de trabalho.

A superação de metas e obstáculos só é possível quando o profissional possui associadamente mais de uma competência. A competência, portanto, é uma junção de conhecimento, habilidade e atitude para o trabalho que propicie resultados ascendentes, dentro da visão de onde se está e aonde se quer chegar.

CONCLUSÃO

O desenvolvimento de competências na área de serviços em geral, especialmente em saúde, lazer e entretenimento, entre outras, exige esforço de capacitação e qualificação de pessoas. De maneira geral, as escolas de turismo e hotelaria formam profissionais qualificados. Os cursos de finanças, seguridade, saúde e educação, e serviços públicos também, precisam ser reciclados de tempos em tempos para que a sua capacidade seja ampliada e os resultados do seu desempenho se tornem ascendentes. Em termos gerais, o conhecimento associado à atitude e à habilidade pode ser aprimorado para que o profissional atinja patamares ascendentes de *performance*. Isso implica que, para bem atender um cliente, ele precisa primeiro entender o que o cliente quer. No Quadro 6.1, temos um exemplo dos principais aspectos da gestão de serviços.

Quadro 6.1 Exemplo de aspectos da gestão de serviços em gastronomia

Conhecimento	Habilidade	Atitude	Competência
Gastronomia	Servir	Prazer em servir	Entender e atender o cliente

TRADUZINDO EM PONTOS DE AÇÃO ESTRATÉGICA

- ✓ Criar uma força-tarefa capaz de definir as competências essenciais no seu negócio.
- ✓ Estabelecer padrões de desempenho para cada competência requerida do funcionário.
- ✓ Estabelecer programas contínuos de desenvolvimento de capacitações.
- ✓ Investir em programas de treinamento para desenvolver conhecimento, habilidades e atitudes nas principais competências gerenciais.
- ✓ Criar indicadores de desempenho para cada competência estabelecida.

QUESTÕES

1. Qual é a diferença entre competência humana e competência organizacional?
2. Defina o que é competência coletiva e grupal.
3. Defina o que é, a seu ver, metacompetência.

REFERÊNCIAS

COBRA, Marcos; NOFFS, Neide. *Metacompetência em gestão estratégica de vendas*. São Paulo: Cobra Editora, 2010.

FLEURY, Maria Tereza. *Estratégias empresariais e formação de competências*. São Paulo: Atlas, 2000.

MAGALHÃES, Sérgio *et al.* Desenvolvimento de competências: o futuro agora! *Revista Treinamento & Desenvolvimento*, São Paulo, p. 12-14, jan. 1997.

MERTON, Robert C. Risco da inovação: como tomar decisões melhores. *HBR Brasil*, p. 17-25, abr. 2013.

MUSSAK, Eugenio. *Metacompetência*. São Paulo: Gente, 2003.

PERRENOUD, Philipe; THURLER, Monica Gather. *As competências para ensinar no século XXI*. Porto Alegre: Artmed, 2002.

7 Segmentação de Mercado | Agrupamento Estratégico

"Enquanto não encontro a mulher certa, vou saindo com as erradas."
Barão de Itararé

OBJETIVOS DE APRENDIZAGEM

- Estabelecer os critérios de segmentação do mercado de serviços.
- Conhecer as bases de segmentos para o mercado corporativo.
- Identificar as bases para definição de segmentos de mercado pelas mídias sociais.
- Compreender a segmentação do mercado empresarial (*business to business*).
- Definir as principais variáveis de segmentação para o mercado de serviços.

INTRODUÇÃO

O que é segmentação de mercado?

Consiste em identificar, em um mercado mais amplo e diversificado, determinado grupo de pessoas com preferências semelhantes. Cada agrupamento de pessoas com determinadas características constitui um segmento de mercado.

Para que serve uma segmentação de mercado em serviços? Para definir estratégias específicas de marketing a fim de vender determinado serviço a alguns agrupamentos de consumidores.

Cada dia mais as pessoas se comportam de forma tribal. O consumo de bens e serviços é orientado pelo que dita o grupo social. Os jovens do bairro negro do Harlem, em Nova York, ao adotarem as bermudas compridas e os tênis cano alto, influenciaram os jovens do mundo inteiro. Segundo uma especialista em moda, a brasileira Glória Kalil, é a turma da rua quem dita a moda, e não mais os estilistas.

Nos setores de serviços, as regras de consumo não são diferentes. Os formadores de opinião estimulam as pessoas a se comportarem de forma semelhante. A compra de pacotes turísticos para o Caribe, ou para o Nordeste brasileiro, notadamente para Fernando do Noronha, seguem as tendências da moda. De forma análoga, os investidores se dirigem para um determinado investimento ou outro em função do que o mercado determina. E o que é o mercado, senão uma conjunção de pessoas? Em saúde, ocorre algo semelhante quando o médico é recomendado por amigos e parentes.

Portanto, os modelos de agrupamento de pessoas para a formação de segmentos homogêneos de consumidores devem respeitar as tendências. Seja por meio de modelos de segmentação com base em estilo de vida, seja por aspectos psicológicos.

Cada serviço tem seu público-alvo, constituído de pessoas ditas consumidoras do serviço com necessidades, desejos e comportamentos que são específicos e que diferem de uma pessoa para outra. Para adequarem os serviços ao gosto de cada tipo de consumidor, os profissionais de marketing devem segmentar o mercado a fim de definir quais agrupamentos são mais adequados ao tipo de serviço ofertado. Agrupando os diversos tipos de cliente, é possível atender com mais eficiência as necessidades singulares de cada um. Para atender, porém, é preciso primeiro entender quem é o cliente e o que ele busca.

O desafio do século 21 é proteger os ativos de informação. Quem são seus clientes e possíveis clientes? As empresas hoje guardam uma quantidade incalculável de dados de consumidores, fornecedores e delas próprias. As empresas de serviços captam milhões de dados e eles são usados para uma comunicação mais efetiva, para estreitar laços e oferecer melhores serviços.

Agentes de turismo pecam em pensar que uma cidade turística possa ser de interesse de qualquer tipo de turista. O médico avalia que qualquer pessoa é um possível paciente. É preciso cuidado com o agrupamento de clientes com base em suas necessidades e desejos, reunindo pessoas com características semelhantes. E empresas de serviços como telefonia, escolas, teatro, hospitais, bancos, entre outras, precisam definir para seu mercado quais são os serviços mais adequados ao interesse específico aos agrupamentos de pessoas, ditos aqui segmentos de mercado. Para isso, precisam identificar esses agrupamentos, possíveis clientes com aspectos de interesse comuns.

A segmentação de mercado, por princípio, deve passar por três fases:

1. Agrupar as pessoas com gostos, necessidades, desejos e outros aspectos relevantes e idênticos.
2. Ajustar a comunicação e direcioná-la às pessoas do segmento-alvo.
3. Posicionar os serviços para o mercado de clientes-alvo.

A combinação da inovação digital com o profundo conhecimento de seu mercado e seus negócios e a capacidade de melhor atender o consumidor, feita por equipes multidisciplinares contribui para uma empresa alinhar estratégias voltadas a atingir seu mercado de forma segmentada.

A análise dos ambientes cultural, econômico, social, político e demográfico de uma classe de consumidores visa orientar os profissionais de marketing de uma empresa de serviços. Com isso, implantam-se estratégias consistentes e adequadas a cada um desses agrupamentos.

Tipos de agrupamento:

- **Segmentação geográfica**: agrupamento dos consumidores segundo a região em que vivem.
- **Segmentação demográfica**: agrupamento dos consumidores por faixa etária e ciclo de vida (criança, jovem, adulto, idoso), sexo, renda, ocupação, nível de escolaridade, religião, raça e naturalidade.
- **Segmentação comportamental**: agrupamento por ocasiões mais frequentes. Quem busca determinados benefícios (benefícios desejados de uma classe de pessoas), taxa de uso (pequenos, médios e grandes grupos de consumidores), grau de lealdade do consumidor quando cliente, atitude (entusiasta, positiva, indiferente, negativa, hostil).
- **Segmentação por multiatributos**: uso de duas ou mais variáveis demográficas e geográficas (geodemográficas).
- **Segmentação psicográfica**: agrupamento dos consumidores por classe social, estilo de vida e personalidade

7.1 COMO RECONHECER AS CINCO NAÇÕES DA AMÉRICA LATINA

Segundo a Professora Marlene Rosman, da Pace University de Nova York e consultora de marketing, entre as 17 nações da América Latina existem cinco mercados regionais com características demográficas, sociológicas e culturais (ROSMAN, 1998). A similaridade de cada segmento é fortemente limitada pela língua. Essas categorias não são absolutas, pois há uma sobreposição de segmentos e subsegmentos dentro desses agrupamentos maiores. Por exemplo, a República Dominicana não é igual à Argentina, embora falem igualmente o espanhol.

Entretanto, muitos povos latino-americanos não falam o espanhol, os brasileiros falam português e há uma enorme variedade de dialetos indígenas.

Sem considerar essas características, o profissional de marketing pode errar ao formular uma estratégia que não leve em conta as características de cada lugar.

As preferências dos mexicanos são diferentes dos gostos dos brasileiros e, mesmo dentro de cada um desses países, há diversos segmentos com hábitos de consumo distintos.

Para entender a América Latina, a Professora Rosman sugere entender as características de cinco mercados: México, Estados Unidos, Brasil, América Latina europeia e América Latina indígena.

- **México**: os mexicanos são norte-americanos que têm muito orgulho de seu país, apesar da forte influência dos Estados Unidos. A população mexicana é predominantemente mestiça: euro-ameríndios (60%), acrescida de 9% de brancos e 30% de origem especificamente ameríndia.

  São 125,9 milhões de habitantes com forte predominância feminina e de indígenas; a descendência europeia provém sobretudo da Espanha. Os descendentes dos povos maia e asteca influenciaram a comida mexicana, a roupa e as festas populares (como a festa dos mortos celebrada todos os anos no dia de finados na cidade de Oxaca).
- **Estados Unidos**: sua população de 332 milhões (em 2019) é formada por descendentes de europeus, notadamente britânicos, escoceses, italianos, portugueses, espanhóis, alemães e poloneses. Inclui ainda mexicanos, haitianos, caribenhos e brasileiros.
- **Brasil**: é o único país a falar português na América Latina. Em 2019, eram 208,5 milhões de pessoas (IBGE, 2019), predominantemente pardas. Cerca de metade da sua população tem menos de 20 anos, apesar do acentuado crescimento da faixa de idosos. No Norte do país há muitos índios e descendentes de índios e europeus, sobretudo portugueses e um pouco de espanhóis, principalmente em Belém do Pará. No Nordeste há muitos descendentes de holandeses, sobretudo em Pernambuco; de norte-americanos em Natal (base aérea dos Estados Unidos durante a Segunda Guerra Mundial), negros, mulatos, cafusos (índios miscigenados com negros), africanos na Bahia; descendentes de portugueses e africanos no Rio de Janeiro; descendentes de japoneses, coreanos, chineses, alemães, portugueses, espanhóis, italianos e outras raças europeias em São Paulo; ucranianos, poloneses, italianos, alemães no Sul do país – Paraná, Santa Catarina e Rio Grande do Sul. Índios e seus descendentes, além de descendentes de portugueses, formam a região Centro-Oeste do país.
- **Europeus**: a América Latina europeia inclui Argentina, Chile e Uruguai, além de Colômbia, sul do Brasil, Costa Rica e Lima, no Peru.
- **Países com forte influência indígena**: Bolívia, Paraguai, Equador e Peru (exceto Lima).

7.2 CRITÉRIOS PARA A SEGMENTAÇÃO DE MERCADO DE SERVIÇOS

Os critérios para identificar os agrupamentos de consumidores exigem técnicas de pesquisa de mercado, conhecimentos sociológicos e, em alguns casos, psicológicos. Os critérios de segmentação com base em critérios geográficos, demográficos, socioeconômicos, socioculturais, comportamentais e tipo de serviços ofertados, entre outros, somam-se aos critérios que buscam identificar comportamentos homogêneos de compra com base em estilos de vida.

Com o crescimento da participação da mulher no mercado de trabalho, ficou um vazio na realização de serviços do lar. Por outro lado, a mulher que trabalha fora de casa estimula o consumo de alimentação também na rua; com isso, cresce o setor de serviços de alimentação ligeira, denominado *fast-food*. Cresce também a demanda por outros tipos de serviços, tais como limpeza e conservação do lar, serviços de guarda e entretenimento de crianças (*babysitter*), salões de festas para comemorar aniversários de crianças e um sem-número de novos serviços: segurança, serviços de entretenimento social e cultural etc. Isso propicia o crescimento de diversos tipos de negócios em serviços: cartões de serviços com reservas de *shows* em teatros, casas de espetáculos, restaurantes etc.

7.2.1 Geossegmentação de mercado

Dentre os fatores determinantes de um estudo de segmentação de mercado para agrupar todos os possíveis compradores de determinado tipo de serviço em turismo, destacam-se:

- **Segmentação geográfica**: com base em agrupamentos por áreas rurais, urbanas e metropolitanas, levando em conta os seguintes fatores: latitude, longitude, elevação e, ainda, o código de endereçamento postal (CEP).

  Ou seja, os potenciais compradores de serviços podem ser agrupados em consumidores que vivem na área rural e na área urbana dos municípios. E, dentre aqueles que habitam as áreas urbanas, é possível ainda agrupá-los em função das regiões metropolitanas em termos de latitude, longitude e elevação da área geográfica em que vivem, pois isso determina certos tipos de hábitos de vida, como alimentação, recreação preferida etc.

  Outro fator importante para entender como as pessoas vivem é o código de endereçamento postal. Ou seja, por meio do CEP é possível identificar traços comuns aos habitantes de certo bairro ou rua. Por exemplo, no bairro do Brás, em São Paulo, antes existiam os imigrantes italianos, hoje prevalecem os bolivianos, estes últimos dedicados ao trabalho meeiro em confecções.

- **Segmentação demográfica**: o agrupamento das pessoas em base demográfica deve levar em conta o sexo, a idade, a escolaridade, a religião e a cor, entre outros fatores, como critérios de segmentação de mercado. Assim, o turismo pode ser dedicado ao jovem, aos idosos, às mulheres, aos homens ou, ainda, a estudantes, a seitas religiosas, a pessoas de cor e ainda um sem-número de combinações de agrupamentos com base demográfica.

Como exemplo disso, em termos de sexo, o tênis Reebok elegeu as mulheres como seu público-alvo.

Em termos de idade, a Vivo elegeu o jovem como seu consumidor típico.

Nesse ponto, é importante definir que clientes devem ser buscados. Os bancos segmentam seus mercados com base em fatores de renda, tipo de atividade e outros critérios demográficos e econômicos. O Bradesco, no Brasil, é um banco que busca o consumidor de baixa renda e o de alta renda. O Citibank, nos Estados Unidos, é um banco com forte tendência popular, enquanto na América Latina ele tem uma postura de banco de elite. Novos bancos, como Nubank e Original, se dedicam a conquistar os clientes jovens.

7.3 COMO SEGMENTAR

A segmentação de mercado é uma técnica utilizada para agrupar consumidores com comportamentos de compra semelhantes para, a partir daí, realizar esforços concentrados e especializados de marketing sobre cada segmento (agrupamento de consumidores).

Ou seja, um segmento de mercado precisa ser bem definido, utilizando-se até mesmo a técnica estatística de agrupamentos de variáveis denominada *cluster analysis*. A segmentação do mercado turístico, por exemplo, requer esse tipo de técnica.

Isso feito, é possível então realizar esforços especializados de marketing sobre tal segmento (agrupamento de consumidores), pois, supõe-se que esse agrupamento de consumidores responderá de maneira similar ao esforço de marketing. Ou seja, um segmento de mercado bem definido possibilita a eficácia da aplicação dos instrumentos de marketing, como propaganda, estratégia de preços, promoção de vendas, distribuição e esforço de vendas. Otimizam-se, dessa forma, os recursos disponíveis. Há duas maneiras básicas para se conduzir um processo de segmentação de mercado: uma é *a priori* e a outra é baseada nas respostas do consumidor.

Já a segmentação para serviços financeiros ou serviços de saúde baseia-se nas mesmas condições, guardadas as devidas proporções.

É preciso, no entanto, alguns cuidados na segmentação de mercado *a priori*, pois a determinação *a priori* não garante que esta forma de se observar o mercado para subdividi-lo seja sempre a mais adequada.

Para o turismo, o motivo de viagem é, segundo Mário Carlos Beni, o principal meio disponível para se segmentar o mercado. Os maiores segmentos desse mercado, por afluência de turistas, são: turismo de descanso ou férias, de negócios e compras, desportivo, ecológico, rural, aventura, religioso, cultural, científico, gastronômico, estudantil, congressos, convenções, encontros e similares; familiar e de amigos, de saúde ou médico-terapêutico e de incentivos de viagens (marketing de incentivos).

7.4 CRITÉRIOS PARA SEGMENTAÇÃO DE MERCADO

Os critérios a serem adotados para a segmentação de mercado podem basear-se nos atributos físicos do serviço ou nos hábitos comportamentais dos consumidores. E, principalmente, na identificação de grupos de pessoas, nos atributos demográficos, geográficos, psicográficos, classe social, estilo de vida etc.

Na segmentação por fatores demográficos, a população é agrupada por gênero, idade, escolaridade, cor, classe de renda. Dentre as classes sociais A, B, C, D e E, a que mais ganhou destaque nos últimos tempos foi a nova classe média (C).

- **Classe média (C):** a nova classe média C é mais numerosa do que a tradicional classe média e tem uma vantagem adicional: quando os pobres sobem para a classe média, aumenta o consumo e se ampliam os hábitos de consumo. Na matéria "Em dois anos, 75% da população será de classe média, prevê Itaú", escrita por Clovis Rossi e publicada no Caderno Mercado da *Folha de S.Paulo* em 23/1/2014, lê-se:

  > Segundo o então ministro de Assuntos Estratégicos, Marcelo Neri, de 2003 a 2013, 54 milhões de brasileiros subiram para as classes A, B e C. Como havia 67 milhões na classe média, pelas contas do Ipea – Instituto de Pesquisa Econômica Aplicada, tem-se que o Brasil está hoje com 121 milhões de pessoas ou dois terços da população na classe média. Se a previsão se confirmar, seriam 39 milhões de uma novíssima classe média, até chegar, portanto, aos 75% da população.

- **Classe alta (A e B):** as tradicionais classes altas são que mais consomem, sobretudo serviços de luxo, no Brasil e no exterior. Viagens de luxo, carros, iates, obras de arte e joias estão entre os bens e serviços de maior procura.
- **Classe baixa (D e E):** o turismo, para as classes D e E, significa visitar a família nos períodos de férias e realizar pequenas viagens a lugarejos próximos em finais de semana. No mais, consomem serviços de transporte público, saúde pública, educação pública dentre outros serviços básicos. Isso significa ainda abrir uma conta em banco, colocar o filho pequeno em uma creche ou o filho maior na escola. Mas também significa reunir a família no final de semana em torno de um churrasquinho ou mariscada.

7.4.1 Segmentação com base em atributos físicos do serviço

Os atributos físicos dos serviços podem ser classificados em:

- **Básicos:** inerentes a todos os produtos; todas as companhias aéreas reservam no *check-in* os assentos para os seus voos.

- **Desejados:** são atributos que os consumidores desejam, mas que a empresa ainda não oferece.
- **Esperados:** são atributos que os consumidores esperam do serviço; por exemplo, reserva de mesa no restaurante.
- **Inesperados:** são atributos que o consumidor não espera. Por exemplo: os passageiros da classe econômica de uma companhia aérea não esperam ser acomodados em uma sala *VIP*, com direito a banho e massagens após um voo internacional demorado e cansativo. Ou, ainda, receber massagens nas costas durante um voo transatlântico.

Esses atributos se constituem em importante forma de diferenciação de serviços.

E a segmentação com base em atributos físicos do serviço deve levar em conta as seguintes dimensões:

- O tamanho do mercado do serviço é um fator importante, pois, quanto maior o mercado, mais interessante será a sua divisão em partes menores.
- A localização geográfica do serviço é a primeira base utilizada na divisão de um mercado. Assim, um país com belezas naturais é considerado uma atração, podendo ser dividido por áreas geográficas, como estados, cidades, bairros, quarteirões, domicílios e, principalmente, por lugares a serem visitados.
- Na cidade de New Orleans, por exemplo, o local onde acontecem as maiores atrações musicais é o bairro francês.

Os aspectos demográficos dizem respeito às características dos indivíduos e o que eles buscam em um serviço. Baseando-se em critérios como sexo, cor, idade, religião, educação, renda etc., é possível determinar agrupamentos de pessoas. Assim, as mulheres podem preferir serviços de estética e beleza diferentes dos buscados pelos homens. As pessoas de mais idade precisam receber serviços de saúde com maior intensidade do que os jovens, as pessoas religiosas buscam serviços de "bens de salvação" e assim por diante.

7.4.2 Segmentação com base em atributos comportamentais

Os consumidores são agrupados com base em suas características comportamentais:

- As **idiossincrasias** dos consumidores devem ser adequadamente analisadas. Pode-se determinar quando eles compram – por exemplo, eles podem realizar suas compras em determinados dias do mês. Pode-se também definir onde compram determinados tipos de serviços; há certos serviços que se tornam de conveniência, localizados próximos à residência ou local de trabalho. É o caso de agências bancárias, hospitais, prontos-socorros, laboratórios de análises clínicas etc. A vantagem desses agrupamentos é que se poderão identificar comportamentos homogêneos dos compradores e, a partir daí, formular estratégias de marketing mais adequadas.

- **A razão da compra** é outro critério importante para agrupar os consumidores. A compra de serviços pode ser feita para o consumo da família, para seu próprio consumo individual ou, ainda, por motivos de negócios, religiosos, educacionais etc. Dessa maneira, as pessoas podem ter diversas razões para efetuar uma compra. Desde razões objetivas para atender necessidades básicas até razões subjetivas, que visam atender às necessidades emocionais. Nesse ponto, só por meio de pesquisas específicas é que se podem identificar as razões de compra para agrupar adequadamente os consumidores em cada tipo.
- **As pessoas**, por outro lado, são influenciadas de diversas **maneiras** para as suas compras. São os amigos, os parentes, o grupo social, o grupo profissional, entre outros, que exercem direta ou indiretamente pressões sobre os comportamentos de compra de serviços de viagem e turismo, financeiros ou de saúde, entre outros.
- **A forma** como a compra é realizada é outro importante fator de agrupamento, pois há pessoas que só compram na presença de outras pessoas. Da mesma forma, há aquelas que preferem comprar certos serviços sozinhas. Há pessoas que costumam comprar a prazo ou no cartão. E assim por diante, há um número enorme de situações em que as compras são realizadas.

7.4.3 Segmentação com base em redes sociais

As redes sociais aproximam as pessoas do mundo inteiro e elas se agrupam espontaneamente ao fazerem suas escolhas em diversos *sites*, tais como:

- **Facebook**: é a maior mídia e rede social mundial de relacionamentos, com bilhões de usuários, e não para de crescer. Atualmente, é o *site* mais utilizado no planeta e influencia diretamente a política, a cultura e a opinião pública mundial. O marketing digital via Facebook vem crescendo a cada dia e é muito utilizado em divulgação e promoção de produtos e serviços ou marcas por meio das mídias eletrônicas. Estabelece uma rede mundial, em que as empresas e pessoas se comunicam, interagem, comentam, curtem e compartilham seus momentos sempre atualizados. É um instrumento poderoso de marketing um a um, em comunicações personalizadas e detalhadas sobre a área de atuação da empresa, constituindo-se a melhor de divulgação. Bem planejada, uma campanha define o tom de voz da empresa para seu público-alvo.

Segmenta os usuários por gênero, idade, interesse, estilo de vida etc. É, na atualidade, a ferramenta mais poderosa do marketing digital.

- **Instagram**: ao se comunicarem via Instagram, as pessoas estão expondo seus interesses, além de editarem fotos dos lugares por onde andam. Permite diversos tipos de agrupamento de consumidores e revela como eles se utilizam de serviços de viagem, gastronomia, saúde, esportes etc.

  Parte social: é uma rede social que, além de publicar fotos, possibilita apresentar uma variedade de serviços através das redes sociais como Facebook, Twitter Tumblr e Flickr, utilizados para notícias de interesse social, viagens, lugares, pessoas etc.

  Parte profissional: complementarmente ao Facebook, ao qual pertence, o Instagram identifica hábitos de consumo e aspirações sociais entre outros aspectos que permitem às empresas, notadamente as de serviços, atuar segmentadamente junto ao seu público-alvo.

- **Google**: é a maior mídia social, atuando como *site* de buscas, *on-line* e por meio de *softwares*. Criada em 4 de setembro de 1998, hospeda e desenvolve uma série de serviços que possibilita obter todo tipo de informação. É instrumento poderoso e único para, por meio de seus dados, agrupar as pessoas em função de assuntos buscados, classificando-as por perfil socioeconômico e os mais variados critérios de interesses, além de veicular publicidade pelo AdWorks. O Google é o informativo mais completo existente hoje no mundo, suprindo informações sobre tudo que se procura: produtos, serviços, conhecimento etc. São seus subsidiários: YouTube, Nest Labs, DoubleClick, FeedBurner, Kaggle e outros mais. Também oferece um excelente suporte para fotos, além de permitir análise completa de pessoas, dados, lugares, enfim, quase tudo.

  A segmentação de mercado do Google inclui quase todas as pessoas do mundo contemporâneo, pesquisadores, professores, profissionais, pessoas físicas e pessoas jurídicas, além de um sem-número de agrupamento de pessoas desde a base 1 até o infinito.

- **LinkedIn**: é uma rede social de uso restrito a negócios. Seu *site* agrega pessoas de acordo com o tipo de interesse profissional e área de atuação; elas se agrupam espontaneamente por perfis profissionais. Ou seja, seus currículos e interesses de emprego e trabalho estão nos arquivos do *site*. Dessa forma, o LinkedIn funciona como uma grande bolsa de empregos que agrupa pessoas por área de atuação profissional e interesses de carreira.

  A segmentação por gênero, atividade, escolaridade, interesse e afins é possível por meio do LinkedIn.

As redes sociais permitem agrupamentos dinâmicos que se movem no espaço e no tempo. Permitem segmentar, ou seja, definir grupos com áreas de interesse afins em serviços.

7.5 SUCESSO DA SEGMENTAÇÃO DE MERCADO

A segmentação de mercado, para ter sucesso, requer:

- **Mensurabilidade**: a justificativa da existência de um segmento; ele precisa ser mensurável, ou seja, passível de se identificar, definir corretamente e medir tanto quem está dentro como quem está fora do segmento de compradores de serviços.
- **Acessibilidade**: o segmento precisa ainda ser acessível economicamente, pois um agrupamento que não possa ser atingido pela mídia ou por outras ferramentas do marketing não se justifica.
- **Estabilidade**: da mesma forma, um segmento precisa ser estável, pelo menos durante períodos "razoáveis", caso contrário ele deixa de ser interessante do ponto de vista de marketing.
- **Significância**: por outro lado, um segmento de mercado precisa ser significante para atrair recursos de marketing, ou seja, nenhuma empresa do setor de turismo alocará verbas de propaganda ou de promoção de vendas a um segmento pouco representativo ou mesmo insignificante.

7.6 BENEFÍCIOS DA SEGMENTAÇÃO

Na verdade, o dimensionamento de segmentos de mercado é uma forma de viabilizar a colocação de produtos face a:

- **Identificação de oportunidades:** muitas vezes, um serviço de excelente desenvolvimento tecnológico torna-se inviável simplesmente porque não se consegue identificar oportunidades de vendas em algum segmento de mercado. Por meio da técnica de subdividir um mercado em partes homogêneas menores, isso fica possível. Ou seja, tornam-se visíveis, a olho nu, pequenos segmentos camuflados em um mercado amplo.
- **Comparação:** os desempenhos de vendas de um produto, por exemplo, podem aparentar falhas não detectáveis em um vasto mercado. Porém, quando se examinam comparativamente vários segmentos desse mesmo mercado, é possível comparar e contrastar comportamentos diferenciados, identificar pontos insatisfatórios e corrigi-los.
- **Alocação de recursos:** é mais fácil alocar recursos e confrontar os resultados alcançados quando o mercado se encontra subdividido em partes menores (segmentos).

7.7 LIMITAÇÕES À LUCRATIVIDADE DA SEGMENTAÇÃO

Embora as técnicas de segmentação de mercado sejam auspiciosas sob diversos aspectos, há, no entanto, situações em que elas apresentam dificuldades. Dentre outras, citam-se:

- **Limitação de recursos**: as técnicas de segmentação de mercado são muitas vezes sofisticadas e exigem, além do emprego de metodologias avançadas de pesquisa de mercado, também modelos estatísticos. Portanto, o emprego dessas metodologias requer investimentos financeiros, além de outros recursos, nem sempre disponíveis para determinadas empresas.
- **Heterogeneidade**: como os serviços ofertados nem sempre são homogêneos, os segmentos de mercado a que esses mesmos serviços se destinam também tendem a não ser homogêneos. Isso dificulta muito a sua configuração, pois um segmento de mercado só é entendido como tal quando agrupa pessoas com determinados comportamentos homogêneos de compra.
- **Concorrência**: quando a concorrência é atuante, as suas estratégias podem ser desestabilizadoras do processo de segmentação. Ou seja, as pessoas dentro de cada segmento de mercado podem agir diferentemente sob a influência das ofertas dos serviços concorrentes, vindo a constituir novas subsegmentações dentro de cada segmento.

7.8 POSSÍVEIS BASES DE SEGMENTAÇÃO PARA MERCADOS CORPORATIVOS (EMPRESARIAIS)

Há diversas maneiras de segmentar um mercado corporativo (ou seja, serviços empresariais) ou de "*business to business*". Dentre elas, destacam-se:

7.8.1 Fonte de lealdade

Base: quando as compras são realizadas para uma, duas, três, quatro ou mais instituições. A lealdade é uma base para segmentação de mercados, sobretudo quando as compras são realizadas por mais de uma instituição.

7.8.2 Tamanho da empresa

Base: total de vendas, vendas relativas ao setor de atividade.

O tamanho da empresa deve levar em conta os critérios que possam servir de parâmetros, tais como volume de vendas a empresas em comparação às vendas totais realizadas por setor de atividade industrial, comercial ou serviço.

7.8.3 Tipo de negócios

Base: industrial, atacadista, varejista, categorias de atividade. Outra forma de agrupar empresas pode ser pelo tipo de negócios realizados na fabricação, na comercialização (atacado e varejo) e, ainda, pela categoria de atividade (metalurgia, embalagens, serviços financeiros, seguros, agências de viagens etc.).

7.8.4 Condição da empresa

Base: novo cliente, ocasional, frequente, não cliente.

A condição atual das empresas é outro critério para o agrupamento: clientes frequentes, ocasionais, novos e não clientes.

7.8.5 Importância do atributo (característica)

Base: custo, conveniência, segurança, serviço, reputação.

As empresas podem ser ainda agrupadas em função do custo de atendê-las, da conveniência em tê-las como clientes, da segurança que elas proporcionam, do custo que elas requerem ou da reputação de que elas desfrutam.

7.8.6 Localização

Base: considerações geográficas, localização do escritório e da sede (matriz).

A localização dos clientes é outro critério importante para a segmentação de mercado, desde a localização do escritório-sede da empresa até a localização geográfica de suas filiais.

7.9 BASES PARA DEFINIÇÃO DE SEGMENTOS

Há diversas bases para a definição de um segmento de mercado.

As mais usuais são apresentadas a seguir.

7.9.1 Comportamento frente ao serviço ofertado

A base para segmentação de acordo com o comportamento diante do serviço ofertado consiste em:

- Taxa de uso dos serviços ofertados.
- Número de diferentes serviços usados regularmente.
- Conhecimento e experiência com a classe do serviço.
- Lealdade com a marca do serviço *versus* mudança de marca da empresa de serviço.

Conforme o comportamento do comprador para com a classe do serviço, podem-se obter bases interessantes de agrupamento, tais como a taxa de uso do serviço, o agrupamento para consumidores por marcas usadas regularmente, agrupando as diversas experiências e conhecimento de cada classe de serviço, até a seleção dos consumidores leais à marca em relação àqueles propensos a uma mudança de marca.

Dentre as classes de serviços, se destacam: hospedagem (hotéis, hospitais, casas noturnas, pousadas, restaurantes, bares); finanças (bancos, casas de câmbio, corretores de valores, seguradoras); transporte (passagens aéreas, passagens de ônibus, passagens marítimas, aluguel de carro, transporte de turismo receptivo etc.).

7.9.2 Atitudes em relação à classe do serviço

As atitudes dos consumidores em relação à classe do serviço constituem outro critério de agrupamento interessante, pois pode-se segmentar de acordo com o benefício que as pessoas buscam na estrutura dos serviços, com os problemas encontrados no uso do serviço e ainda com os atributos buscados nos serviços:

- Benefício buscado.
- Problemas encontrados no uso do serviço.
- Atributos buscados.

7.9.3 Atitudes das pessoas-chave

As pessoas-chave, que têm poder de decisão na compra de produtos ou de serviços, podem ser analisadas e depois agrupadas em função da sua personalidade, dos seus traços psicográficos e de seu estilo de vida, os quais norteiam seus comportamentos de compras:

- Personalidade: padrão de comportamento com base em fatores individuais.
- Traços psicográficos: aspectos de comportamento psicológico.
- Estilo de vida: hábitos de consumo em razão de padrões de comportamento.

7.9.4 Atitudes relacionadas aos serviços

A forma como as pessoas percebem as marcas de determinados serviços ou manifestam preferências são alguns dos fatores importantes para a segmentação de mercado:

- Percepções do serviço: como o consumidor percebe a relevância do serviço.
- Preferências de marca do serviço: os consumidores expressam suas preferências ao comprar com regularidade ou com exclusividade uma determinada marca de serviço.

Outros fatores são:

- Grau de utilidade do serviço para o consumidor-alvo.
- Inovações tecnológicas do serviço dão ao consumidor a sensação de que estão comprando um serviço atualizado e, por isso, de valor.
- Perspectivas futuras do serviço: usos e aplicações de interesse contínuo do consumidor.

7.9.5 Comportamento na seleção das marcas dos serviços

As pessoas se comportam em relação às marcas de serviços de forma diferente, desde a eleição de algumas marcas como suas favoritas até a simples aceitação ou rejeição considerando-as indesejáveis ou antipáticas. Essas preferências atingem até mesmo as marcas regionais em relação às marcas que são vendidas nacionalmente:

- Marcas favoritas: aquelas de compra preferencial.
- Marcas aceitáveis: aquelas de compra ocasional.
- Marcas indesejáveis (antipáticas): aquelas que o consumidor não gosta e dificilmente compra.
- Marcas regionais *versus* marcas nacionais: a preferência da marca se caracteriza pela certeza de atendimento apenas local ou atendimento em nível nacional.

7.10 BASES PARA A SEGMENTAÇÃO DE MERCADO DE SERVIÇOS EMPRESARIAIS

As bases para segmentação de mercado podem considerar aspectos como:

- Características demográficas (tamanho da empresa, número de empregados, volume de gastos com serviços empresariais).
- Orientação de custo *versus* receita.
- Tipo de organização corporativa e cultura empresarial.
- Características operacionais e condições financeiras.

7.10.1 *B to B* – serviços empresariais

O mercado de *business to business* (entre empresas) de serviços também pode ser segmentado com base em critérios demográficos que levem em conta o tamanho da empresa, o número de empregados ou os gastos que as empresas do mercado *business to business* realizam em serviços financeiros, de saúde, de turismo, educacional, entretenimento etc.

Há, porém, outros critérios que levam em conta o custo em relação à receita; as organizações corporativas e suas culturas e, ainda, as características operacionais das empresas, bem como suas condições financeiras.

Outras bases também podem ser consideradas, como: o estágio do ciclo de vida do serviço (novo serviço, serviço em desenvolvimento, serviço na maturidade e serviço em declínio); a classe social dos compradores; as regiões geográficas onde os compradores estão situados; a mobilidade geográfica dos grupos de compradores.

7.10.2 Renda e tipo de gasto

A Lei de Engel estabelece que a renda de um indivíduo é repartida entre comida, manutenção da casa, compra de roupas e outros itens, como recreação, educação etc.:

- Pequeno percentual é gasto com comida.
- Manutenção da casa e roupa são gastos constantes.
- Outros itens como recreação e educação são de uso crescente.

Esse tipo de segmentação tem como foco o estilo de vida das pessoas, suas necessidades, motivos, percepções e atitudes e muitas outras influências, como a família, o trabalho, as atividades sociais e culturais

7.11 PRINCIPAIS VARIÁVEIS PARA A SEGMENTAÇÃO DO MERCADO DE SERVIÇOS EMPRESARIAIS

Dentre as variáveis importantes para a segmentação de mercado para negócios, destacam-se:

- **Demográficas**
  - Setor de atividade: rural, comercial, serviços, industrial – as empresas são agrupadas por ramos de atividade.
  - Tamanho da empresa: as empresas são agrupadas, de acordo com o seu porte, em pequenas, médias e grandes.
  - Localização: área geográfica em que a organização está localizada.
- **Psicográficas**
  - Com base em classe social, estilo de vida e benefícios buscados na compra.
- **Variáveis operativas**
  - Tecnologia: de acordo com o tipo de tecnologia utilizada.
  - *Status* do usuário/não usuário: clientes muito importantes, medianamente importantes e pouco importantes.
  - Necessidades de atendimento: se o cliente necessita muito ou pouco serviço.
- **Abordagem de compra**
  - Organização de compra: centralizada ou descentralizada.
  - Estrutura de poder: quem tem e quem não tem poder de compra dos serviços.
  - Natureza das relações existentes: fortes, médias e fracas.
  - Política de compra: há clientes que só compram informados sobre preço, prazo, condições especiais etc.
  - Critérios de compra: qualidade, serviço, preço.

- **Fatores situacionais**
  - Urgência: empresas que compram com urgência ou não.
  - Utilização específica: compram por tipo de utilização.
  - Volume de compra: pequeno, médio, grande.
- **Características pessoais**
  - Similaridade comprador/vendedor: valores similares ou não.
  - Atitudes em relação ao risco: clientes que gostam e que não gostam de correr riscos.
  - Lealdade: em relação ao fornecedor (alta, média, baixa).

Um serviço pode ter segmentos geográficos por região, levando em conta a densidade populacional e o clima da região. Em termos demográficos, os consumidores de serviços podem ser agrupados em idade, sexo, tamanho da família, ciclo de vida da família (jovens, idosos, meia idade), renda, ocupação profissional, educação, religião, raça, nacionalidade. Nos aspectos psicográficos, os consumidores podem se agrupar por classe social, estilo de vida, comportamento de compra, ocasião de compra, benefícios buscados, *status* do usuário, taxa de uso do serviço, lealdade à marca, estágio de aptidão mental para realizar a compra e atitude para com o serviço.

As principais variáveis para a segmentação de mercado em serviços são apresentadas no Quadro 7.1.

Quadro 7.1 Variáveis em segmentação de mercado para serviços

Variável	Composição típica
Geográfica Densidade Clima	Regiões geográficas
Demográfica Idade Sexo Tamanho da família Ciclo de vida da família Renda Ocupação Educação Religião Raça Nacionalidade	Faixa etária Masculino, feminino 1, 2, 3, 4, 5... Jovem, solteiro, jovem casado, sem filhos Número de salários de referência Atividade profissional e técnica Nível de escolaridade Católico, protestante, judeu, espírita... Branca, amarela, negra... Europeu, asiático, norte-americano etc.

Variável	Composição típica
Psicográfica	A, B, C, D, E
Classe social	Conservadores, integrados
Estilo de vida	Compulsivo, gregário, ambicioso
Comportamento	Ocasião regular, especial
Ocasião de compra	Qualidade, serviço, economia
Benefícios buscados	Não usuário, usuário potencial
Status do usuário	Comprador de peso médio, fraco
Taxa de uso	Nenhuma, média, forte, absoluta
Lealdade (*status*)	Informado, interessado etc.
Estágio de aptidão	Entusiasmo, positivo, indiferente, negativo, hostil
Atitude com o serviço	

Fonte: Adaptado de Cobra (1994; 2016).

7.12 COMO TRANSFORMAR UM CONSUMIDOR EM CLIENTE

Na medida em que uma empresa de serviços ajuda os consumidores a resolver seus problemas, ela cria a oportunidade de aprofundar os relacionamentos transformando um consumidor em cliente.

Cliente pode ser definido como um consumidor que compra com exclusividade ou com certa frequência serviços de uma única empresa.

Dialogar com o mercado é essencial no processo decisório para que o consumidor seja persuadido a se tornar cliente da empresa. Mas não só. Na medida em que um serviço seja ampliado pela anexação de outros serviços complementares ou sinérgicos, o consumidor é convencido a se tornar cliente. As seguradoras automotivas, por exemplo, já se utilizam há algum tempo dessa técnica, oferecendo, além do seguro propriamente dito, serviços de consertos no lar, atendimento de socorro, carga em baterias descarregadas ou mesmo serviços culturais. Até onde a imaginação alcança, podem-se criar novos e convincentes serviços complementares com o intuito de ampliar o serviço básico para cada agrupamento específico do mercado.

As empresas de serviços e profissionais liberais procuram incorporar produtos aos seus serviços. Dessa forma, também transformam consumidores em clientes.

CONCLUSÃO

Segmentar significa dividir um mercado maior em partes menores, de forma a propiciar uma formulação estratégica consistente a cada segmento. Portanto, reconhecer e construir os agrupamentos de clientes potenciais é a forma adequada para agir em mercados competitivos.

Conhecendo as necessidades características de cada segmento, é possível localizá-los de acordo com os critérios estatísticos de agrupamentos de variáveis geográficas, demográficas e psicográficas.

TRADUZINDO EM PONTOS DE AÇÃO ESTRATÉGICA

Listamos a seguir os principais pontos de ação, as providências necessárias e os resultados esperados de uma segmentação de mercado para serviços em geral.

Pontos de ação	Providências necessárias	Resultados esperados
1. Definição de variáveis de segmentação	Escolha das variáveis	Definição de grupos homogêneos de pessoas
2. Modelo de agrupamento	Escolha de técnicas estatísticas	Obtenção de modelos confiáveis de agrupamento
3. Montagem de segmentos	Realizar um agrupamento cuidadoso	Agrupamentos homogêneos
4. Definição de estratégias para cada segmento	Estudar as características de cada segmento	Clientes de cada segmento atingidos e estimulados a comprar o serviço
5. Aferição dos resultados obtidos em cada segmento	Estabelecer parâmetros para avaliar vendas por segmento	Vendas ampliadas em cada segmento de mercado
6. Medir o grau de satisfação do cliente	Avaliar o índice de satisfação do cliente pelo volume de reclamações e reivindicações	Cliente satisfeito volta a comprar
7. Procurar encantar o cliente	Proporcionar satisfações inusitadas	Cliente encantado tende a ser cliente fiel

Fonte: o autor.

QUESTÕES

1. Mencione as principais variáveis em segmentação do mercado para:
   - Companhias aéreas.
   - Hotéis.
   - Bancos.
   - Seguradoras.
   - Corretoras de valor.
   - Escolas.
   - Planos de saúde.
   - Serviços de saúde: hospitais, laboratórios de medicina diagnóstica.
   - Profissionais de saúde.
   - Serviços de comunicação: operadoras de telefonia, televisão, rádio.
   - Internet.

2. O que significa a segmentação de mercado com base em mídias sociais?
3. Defina segmentação psicográfica.
4. Qual o significado da segmentação de mercado para serviços empresariais?
5. Quais são as bases para uma segmentação com base em benefícios buscados pelo cliente?
6. Como deve ser realizada a segmentação com base em atributos comportamentais?

REFERÊNCIAS

BAKER, Michael J. *Administração de marketing*. 5. ed. Rio de Janeiro: Campus, 2005.

COBRA, Marcos. *Administração de marketing*. 2. ed. São Paulo: Atlas, 1994.

COBRA, Marcos. *Marketing básico*. 5. ed. São Paulo: Atlas, 2016.

COBRA, Marcos. *Administração de marketing no Brasil*. 4. ed. Rio de Janeiro: Campus, 2014.

COBRA, Marcos. *Marketing de turismo*. 3. ed. São Paulo: Cobra Editora, 2008.

COBRA, Marcos. *Estratégias de marketing de turismo para cidades e destinos turísticos*. [*S.l.*]: Amazon, 2017.

COBRA, Marcos; FRANCESCHINI, Adélia. *Marketing para jovens empreendedores*. Rio de Janeiro: Campus, 2010.

DUHIGG, Charles. *O poder do hábito*. Rio de Janeiro: Objetiva, 2012.

LEWIS, David; BRIDGES, Darren. *A alma do novo consumidor*. São Paulo: M.Books, 2004.

ROSSI, Clovis. Em dois anos, 75% da população será de classe média, prevê Itaú. *Folha de S. Paulo,* 23 jan. 2014, Mercado, p. B3.

ROSMAN, Marlene. *Curso Mkt Business Administration*. Nova York: Pace University – FGV SP, 1998.

Mutabilidade do Comportamento do Consumidor de Serviços | Necessidades e Desejos

"Quem desdenha quer comprar, quem disfarça está escondendo, mas quem desdenha e disfarça, não sabe o que está querendo."

Stanislaw Ponte Preta

OBJETIVOS DE APRENDIZAGEM

- Entender o comportamento do consumidor de serviços.
- Compreender os modelos de decisão do consumidor.
- Entender o comportamento do consumidor e os modelos de administração de decisão de compra.
- Rever questões didáticas acerca do comportamento de compra do consumidor de serviços.
- Discutir pontos para a tomada de ação estratégica em negócios.

INTRODUÇÃO

O consumidor de serviços é individualista por natureza e exige soluções sob medida para as suas necessidades. Isso implica adotar uma estratégia sob medida para atender as necessidades e desejos de cada cliente. Portanto, compreender a natureza da tomada de decisão de compra de um serviço é o ponto de partida de qualquer ação de marketing.

"*A lógica do consumo é profundamente irracional. Aliás, mais do que isso. O ser humano, na maioria das vezes, toma decisões irracionais.*" Quem afirma isso é Martin Lindstrom (2017), especialista em neurociência e consultor de empresas como McDonald's, Nestlé, PepsiCo, Procter & Gamble, Microsoft e The Walt Disney Company, eleito pela *Time* uma das 100 pessoas mais influentes do mundo.

"*Quer saber o quanto você se comporta de maneira irracional? Quando você está atrasado e aperta várias vezes o botão do elevador. Adianta? Não. Mas é o que você faz sempre*", conta Lindstrom. Segundo ele, "*90% dos nossos processos inter-*

nos são irracionais – e são esses processos que fazem o consumidor decidir por um ou outro serviço".

Para o neurocientista Néstor Braidot (2010),

> a atividade de marketing se sustentou em conhecimentos procedentes de outras disciplinas, como a psicologia, a sociologia, a economia, as ciências exatas e a antropologia. Ao incorporar os avanços da neurociência e da neuropsicologia, se produziu uma evolução de tal magnitude que deu lugar à criação de uma nova disciplina, para o estudo do comportamento de consumo, denominado neuromarketing.

Para Zaltman (2003), há uma interação entre o cérebro, a mente, o corpo e a sociedade.

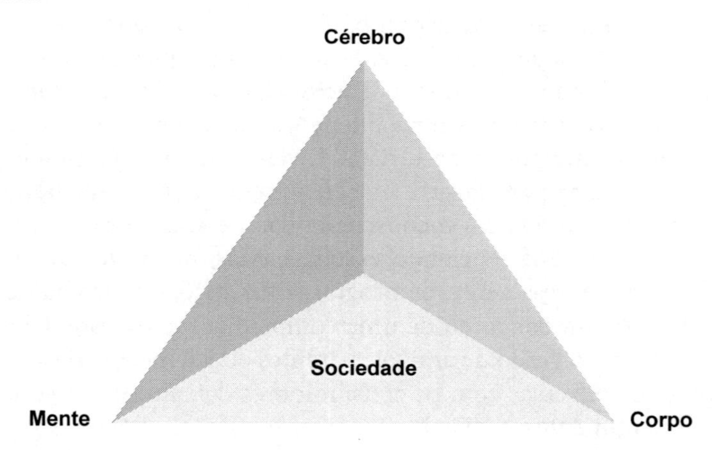

Figura 8.1 Neuromarketing: interações entre o cérebro, a mente, o corpo e a sociedade.

Fonte: Zaltman (2003).

Para Lindstrom (2017), erra quem confia cegamente em resultados adquiridos de forma virtual ou *on-line*. "*Só a pesquisa de campo, com contato humano pode trazer resultados mais promissores para quem quer conhecer o comportamento dos consumidores.*" Ele sugere algumas formas para capturar o que o consumidor deseja e como se ele se comporta para conseguir suas metas.

8.1 COMO CAPTURAR O CONSUMIDOR

Segundo Lindstrom (2017), para capturar o consumidor, é preciso observar alguns passos, tais como:

- Saiba que tudo tem um fundo emocional e irracional.
- Aceite as dicas do seu subconsciente.

- Faça pesquisas com grupos menores, de 30 a 40 pessoas, não milhares.
- Entenda a importância das memórias de infância para o consumidor.
- Saiba que alguns comportamentos são herdados dos nossos ancestrais.
- Sempre leve em consideração a história, a política, a religião e a tradição de um povo.
- Considere o poder do boca a boca. Pessoas influenciam outras pessoas.
- Conheça o seu consumidor de perto. Converse com ele.
- Estimule o consumidor a elaborar suas ideias de forma criativa.
- Não deixe que a vergonha limite a exposição das ideias do consumidor. Mesmo as mais absurdas.

Refletindo acerca desses dez pontos de Lindstrom, pode-se dizer que a decisão da escolha do lugar para férias, feriados ou simples esticadas de finais de semana tem um fundo emocional e irracional, ditado pelo subconsciente do viajante. Para conseguir identificar as intenções de viagem, muitas vezes seria preciso "navegar nas memórias do turista". E vale lembrar que muitas decisões de escolha de um lugar para lazer e entretenimento podem ser herdadas dos antepassados e permanecem no inconsciente das pessoas. Portanto, há muitas relações consanguíneas influenciando escolhas. Mas, no momento de decisão de escolha de uma empresa aérea, de programa turístico, da escolha de uma escola para o filho, de um banco ou de uma companhia seguradora, há muita influência do boca a boca vindo de amigos, parentes ou até mesmo desconhecidos. Por isso, é preciso conversar com os consumidores deixando-os à vontade para expressar seus sentimentos e suas ideias, mesmo as mais absurdas. Só assim é possível identificar com clareza as emoções e expectativas que cada consumidor tem em relação ao serviço escolhido.

8.2 COMPORTAMENTO DO CONSUMIDOR DE SERVIÇOS

A escolha entre muitas ofertas de serviços é exercida pelo consumidor como uma maneira de satisfazer suas necessidades.

Para alguns autores, como Bateson e Hoffman (1999), o processo de compra utilizado pelos consumidores de serviços passa por três estágios: as alternativas de decisão na pré-compra, as reações durante a compra e a avaliação da satisfação após a compra e o uso do serviço.

8.2.1 Estágio da pré-compra

Nesse estágio, o consumidor tem necessidades ou problemas a serem resolvidos com a aquisição de um serviço. O reconhecimento do problema ou a identificação de uma necessidade estabelece na mente das pessoas uma forma de busca da solução.

Um indivíduo com fome se defronta com a indecisão de que restaurante escolher. Nesse caso, surge o dilema: "O que comer?" e em seguida outro dilema: "Onde comer?". A solução desse enigma não é difícil, mas muitas vezes falta a ideia. Para decidir aonde ir, nada melhor do que consultar um guia de restaurantes com indicações, especialidades culinárias e preços.

A abertura de uma nova conta em um banco também apresenta para o consumidor algumas dúvidas: com que banco eu devo trabalhar? Um banco perto do escritório ou um banco perto de casa? Ou, ainda, um banco com tratamento diferenciado e seletivo ou devo optar por um banco de varejo de massa, porém com muitas agências pela cidade e diversos caixas eletrônicos para saque? Pimenta nos olhos dos outros é refresco, diz um ditado popular. O que não significa que esse problema possa ser resolvido facilmente.

O importante nesses momentos é que a força da marca ou da recomendação de parentes e amigos se faça presente.

Como a força do marketing pode influenciar na decisão de escolha de um serviço no momento que antecede a compra?

Esse é com certeza um momento auspicioso, pois, como a decisão de compra ainda não está tomada, é fácil criar eventos de influência.

Mas, antes de formular qualquer estratégia, o mercadólogo de serviços deve realizar uma pesquisa de intenção de compra para verificar quais fatores exercem pressão nesse momento: a cultura, os amigos, disponibilidade de recursos ou outros?

8.2.2 Estágio do consumo

Uma importante decisão está prestes a ser tomada: a escolha da marca do serviço. Para serviços, essa decisão é mais complexa do que para produtos, uma vez que os benefícios da compra nem sempre são explícitos. Isto é, as vantagens do serviço não estão muitas vezes tão claras quanto o consumidor desejaria que estivessem. Um produto, o consumidor pode pegar, apalpar, cheirar, degustar, enfim, sentir fisicamente. Um serviço, ao contrário, é intangível e as sensações só podem ser sentidas com o consumo. Não dá para sentir antes de usar.

A interface entre o cliente e a empresa é total. O serviço, ao mesmo tempo em que vai sendo produzido, vai sendo consumido. E a sensação da avaliação da escolha ocorre logo após o uso. Ou seja, não dá para sentir o prazer da escolha uma vez que o consumo ocorre, às vezes, logo após a decisão de compra.

Quando o *maître* de um restaurante pergunta "Como está a comida?" e o cliente já comeu, essa informação não permite correções de falhas ocorridas. Dessa maneira, se o cliente não reclamar durante o evento do consumo, só lhe restará amargar uma lembrança de consumo não prazeroso.

É nesse sentido que as empresas de serviços devem estar atentas para uma avaliação durante o consumo que permita a correção de falhas. Pois um cliente insatisfeito falará mal para 11 pessoas e, se estiver satisfeito, falará bem apenas para seis pessoas, segundo os Technical Assistance Research Programs (TARP, instituto norte-americano de pesquisa voltado para a avaliação da satisfação do consumidor).

8.2.3 Avaliação do pós-venda

A satisfação do cliente é a razão única de ser de uma empresa de serviços. Um cliente satisfeito volta a comprar o serviço; um cliente insatisfeito não só não volta a comprar, como também passa a falar mal do serviço. Quando a expectativa que o consumidor tinha do serviço foi correspondida, ele fica satisfeito. A não confirmação em relação à expectativa é o que pode ocorrer de pior para uma empresa de serviços.

A avaliação de serviços é feita pela comparação entre a expectativa e a satisfação ou insatisfação. Essa é a chamada hora da verdade do serviço. Se o serviço correspondeu às expectativas do consumidor, tudo bem; se não correspondeu, surge uma "caça às bruxas e aos culpados". A expectativa que um consumidor tem de um serviço está intimamente ligada à percepção que ele tem do serviço.

8.3 EXPECTATIVAS DE UM SERVIÇO

As expectativas estão relacionadas às promessas do serviço contidas na publicidade, nos contratos de fornecimento do serviço, nas palavras do vendedor e em outras formas de comunicação.

As promessas estão implícitas nas características tangíveis do serviço e também estão ligadas ao preço. Um consumidor pode alegar que "por esse preço, eu esperava mais".

As recomendações boca a boca de especialistas, amigos, pessoas influentes, amigos ou consultores também criam expectativas, assim como as experiências passadas do consumidor com o serviço.

Todas essas formas de criar expectativas podem levar o consumidor a esperar mais do que o serviço pode efetivamente oferecer; por isso, é preciso cuidado com as promessas de vendas.

8.4 PERCEPÇÕES EM RELAÇÃO A UM SERVIÇO

A natureza da percepção de um serviço é largamente influenciada por suas qualidades técnicas. Em outras palavras, a percepção que os consumidores têm de um serviço está associada à natureza técnica e às qualidades de desempenho.

Um serviço pode ser considerado bom, na percepção das pessoas, se o seu desempenho corresponde às expectativas delas.

O sucesso ou fracasso de uma empresa de serviços pode ser associado ao fator percepção, e o desempenho é a resposta que confirma ou rejeita a ideia inicial que as pessoas tinham do serviço. Um hotel cinco estrelas passa para o hóspede a percepção de deslumbramento que enseja fantasias. Se isso não ocorre, é motivo de insatisfação, em que pese o fato de todos os serviços estarem sendo executados dentro de padrões de qualidade. Por essa razão, a percepção é um fator-chave para avaliar as expectativas em relação a um serviço.

8.5 MODELOS DO PROCESSO DE DECISÃO DO CONSUMIDOR

Tanto na pré-venda como no pós-venda, a avaliação, o processo de decisão de compra do consumidor, é influenciada por aspectos culturais, sociais, pessoais e psicológicos. Entender a satisfação do consumidor exige, portanto, um conhecimento multidisciplinar.

O **fator cultural** é o principal determinante do consumo de serviços. A cultura se expressa na hora do consumo de comidas, bebidas, arte e roupas.

O **fator social**, representado pela classe social do consumidor, indica padrões de compra de serviços. Restaurantes, hotéis, hospitais e bancos, entre outros tipos de serviços, são escolhidos em conformidade com os valores sociais do indivíduo.

Dentre os grupos sociais dos quais um consumidor faz parte, destacam-se o grupo de referência social (amigos, colegas e outras pessoas do círculo de amizades) e a família (a mulher, os filhos, os irmãos, os pais, a sogra, cunhados, tios). Esses grupos exercem influência na ocasião da compra de um seguro de vida, abertura de conta-corrente em um banco, escolha de um plano de saúde, escolha de médico, dentista etc.

O papel e o *status* que o consumidor desempenha na sociedade estimulam ou inibem a compra de determinados serviços. Assim, não fica bem se hospedar em um hotel que não confira brilho e *status* social.

Fator pessoal: a decisão de compra é também influenciada pelas características pessoais, como idade, estágio do ciclo de vida, ocupação, situação econômica, estilo de vida, personalidade e autoconceito.

Há coisas que o consumidor acha que "não ficam bem para a sua idade". Há outros serviços que não correspondem ao seu atual estágio do ciclo de vida, à sua ocupação atual ou situação econômica. Enfim, o indivíduo é um espelho que projeta e reflete sua personalidade, estilo de vida e autoconceito, consumindo determinados serviços e não consumindo outros.

Fator psicológico: a decisão de compra depende de fatores psicológicos, como a motivação, a percepção, aprendizado, crenças e atitudes.

Sem motivação, ninguém faz uma viagem turística. Se o banco não for percebido como seguro e com bons serviços, o cliente não abre conta. O aprendizado induz ao uso de serviços de segurança e de prevenção de saúde como itens importantes. E as crenças e atitudes, assim como são estímulos para a prática de uma religião, também são importantes para estabelecer uma base de ligação com serviços de saúde, de viagens etc. Quem acredita ser importante enquanto consumidor considera que merece o melhor em serviços.

O consumidor como tomador de riscos: há consumidores que adoram correr riscos, são inovadores, e experimentadores, e as suas razões de compra são muitas vezes mais emocionais do que racionais. A percepção do risco foi identificada em relação a quatro diferentes bases: financeira, desempenho, física e social.

O risco financeiro está associado à compra de um serviço cujo resultado é falho na operação. O risco de desempenho está ligado à *performance* do serviço.

Um hóspede, quando compra um pacote de fim de semana na praia, não tem como obter garantia de que vá fazer sol e não chover, portanto, o risco do desempenho é inerente à natureza do serviço. O risco físico associa-se ao uso de um serviço cujo desempenho possa estar ligado ao consumidor. Numa operação plástica, por exemplo, pode haver riscos de não dar certo, e isso afetará o paciente diretamente.

Um risco social envolve o prestígio do consumidor em seu ambiente social. Nesse caso, quando se expõe a determinado serviço, como, por exemplo, hospedar-se em um hotel de pouco prestígio, ele corre o risco de perder seu prestígio pessoal.

8.6 COMPORTAMENTO DO CONSUMIDOR DE SERVIÇOS EM COMPRAS *ON-LINE*

O uso cada vez mais frequente da internet tem modificado os hábitos de compra de serviços de boa parte da população, influenciando a fidelidade ou a infidelidade do consumidor na hora de escolher onde compra.

Tal escolha se baseia, por exemplo, em *sites* de busca e informações dos serviços presentes em *blogs*. O consumidor está cada vez mais bem informado de características do serviço, como desempenho, com base em comentários na internet. Assim, o preço acaba sendo apenas uma parte da decisão de compra. Na medida em que amplia o uso de celulares e *smartphones*, diminui a procura de serviços em lojas físicas.

Para inibir a queda de vendas, empresas de serviços estão em busca de melhor relacionamento com seus compradores potenciais. E o uso do celular para estreitar laços com seus clientes e possíveis cliente se acentua. Os jovens das classes C e D são os mais almejados pela comunicação *on-line*.

Os serviços oferecidos *on-line* devem considerar que o consumidor hoje é bem informado, comportando-se de forma diferente do comprador de lojas físicas, que se sujeitam a filas e diálogo com vendedores, e prefere pagar suas contas pelo celular, evitando efetuar o pagamento no banco ou na casa lotérica. O tempo é recurso muito precioso. Por isso, o digital prevalece, e boa parte dos consumidores faz pesquisa e pagamento via internet. Mensagens de texto, tempo de resposta curto e vídeos interativos, frete grátis e cupons de desconto, entre outros benefícios, fazem toda a diferença na experiência de compra do consumidor. E essas são armas poderosas para enfrentar a concorrência.

Redes sociais e *sites* de busca são aliados do consumidor. Geralmente, esse consumidor digita nos *sites* de busca o nome, a marca e algumas características do serviço desejado (por exemplo, TV por assinatura) ou encontra nas redes sociais os amigos como referência de informações que influenciam a compra. Assim ele forma a convicção de que se decidiu pela melhor oferta.

No marketing digital para *e-commerces*, na prática, para conquistar mercado, a venda de serviços *on-line* investe em esforços promocionais que devem ser impactantes na hora de decisão de uma compra: um desconto inesperado na hora certa pode ser a peça que faltava para que a transação seja concluída.

8.7 ESTRATÉGIAS DE REDUÇÃO DE RISCO PARA O CONSUMIDOR DE SERVIÇOS

Partindo do pressuposto de que as pessoas não gostam de correr riscos, a empresa de serviços deve reduzir os riscos durante o processo da compra. Muitas pesquisas têm sido conduzidas para identificar por que as pessoas inibem compras de serviços para minimizar riscos. Sabendo que determinada operação financeira é de risco, um gerente de banco deve ressaltar esse aspecto antes de forçar a venda a seu cliente.

Um agente de viagens não deve estimular um cliente seu para programas turísticos à Flórida, por exemplo, durante os meses de agosto a outubro, sabendo dos riscos de furacões na área durante esse período.

Um médico não deve forçar uma operação em um paciente que está sob impacto de outras doenças que possam se agravar durante a cirurgia.

Portanto, evitar acidentes e riscos é dever de todos.

8.7.1 Consumidor inserido no cenário do serviço

Como espectador e ao mesmo tempo ator, um consumidor vivencia um serviço inserido em seu contexto. Num voo, o consumidor é espectador e ator, ou seja, ele assiste ao voo recebendo serviço de bordo, mas em casos de emergência é um ator do espetáculo nada agradável que pode colocar em risco a sua vida. Em um banco, como cliente ele é assistente, mas quando a instituição corre riscos no papel de vítima ele é ator do espetáculo.

8.7.2 Consumidor como empregado parcial

A maneira mais radical de ver o comportamento de um consumidor de serviços é considerá-lo um empregado parcial da empresa. O consumidor recebe benefícios do serviço, mas em algumas ocasiões ele precisa trabalhar para receber esses benefícios. Em outras palavras, ele acaba sendo envolvido em alguma tarefa inerente à elaboração do serviço. Em um restaurante do tipo autosserviço, ele trabalha para apanhar a comida. Ao operar um caixa eletrônico, o cliente do banco está trabalhando parcialmente para si e para o banco. No McDonald's, o cliente trabalha para retirar o seu lanche e trabalha para devolver a bandeja, antes despejando as sobras e embalagens no lixo.

8.7.3 Comportamento do consumidor e administração da decisão de compra

O comportamento do consumidor de serviços pode ser regido por premissas que indiquem o caminho para administrar o processo de decisão de compra.

- **1ª premissa: o comportamento do consumidor é pautado por propósitos e objetivos.**

  Um comportamento supostamente irracional é, na verdade, bastante racional para o consumidor. Embora esse consumidor não revele no momento da compra de um serviço os seus verdadeiros motivos, eles existem e estão em consonância com objetivos claros. Um cliente de uma agência de viagens que aparentemente não sabe para onde ir, na verdade, tem na mente uma rota clara de onde pretende chegar, só não consegue verbalizar com clareza e faz rodeios.

- **2ª premissa: o consumidor tem livre poder de escolha.**

  O consumidor de serviços processa as mensagens recebidas e as decodifica seletivamente. Em muitos casos, o consumidor tem em mente diversas opções de serviços que ele escolhe com base em livre processo de escolha.

- **3ª premissa: o comportamento de compra é um processo.**

  Os mercadólogos precisam entender esse processo. De que maneira as pessoas estabelecem um processo seletivo em sua mente para a escolha dos serviços que lhes são mais interessantes?

- **4ª premissa: o consumidor pode ser influenciado.**

  Para entender o processo de decisão de compra, é importante reconhecer os fatores culturais, sociais, pessoais e psicológicos que interagem com o consumidor no momento de decisão de compra de um serviço.

- **5ª premissa: o consumidor precisa ser educado.**

  Consumidores muitas vezes agem contra seus próprios interesses; nesse sentido, eles precisam ser orientados e, mais do que isso, precisam ser educados para saber como comprar serviços com vantagens e segurança. Há, portanto, uma responsabilidade social da empresa de serviços, que deve agir como educadora. O consumo de álcool nas estradas, por exemplo, mereceria uma atuação do próprio proprietário de restaurante de beira de estradas, o qual deveria inibir esse consumo, independentemente de leis reguladoras.

A escolha de um serviço não se dá por acaso. A mente do consumidor está repleta de informações armazenadas que ele utiliza no momento de decisão de compra. Identificar os fatores que influenciam a compra é básico para a formulação de uma estratégia de vendas e de marketing. Isso exige algumas observações, apresentadas a seguir.

8.8 CÉREBRO COMO CAIXA-PRETA DE SENTIMENTOS

Sobre o neuromarketing, afirma Carlos Hilsdorf (2009):

> As mais recentes descobertas da neurociência sobre o funcionamento do cérebro envolvem áreas como processo de tomada de decisões, assertividade, comunicabilidade, gerenciamento de tarefas concretas e abstratas, funcionamento do sistema de recompensa (responsável pela motivação), resposta à pressão e estresse, entre outras tantas questões com que o profissional de marketing tem de lidar para obter resultados de qualidade.

O neuromarketing estuda a relação entre os cinco sentidos e como isso pode ser representativo no consumo de produtos ou na assimilação de determinada propaganda.

8.8.1 Como descobrir as necessidades e desejos profundos do consumidor

A mente humana armazena necessidades e desejos explícitos e ocultos. Descobri-los é a chave da formulação de estratégias baseadas no comportamento do consumidor de serviços de viagem, entretenimento, gastronomia e hospitalidade, entre outros serviços.

Segundo Braidot (2010), chegará o dia em que será possível fazer uma verificação profunda da mente do consumidor para descobrir quais são as verdadeiras razões que existem por detrás da conduta de compra. Para esse autor, as principais áreas em que se trabalha atualmente são:

- **Investigação e análise de condutas observáveis**
  Que tipo de programa o consumidor busca? Para uso pessoal ou familiar e em que ocasiões? Para quantos dias? Qual é a importância da internet para a compra do programa de viagem buscado, para compra de um serviço especial? Esses comportamentos de compra ficam registrados no consciente e no inconsciente e podem se traduzir em experiências que nortearão futuras compras.
- **Investigação e análise de condutas não observáveis (necessidades e motivações)**
  Quais são as necessidades profundas que determinam a conduta de um consumidor? Que razões existem por detrás de suas reivindicações? O que motiva o consumidor a comprar determinados serviços e rechaçar outros?
- **Investigação das percepções do consumidor de serviços**
  Como o consumidor processa a informação sensorial que recebe através dos serviços? Quais sentidos predominam quando avalia a variedade de alternativas que o mercado do serviço lhe oferece? Em que grau influem o visual, o auditivo e o sinestésico no posicionamento de um serviço? Que aspectos relacionados com o gosto e o olfato são relevantes? Muitas vezes, o aroma do churrasco é mais entusiasmante que o próprio sabor da carne.
- **Investigação das classes culturais relacionadas com a percepção**
  Em que medida os diferentes sentidos atuam com construções culturais? Por que o aroma de um alimento é aceito na China e rechaçado por outros povos, como os hispânicos? Por que os sons musicais que tocam em uma cadeia de lojas franqueadas no Brasil não podem ser utilizados em uma mesma cadeia no Japão? Enfim, os mecanismos que determinam a percepção de um produto ou serviço e, consequentemente, seu posicionamento não podem ser compreendidos se não se analisam as classes culturais.
- **Investigação sobre dados observáveis**
  Qual é a faixa etária do consumidor do serviço? Qual é o estado civil? Viaja só ou acompanhado? De quem: Companheiro(a)? Crianças? Jovens? Idosos? Qual é a classe econômica? Quanto gasta em média por dia na cidade, incluindo hospedagem, alimentação e entretenimento? Ou seja, qual é o "tíquete médio" de gasto diário com serviços?

- **Investigação acerca dos grupos de influência**

  Por classe socioeconômica dos grupos de turista, quais são os influenciadores de compra? Que valores e aspectos relacionados com o estilo de vida podem ser detectados?

- **Investigação sobre características de personalidade do turista**

  Que tipo de personalidade tem o visitante? É inovador ou tem um perfil conservador frente a inovações? Quais são suas crenças e valores? É sociável? É jovial e alegre ou, ao contrário, é pessimista e pouco favorável a mudanças? É submisso ou desenvolto?

- **Investigação dos processos cerebrais que explicam a forma mais eficiente e profunda das variáveis que determinam a percepção e o comportamento do consumidor**

  Que zonas do cérebro são ativadas quando se prova um alimento? Por que alguns circuitos neurológicos permanecem apagados enquanto outros se acendem quando se experimenta um serviço? Que zonas intervêm quando um turista avalia o preço? Como deve ser interpretada essa ativação? Em que pontos se detém o olhar do turista quando ele observa o arranjo de decoração de um hotel? No *hall* da recepção? No quarto ou no restaurante? O que ele valoriza em um hotel ou pousada? Além do gênero, que outros fatores impactam cada estímulo neurossensorial: idade, escolaridade ou poder aquisitivo? Quais estímulos são mais atraentes no anúncio de um serviço, o que ele faz por seus atributos ou o que o cliente espera que ele faça por seus benefícios? Enfim, quais captam mais a atenção?

8.8.2 Usos do neuromarketing

As técnicas de pesquisa em neuromarketing podem ser utilizadas para as seguintes finalidades:

- **Precificação:** determinar a faixa de preço mental que o consumidor avalia para o serviço.
- **Marca:** determinar qual é a imagem da marca do serviço na mente do consumidor.
- **Serviço:** identificar o que o consumidor espera do serviço.

8.8.3 Técnicas de neuromarketing com o uso de equipamentos clínicos

No Quadro 8.1, temos as principais técnicas de neuromarketing com uso de equipamentos clínicos.

Quadro 8.1 Técnicas de neuromarketing

Equipamento	Técnica	Funcionamento
FMRI	Imagem por ressonância magnética	Identifica as diferentes zonas do cérebro, analisando os padrões, e mostra as mudanças no padrão de comportamento
FDOT	Tomografia ótica funcional difusa	Estuda a multidisciplinaridade e as novas técnicas de pesquisa de mercado
PET	Imagem por ressonância magnética	Examina as mudanças no fluxo sanguíneo cerebral relacionadas às respostas afetivas à música

Fonte: adaptado de Braidot (2010).

8.8.4 Conclusões acerca do uso da neurociência no marketing

A seguir, são apresentadas algumas conclusões sobre o uso da neurociência no marketing.

Dos estímulos oferecidos ao sistema nervoso central (SNC), em média, são lembrados:

- 1% do que tocamos;
- 2% do que ouvimos;
- 5% do que vemos;
- 15% do que experimentamos;
- 35% do que cheiramos.

Além disso, 95% da atividade cognitiva dos consumidores ocorrem no inconsciente. Portanto, o grande desafio é trazer à tona as relações no momento de compra de produtos.

8.8.5 Principais influenciadores no comportamento de consumo

Os principais influenciadores no comportamento de consumo são:

- **Fatores pessoais**: família e amigos.
- **Fatores situacionais**: oportunidades de compra, promoções e ofertas.
- **Fatores de marketing**: mídia especializada e internet.

- **Fatores ambientais:** mudanças em tecnologias e normas de divulgação de informações vão ajudar o consumidor a decidir melhor. Existe muita informação dispersa, mas de alta importância, contudo difíceis de processar ou entender. Segundo Thaler e Tucker (2013), "*O GPS só decolou no ano 2000, quando o governo americano mandou as forças armadas pararem de codificar sinais de satélites. Uma leva de empreendedores aproveitou a deixa*".

Uma possante combinação de modernas tecnologias e novas políticas públicas está prestes a transformar esse cenário. Cada vez mais dados controlados pelo poder público e informações de empresas privadas serão disponibilizados em formatos legíveis por máquina, incentivando o crescimento de novos "motores de escolha" para interpretar esses dados. Esses mecanismos de escolha darão um novo poder ao consumidor e ao turista em especial, acrescentaríamos. Será mais fácil comparar antes de comprar e tomar decisões melhores.

A meta de um bom regime de divulgação eletrônica de informações de ofertas de lazer e hospitalidade deve ser garantir que o consumidor saiba o que está comprando e possa comparar as ofertas de serviços.

Quanto à regulamentação, o desafio para o poder público será conceber medidas que melhorem a divulgação inteligente de informações sem impor custos expressivos para empresas de serviços.

A tecnologia dá à sociedade a oportunidade de ajudar o consumidor a tirar o melhor partido da fartura de opções a seu dispor. O segredo é usar dados para dar poder ao consumidor por meio da divulgação inteligente de informações. A chegada de motores de escolha fará muito mais do que criar superconsumidores. Vai tornar mercados mais eficientes, criar novas empresas e melhorar a forma como um governo serve seus cidadãos. Isso não é pouco.

Na Figura 8.2, estão representados os principais influenciadores no comportamento do consumidor.

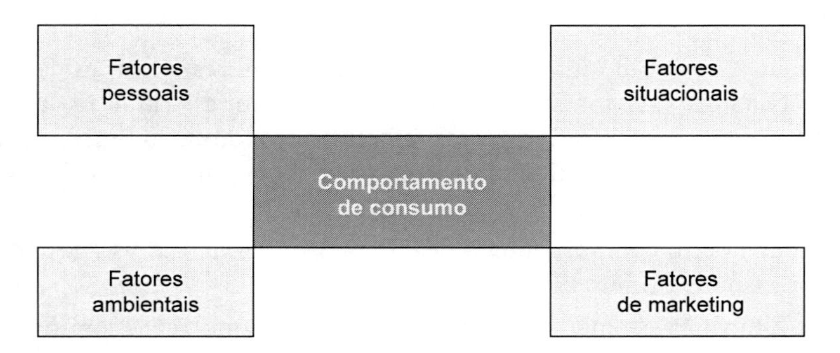

Figura 8.2 Influenciadores no comportamento do consumidor.
Fonte: Limeira (2011).

8.9 PROCESSO DE DECISÃO DE COMPRA – POR SEXO

Levando-se em conta o sexo do consumidor de serviços, é possível supor que o processo de compra da mulher seja diferente do homem.

- **Sexo masculino:** o processo de decisão do consumidor do sexo masculino tende a ser linear, parte da ativação decorrente de uma indicação do serviço, passa pela investigação via internet e outros contatos que ofereçam referência do serviço.
- **Sexo feminino:** para a mulher, o serviço deve ter uma resposta perfeita, sob todos os aspectos, à expectativa inicial. No processo de decisão de compra de uma viagem, de um seguro de vida, de um jantar à luz de velas, da escola para os filhos, de um plano de saúde, a mulher leva em conta a resposta perfeita e avalia os fatores de consumo do serviço, seu *status* e oportunidade de compra pela necessidade inata de ser competente na escolha.

E isso significa também atender às necessidades biogênicas de fome, sede e frio. E ainda às necessidades psicogênicas de origem psicológica, que proporcionem reconhecimento ao consumidor, além de *status* e autorrealização.

Ir ao Taiti tem esse poder de conferir *status* e poder a seus visitantes. Mas uma cidade deve ir além, atendendo também às necessidades utilitárias (como facilidades de lavar e passar roupa, limpar o carro etc.) e às necessidades hedônicas de prazer, emoção e fantasia.

O consumidor é um comprador compulsivo, que não resiste aos apelos de uma boa mensagem publicitária. Em conformidade com o poder de compra de cada grupo de consumidores do tipo de serviço ofertado, os serviços também são comprados como símbolo de *status* e prestígio.

8.10 NOVO CONSUMIDOR DA NOVA CLASSE MÉDIA C: COMO ATENDÊ-LO?

Surge hoje no Brasil uma nova classe de consumidores, que vêm da antiga classe D para a nova classe média C. Com base em melhor distribuição de renda, apoiada no desenvolvimento de diversos setores da economia do Brasil, emergiu uma nova classe média, constituída de uma parte da população, que estava excluída do mapa de consumo.

Para entender o comportamento de compras de serviços dessa nova classe média, é preciso investir em pesquisa de mercado.

Hoje, a nova classe média C representa 54% da população, com um total de 101 milhões de indivíduos. Assim, com maior oferta de trabalho, sobretudo de empregos com registro em carteira, o cidadão antes com baixo poder de consumo, considerado como cidadão de "segunda classe", emerge com toda a força ao "maravilhoso mundo das compras de serviços". E, apesar das crises econômicas, ele pôde finalmente realizar alguns sonhos como o de viajar, ter uma conta em banco, poder dar estudo aos filhos ou ainda adquirir um plano de saúde.

Mesmo com esse crescimento e a ascensão de uma parte da população para uma nova classe social, o Brasil é ainda o sétimo país mais desigual do mundo, à frente apenas de países africanos (BERMÚDEZ; REZENDE; MADEIRO, 2019). O levantamento foi feito com base no coeficiente Gini, que mede a desigualdade social e vai de zero a 100 (quanto mais próximo de 100, maior a desigualdade). Apesar das desigualdades elevadas, o país possui um IDH (Índice de Desenvolvimento Humano) considerado alto: 0,761.

8.10.1 Classes sociais de consumo

A classe com maior poder de consumo é a classe A (alta), a classe com poder de consumo médio é a B (classe média) e as classes de consumo baixo são as D e E (classes baixas). Com o crescimento acentuado de consumo da classe D nos anos 2010, ela passou a ser classificada como nova classe C. Surgia então um desafio: como adequar serviços a esse consumidor, da denominada nova classe C, ávido por consumo.

Isso ocorreu antes da grave crise causada pela pandemia da Covid-19: após a pandemia, a nova classe C voltou para a classe D, e a antiga classe média (C) balançou, restringindo o consumo.

Segundo Pierre Bourdieu (1979), as pessoas da classe A, que estão no topo da pirâmide social, consomem serviços mais caros para se distinguirem das demais, pois a distinção é decorrente da conquista do capital cultural, base para o capital econômico e social.

Quando o serviço passa a ser acessível a outras classes sociais, a classe alta parte para o consumo diferenciado. No caso de viagens, o rico parte para lugares exóticos. As pessoas, em geral, utilizam o consumo como meio de distinção, como uma forma para distinguir-se da grande massa de pessoas e dos novos-ricos. Já estes últimos encontram na prática da ostentação de consumo uma forma de legitimar-se no topo da pirâmide social.

Para garantir sua distinção, o consumidor de elevado poder aquisitivo busca a "fuga para adiante", à procura dos serviços mais novos, mais originais ou mais intimistas (raros e caros). Os serviços mais sofisticados, um *spa* de luxo, um restaurante de charme, servem para satisfazer um bem-estar ou um desejo: são troféus (Graal), "discriminantes de classe".

Os serviços de luxo permitem a aquisição dos "valores-signo", instrumentos de hierarquia social (ALLÉRÈS, 2000, p. 74). Assim, as viagens se tornam mais sofisticadas e diferenciadas, como fator de exclusividade na classe alta.

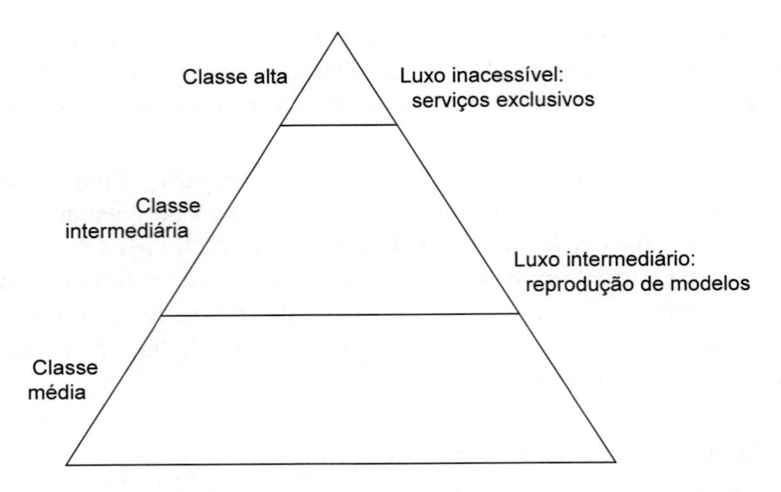

Figura 8.3 Hierarquia do consumo de serviços de luxo.
Fonte: Allérès (1992; 2000).

O consumidor de serviços de luxo se diferencia dos demais consumidores na compra e na utilização de serviços mais seletivos, raros e caros, enquanto a classe média se satisfará com "serviços em série", serviços "democratizados", simplificados, com signos de reconhecimento mais fáceis de reconhecer, como os acessórios. Para a classe média, adquirir esses serviços democratizados é um meio de conseguir se diferenciar dos demais consumidores, que aspiram, entre outros fatores:

- Fartura à mesa: carnes, aves e derivados, além de cereais e leite.
- Segurança: direito a viver sem sobressaltos.
- Fazer festas: confraternizar com a família e amigos.
- Educação: ter direito a ascensão profissional, cultural e social.
- Poder viajar com a família: para cidades símbolos de desejo, ou que destaquem a sua ascensão econômica e social.

8.10.2 Classes sociais consumidoras de luxo e estilo de vida

O consumo de luxo tem a ver com aspirações, motivações e ainda com o estilo de vida das pessoas.

A classe alta tem como motivação em viagens a distinção absoluta e a fuga do convencional. Essa classe procura a manutenção de privilégios por meio da distinção de usos e escolhas e pela busca do luxo inacessível.

Já a classe intermediária busca em viagens uma distinção relativa, pois age procurando imitar a classe alta. Ao passo que a classe média busca consciente ou inconscientemente um mimetismo das escolhas e usos como espelho da classe alta, imaginando, assim, estar obtendo acesso a um patrimônio cultural que proporcione vinculação a uma classe social e alcançando distinção.

8.10.3 Hábitos de consumo

Embora dispondo agora de maior renda, a nova classe C tende a manter seus velhos hábitos de consumo, além de gradativamente ir incorporando outros. As primeiras pesquisas revelam as preocupações momentâneas da nova classe média:

- Entretenimento: poder usufruir melhor o tempo livre.
- Pagamento de dívidas.
- Aplicação das sobras do orçamento na poupança.
- Viagens: realizar visitas a parentes e amigos em outros estados, voar pela primeira vez de avião e conhecer novos lugares.

8.10.4 Pesquisa sobre hábitos de consumo de cultura do brasileiro

Segundo a pesquisa Cultura nas Capitais, realizada pela JLeiva Comunicação em parceria com o Datafolha (2018), na qual foram entrevistadas 10 mil pessoas de 12 anos ou mais em 12 capitais brasileiras, o grau de escolaridade é a base do consumo de cultura da classe média brasileira.

Entre os fatores de consumo de cultura, destacam-se:

1. Leitura como atividade distinta do estudo para 68% dos entrevistados.
2. Ir ao cinema para 64%.

Para os entrevistados com curso superior completo, os hábitos são, entre outros: livros, cinema, *shows*, festas populares, feira de artesanato, bibliotecas, dança, museus, teatro, circo, saraus e concertos musicais. Dos entrevistados, 33% consomem ao menos 5 atividades. Os eventos gratuitos são os preferidos por 32% do total. As mulheres são as que mais consomem cultura, mas a frequência masculina aos eventos é maior.

8.10.5 Crise econômica mundial causada pela pandemia

Antes da grande crise causada pela pandemia da Covid-19, em 2020, o mundo de serviços girava no sentido de valorizar a rentabilização da empresa. Com a crise econômica, muitas organizações de serviços balançaram, fato que causou muito desemprego e fechamento não só de postos de trabalho, mas também de empresas.

O setor de serviços foi o mais afetado: hotéis, restaurantes, comércio, escolas e as empresas aéreas tiveram de buscar saídas extraordinárias para não falirem. A educação mudou o foco do ensino presencial para o ensino a distância; o varejo se voltou para a operação de vendas *on-line*; o setor de logística precisou atender à demanda com mais eficácia; o setor de saúde passou a ser o mais valorizado.

No período pós-pandemia, as pessoas passaram a buscar um novo estilo de vida, tentando consumir o básico e buscar a satisfação de desejos explícitos e ocultos. Em função desse novo cenário, as estratégias de marketing de serviços deverão estar centradas em responsabilidade social e desempenho diferenciado, baseado em novas tecnologias

CONCLUSÃO

Conhecer o que o consumidor carrega em sua mente, ou seja, na sua "caixa-preta", é como obter a chave do cofre que **armazena todos os fatores psicológicos, econômicos e comportamentais** que influenciam o processo de decisão de compra de um serviço, daí a importância de técnicas de pesquisa de neuromarketing para conhecer os fatores que interagem no comportamento de compra. Isso exige do profissional de marketing em serviços mais do que sensibilidade e intuição: exige uma metodologia de pesquisa contínua visando identificar as alterações da motivação de compra de um serviço.

TRADUZINDO EM PONTOS DE AÇÃO ESTRATÉGICA

Pontos de ação	Providências necessárias	Resultados esperados
1. Que problema o consumidor precisa resolver com a compra de determinado serviço?	Identificar necessidades não satisfeitas da maioria dos consumidores do serviço ofertado	Formular ofertas atraentes e, se possível, que fascinem as pessoas para motivá-las a comprar
2. Identificar expectativas	Oferecer soluções para as expectativas dos clientes	Cliente satisfeito
3. Avaliar a satisfação do cliente após a compra do serviço	Resolver eventuais motivos de insatisfações	O cliente satisfeito volta a comprar
4. Identificar as principais percepções do serviço	Conduzir uma pesquisa de percepção de consumo	Consumidor atendido é cliente satisfeito

QUESTÕES

1. O comportamento de compra de um consumidor de serviços financeiros é diferente do de um consumidor de serviços de interesse público?
2. O que caracteriza o comportamento de um consumidor de serviços?
3. Quais são as principais expectativas que um consumidor tem antes da compra de um serviço?
4. Quais são as percepções que um consumidor de serviço de turismo tem antes de adquirir um pacote de viagens?
5. Descreva os principais pontos do processo de decisão do consumidor de serviços.
6. Comente: "O consumidor de serviços muitas vezes é um empregado parcial da empresa."
7. Quais são os principais fatores que interagem no processo de decisão de compra *on-line* de um consumidor de serviços?

REFERÊNCIAS

ALLÉRÈS, Danielle. *L'empire du luxe*. Paris: Belfond, 1992.

ALLÉRÈS, Danielle. *Luxo:* estratégias e marketing. Tradução: Marcos Gama. Rio de Janeiro: Editora FGV, 2000.

BATESON, John E. G.; HOFFMAN, K. Douglas. *Managing services marketing*: text and readings. Nashville: South-Western, 1999.

BERMÚDEZ, Ana Carla; REZENDE, Constança; MADEIRO, Carlos. Brasil é o 7º país mais desigual do mundo, melhor apenas do que africanos. 9 dez. 2019. *UOL*. Disponível em: https://noticias.uol.com.br/internacional/ultimas-noticias/2019/12/09/brasil-e-o-7-mais-desigual-do-mundo-melhor-apenas-do-que-africanos.htm. Acesso em: 29 jul. 2020.

BOURDIEU, Pierre. *A distinção*: crítica social do julgamento. 2. ed. São Paulo: Saraiva, 1979.

BRAIDOT, Néstor. *Neuromarketing*. Buenos Aires, 2010.

CAMARGO, Pedro. *Neuromarketing*: a nova pesquisa do comportamento do consumidor. São Paulo: Atlas, 2013.

COBRA, Marcos. *Administração de marketing no Brasil*. 5. ed. Rio de Janeiro: Campus, 2016.

COBRA, Marcos; URDAN, André. *Marketing básico*. São Paulo: Atlas, 2016.

DINO_OLD. Comportamento do consumidor no e-commerce pode ser influenciado por ações de marketing. *Exame*, 6 jun. 2018. Disponível em: https://exame.com/negocios/dino_old/comportamento-do-consumidor-no-e-commerce-pode-ser-influenciado-por-acoes-de-marketing/. Acesso em: 14 jul. 2020.

HILSDORF, Carlos [S. l.: s. n.], 2009. Publicado pelo canal Carlos Hilsdorf. Disponível em: https://www.youtube.com/watch?v=jpzRK1GeqB0. Acesso em: 29 jul. 2020.

JLEIVA Comunicação. *Pesquisa Cultura nas Capitais 2018*. Disponível em: http://www.culturanascapitais.com.br/. Acesso em: 21 jul. 2020.

LINDSTRON, MARTIN. *A lógica do consumo*. São Paulo: HarperCollins, 2017.

LIMEIRA, Tania. *O comportamento do consumidor brasileiro.* São Paulo: Saraiva, 2011.

THALER, Richard; TUCKER, Will. Informação mais inteligente, consumidor mais forte. *Harvard Business Review Brasil*, fev. 2013.

ZALTMAN, Gerald. *Afinal, o que os clientes querem*. Rio de Janeiro: Campus, 2003.

PARTE V

GESTÃO DE CLIENTES

9 Valor Percebido pelo Cliente | Magia

"Servir ao forasteiro é servir a Deus."
Leonardo Boff

"Se tudo vai bem é porque você não olhou direito."
Barão de Itararé

OBJETIVOS DE APRENDIZAGEM

- Conhecer os 4 Cs em serviços.
- Compreender os 4 Es em serviços.
- Entender o destino turístico como um serviço.
- Saber o que é *design thinking*.
- Entender como avaliar a imagem do serviço.
- Compreender por que o cliente não volta.
- Definir qual é o negócio.

INTRODUÇÃO

Em cenários de grande turbulência, as empresas de serviços devem aprimorar seus modelos de gestão, a partir da premissa de marketing de solucionar os problemas e aprofundar os relacionamentos com os seus clientes. E isso implica identificar o valor percebido pelo cliente.

O cliente de um serviço está sempre em busca de um benefício. Não é apenas o que o serviço oferece, mas o que ele espera receber em contrapartida ao investimento realizado. Isso implica dizer que o ônus da aquisição não pode superar o bônus da satisfação que o serviço proporciona.

9.1 TEORIA DOS 4 CS DO MARKETING

Em analogia ao estudo do professor Edmund Jeroneme McCarthy, que criou o Composto de Marketing – conjunto de variáveis que influencia a maneira como o consumidor responde ao mercado, com ênfase no serviço composto de 4 Ps (produto, preço, praça e promoção) –, o professor Robert Lauterborn desenvolveu a teoria dos 4 Cs do marketing (cliente, conveniência, comunicação e custo), a qual abrange o mesmo produto, mas com foco no cliente.

Ambos os conceitos são importantes para um serviço, pois refletem dois lados distintos de um mesmo objeto de estudo.

O marketing de um serviço deve levar em conta os desejos e as necessidades do cliente, o que implica desenvolver serviços que atendam às expectativas do consumidor. Os 4 Cs podem ser representados conforme a Figura 9.1.

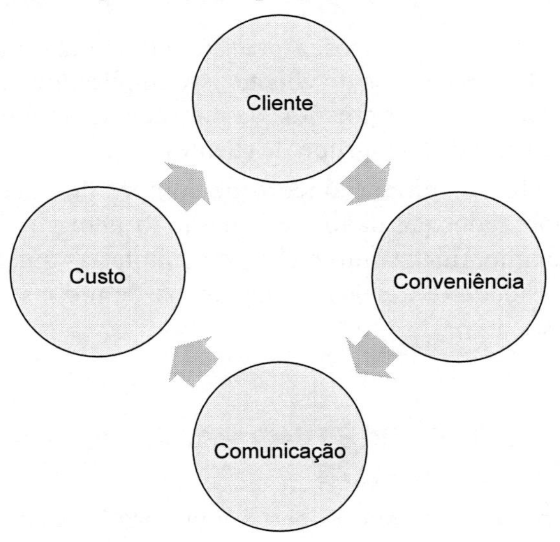

Figura 9.1 Os 4 Cs do marketing.

Fonte: Lauterborn; Shultz; Tannenbaum (1994).

- **Cliente**: é o consumidor em busca de serviços que atendam às suas necessidades e seus desejos. Para saber o que o cliente quer ou deseja, é preciso fazer pesquisas de mercado, para conhecer quem é o seu cliente, procurando tratá-lo com respeito e ouvi-lo sempre que possível por contato direto.

  Existem diversos meios de se comunicar com o cliente, como por entrevista pessoal, telefone, *e-mail* e até mesmo carta (embora com essa ação seja mais difícil de obter resposta). O cliente deve ser ouvido para que ele tenha a oportunidade de externar suas impressões acerca do serviço.

- **Conveniência**: o cliente em geral procura comprar seu serviço por *site* na internet ou em agências em algum *shopping center* mais próximo.
- **Comunicação**: esse é um exercício diário, que exige preparo e competência. Não basta melhorar a oferta de serviços ao cliente, é preciso que a comunicação seja eficaz e constante. Portanto, não adianta produzir bons serviços, torná-los acessíveis, mas não os divulgar em diversas mídias, tais como: jornal, revistas especializadas, internet (*e-mail* marketing), envio de oferta para o celular, propaganda na mídia eletrônica, televisão e rádio.
- **Custo**: o cliente não quer pagar por um serviço muito mais do que sua percepção de valor e, portanto, é vital que o profissional de marketing de qualquer setor de serviços faça pesquisas relevantes para identificar exatamente quanto o cliente gostaria de pagar.

Enfim, para quaisquer serviços, é preciso definir uma escala de valor de preços que atenda às expectativas do cliente. Isso implica identificar o perfil de cada cliente, agrupando-o em segmentos de mercado, de modo a facilitar o estudo do comportamento de cada grupo de clientes.

Os estudos sobre o comportamento de compra do consumidor devem ser constantes, embasados em dados reais e que tornem possível um contato cada vez mais próximo, fidelizando o cliente com ofertas que realmente atendam às suas necessidades e desejos, e que, acima de tudo, se cumpra tudo o que for prometido.

9.2 OS 4 ES DO MARKETING PARA ENCANTAR E SURPREENDER O CLIENTE

O professor norte-americano Robert Lauterborn já havia descrito os 4 Cs do marketing quando foi procurado pelo brasileiro Augusto Nascimento para juntos descreverem os 4 Es: encantar, emocionar, enlouquecer e enriquecer.

- **Encantar**: para que o cliente esteja satisfeito com o serviço e o atendimento em caso de problemas de funcionamento.
- **Emocionar**: proporcionar bons momentos é parte da estratégia-chave de um serviço, para ser lembrado. Isso significa proporcionar alegrias e momentos de forte emoção positiva.
- **Enlouquecer**: mais do que proporcionar felicidade, o serviço deve ser atraente a ponto de "enlouquecer" o consumidor.
- **Enriquecer**: pela experiência proporcionada, o cliente deve se sentir enriquecido em todos os sentidos.

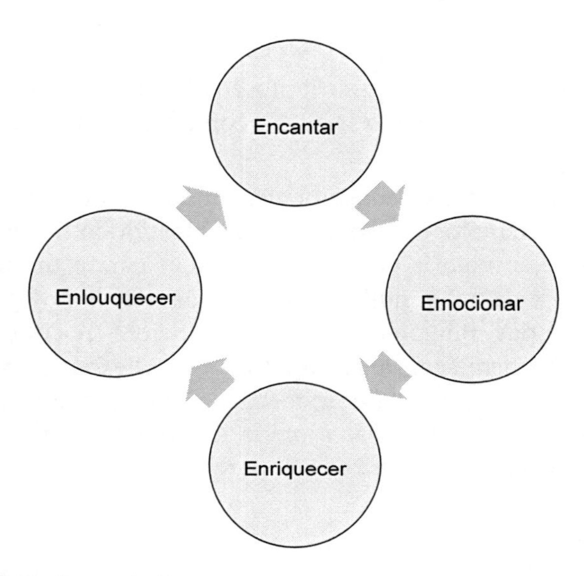

Figura 9.2 Os 4 Es do marketing.

Fonte: Lauterborn; Shultz; Tannenbaum (1994).

9.3 DESTINO TURÍSTICO COMO UM SERVIÇO

Uma cidade ou um destino turístico deve oferecer um bom portfólio de serviços, não apenas como forma de entretenimento para encantar e seduzir o turista, mas para ser um negócio que gere receitas atraentes, dê emprego à comunidade local e obtenha recursos para qualificar e capacitar essa mão de obra. O turismo em si é um serviço, e todo serviço pode ser ampliado pela anexação de outros serviços. Por exemplo, um restaurante japonês pode ampliar seus serviços anexando o modelo japonês da cerimônia do chá. Um restaurante árabe pode expandir seus serviços introduzindo o espetáculo da dança do ventre. E assim por diante.

9.4 COMO PROMOVER UM SERVIÇO

A comunicação deve ser permanente e eficaz. Informações sobre como utilizar devem estar disponíveis com precisão.

9.4.1 Como construir a imagem do serviço

O processo de criação da imagem depende de uma série de ações realizadas ao longo do tempo, e isso está ligado ao calendário de eventos e acontecimentos que possam ter contribuído para a lembrança do serviço e do atendimento em momentos-chave. Veja mais sobre esse tema no Capítulo 11 – Estratégias Fundamentais de Posicionamento de uma Marca.

9.4.2 Como avaliar a imagem do serviço?

Como decorrência da pesquisa junto aos clientes, é possível identificar, adicionalmente, como eles veem o serviço e como foram atendidos quando dele necessitaram.

Na pesquisa de hábitos de consumo de cultura do então Ministério da Cultura em 2014, por exemplo, os fatores mais citados foram ir à igreja e ir ao cinema. Infelizmente, a maioria das cidades voltadas para o turismo não possui salas de cinema e de teatro, e muito poucas dispõem de livrarias que não sejam basicamente papelarias. Bibliotecas, então, nem pensar. A cultura e o entretenimento disponíveis nem sempre estão adequados às expectativas do visitante. Portanto, é preciso ir além de oferecer apenas um turismo contemplativo ou de aventura. Não se pode negligenciar a oferta de lazer cultural, pressupondo-se que a televisão seja supridora dessa oferta, porque não o é.

9.4.3 Ubernauta

Um dos caminhos alternativos para o desenvolvimento econômico das cidades consiste em desenvolver alternativas para o turismo interno, para aqueles da própria cidade que desejam conhecer o local em que vivem. Esse tipo de turista, o ubernauta, é um segmento enorme de pessoas que não sabem o que a sua cidade oferece. Realizar passeios orientados pode acrescentar um significativo número de pessoas da própria comunidade como turistas. Criar roteiros e mapas, e formatar pontos de interesse turístico podem ser um caminho interessante para despertar o desejo de caminhar pela própria cidade.

9.4.4 Por que o turista não volta?

O turista não volta quando, por alguma razão, a expectativa que ele tinha do lugar não foi confirmada. "Eu esperava mais..." é a alegação mais comum de quem viu, mas não gostou ou gostou pouco. E isso ocorre porque de algum modo a expectativa não é confirmada, ou seja, é maior que o fato em si. De tanto ouvir falar, ver ou ler, o turista vai construindo em sua mente uma visualização do que tem para ver nesse lugar e que nem sempre corresponde à realidade. E, assim, quando o imaginado não bate com o real, surge a frustração. É sempre bom deixar um gostinho de quero mais...

9.4.5 Existe ciclo de vida para um serviço?

Se considerarmos o serviço como um produto, é preciso avaliar o seu ciclo de vida, que compreende as seguintes fases: introdução, crescimento, maturidade e declínio.

No caso de uma cidade turística que esteja enfrentando uma diminuição do número de visitantes, ela pode ser repaginada para se manter atraente. Um exemplo dessa repaginação é cidade gaúcha de Gramado, que, hoje, é um dos maiores destinos turísticos no Brasil, depois de se tornar referência como sede do maior festival de cinema do Brasil e criar a série de eventos Natal Luz.

Outro exemplo é Foz do Iguaçu, que, a partir do turismo contemplativo das cataratas, se tornou referência em esportes radicais, culminando com o Macuco Safári, que leva o turista em botes de inflar até a beira das quedas d'água. A usina de Itaipu, que hoje agrega um passeio de catamarã pelo lago de Itaipu, ainda conta com um observatório monitorado ao vivo, para observar as galáxias à noite em um céu ponteado de luzes. Assim, além de comprar no Paraguai e no *duty free* do lado argentino, o turista desfruta de dois parques das cataratas, um no lado brasileiro, contemplando as quedas da Argentina, e outro no parque argentino, que reúne passeios e safáris em meio a quedas d'água que podem ser vistas por cima e por baixo.

9.4.6 Afinal, qual é o seu negócio?

Theodore Levitt escreveu o clássico *Miopia em marketing*, em que pergunta: afinal, qual é o seu negócio? Até hoje essa pergunta-chave é válida para identificar o foco de um serviço. Ela também serve para prever a transição do que é o negócio atual e qual poderá ser amanhã.

Qual é o negócio de uma cidade turística? Lazer e entretenimento? Ou descanso, caminhadas e esportes radicais? Não importa o que o serviço tem a oferecer, o importante é que essas ofertas se mantenham atuais para o consumidor se tornar cliente (comprar repetidamente).

Não é preciso apenas redesenhar os serviços para atender à demanda que envolve redefini-los, ouvindo o que o novo consumidor necessita e deseja a partir de técnicas de pesquisa como *design thinking*, mas sim fazer uma reengenharia em serviços.

9.5 *DESIGN THINKING*

O significado desta expressão tem a ver com o objetivo máximo de promover o bem-estar na vida das pessoas e é entendido como a maneira como o *designer* percebe as coisas e age sobre elas, buscando alternativas que abram novos caminhos para a inovação empresarial. O *designer* enxerga como problema tudo aquilo que prejudica ou impede a experiência (emocional, cognitiva, estética) e o bem-estar na vida das pessoas (considerando todos os aspectos da vida, como o trabalho, lazer, relacionamentos, cultura etc.). Isso faz com que sua principal tarefa seja a de identificar problemas e gerar soluções. Ele deve entender que problemas que afetam o bem-estar das pessoas são de natureza diversa e, portanto, é importante mapear a cultura, os contextos, as experiências pessoais e os processos na vida dos indivíduos para ter uma visão mais completa e, assim, melhor identificar a barreiras e gerar alternativas para transpô-las. Ao investir esforços nesse mapeamento das novas pessoas da classe C, o *designer* consegue identificar as causas e as consequências das dificuldades e ser mais assertivo na busca por soluções.

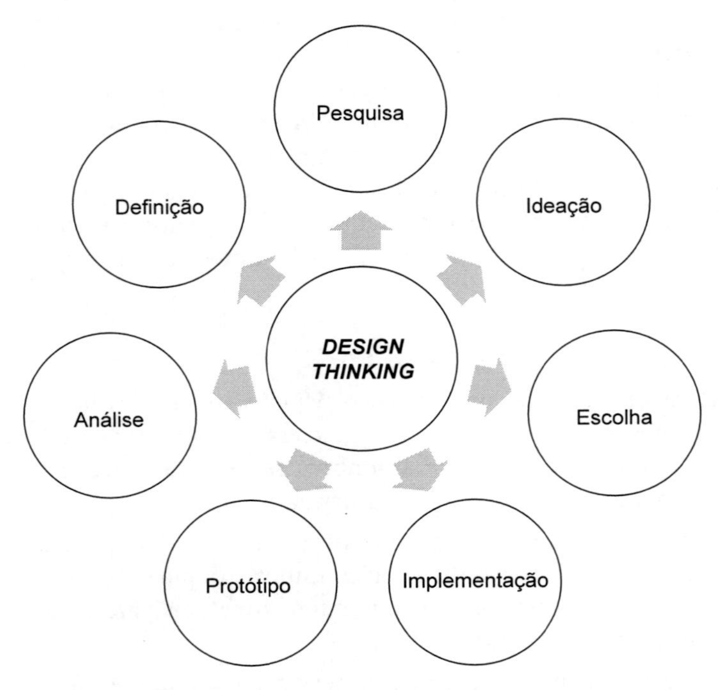

Figura 9.3 Modelo de *design thinking.*
Fonte: Brown (2010).

9.5.1 Passos para a adoção do *design thinking* em serviços

- **Definir a partir da imersão**: identificar, preliminarmente e em profundidade, um problema a ser analisado. Essa primeira ação tem como objetivo o reenquadramento e o entendimento do problema, enquanto a segunda destina-se à identificação de necessidades e oportunidades que irão nortear a geração de soluções para a fase seguinte - a ideação. "Como aumentar a demanda de fluxo de serviço e minimizar os efeitos da sazonalidade?" "Como vender mais apólices de seguro?" "Como criar demanda para um novo serviço?"
- **Ideação**: gerar ideias inovadoras para atender às necessidades e desejos explícitos e ocultos das pessoas, sobretudo as da classe C. Nessa etapa é comum o uso de *brainstorming*, uma técnica para estimular a geração de um grande número de ideias em um curto espaço de tempo e, então, encontrar

soluções a problemas por meio da oferta de serviços. Elaborado um cardápio de ideias, se parte para um posicionamento dessas ideias com o objetivo de apoiar o processo de escolha de serviços.

- **Analisar**: os dados são analisados para identificar se haverá consumidores para um novo serviço.
- **Pesquisar**: os consumidores-alvo devem ser ouvidos para conhecer suas opiniões acerca de um novo serviço.
- **Escolha**: dentre as ideias analisadas, por meio do teste de mercado define-se qual será a melhor na percepção dos analistas do mercado – a ideia do serviço é apresentada a possíveis compradores, para testar sua aceitação. Transformar as soluções inovadoras em negócio.
- **Prototipação**: etapa em que se procura validar a ideia gerada, construindo um protótipo do serviço.
- **Escolha**: analisada e testada por protótipo, o serviço estará pronto para ser colocado no mercado.
- **Implementação**: a ideia pesquisada precisa ser implementada.

Dessa maneira, um novo serviço pode ser idealizado, pesquisado, testado, escolhido até sua implementação no mercado.

Como itens que necessitam de soluções inovadoras, cabe citar:

- **Educação**: cursos profissionalizantes a distância.
- **Entretenimento**: cinema e *shows* musicais; balada e reuniões em família e com amigos e, sobretudo, viagens de lazer e visitas a familiares e amigos.
- **Habitação**: imóveis com concepção multiúso e acolhedora para os agregados da família.
- **Serviços de conveniência**: facilidade de compra pela internet e entregas rápidas.

O Quadro 9.1 mostra as motivações, o estilo de vida e o que é valorizado pelas classes sociais A, B e C.

Quadro 9.1 Atributos valorizados pelas classes A, B e C

Classe social	Motivações	Estilo de vida	Valoriza
Classe A	Distinção absoluta, fuga "para adiante".	Sofisticação e exibicionismo.	Luxo inacessível e produtos financeiros, arte e decoração, iates e viagens a lugares exóticos.
Classe B	Lazer e educação.	Imitação da classe A.	Luxo intermediário, carro importado.

Classe social	Motivações	Estilo de vida	Valoriza
Classe C	Comprar mais para ter acesso social e estudar para melhorar o nível sociocultural.	Fartura à mesa e gastos com base no valor da prestação.	Alimentos, produtos de limpeza e higiene pessoal. Serviços: saúde, segurança, transporte, crédito, lazer e religião. Viagens com família e amigos.

9.6 INTERLIGAÇÃO ENTRE TEORIA E PRÁTICA E RESULTADOS ESPERADOS

Muita teoria pode não ter aplicação prática, mas é importante relacionar quais são os modelos mais adequados para vencer os desafios econômicos e concorrenciais.

As ações de estratégias de marketing em serviços visam oferecer ao cliente o que ele espera receber como benefícios que retribuam a sua preferência (Quadro 9.2).

Quadro 9.2 Resultados como retribuição à preferência do consumidor

Principais aspectos teóricos do capitulo	Possíveis repercussões práticas	Resultado esperado
1. Encantar o cliente	Oferecer benefícios não esperados	O cliente passa a falar bem do serviço para todo o seu universo de relacionamentos.
2. Emocionar o cliente	Falar ao coração do cliente	O cliente feliz retribui ficando mais tempo como consumidor do serviço.
3. Enriquecer o cliente	Proporcionar o enriquecimento sob a forma de novos conhecimentos	A bagagem cultural do cliente é ampliada. E esse ganho proporciona contentamento e recomendações a amigos. Exemplos: ingressos de cortesia em espetáculos.
4. Enlouquecer o cliente	Proporcionar prazer	Cliente enlouquecido se torna um adepto da empresa de serviço.

CONCLUSÃO

O valor percebido por um cliente de serviços tem a ver com suas expectativas. Se espera receber mais e recebe menos, ele fica insatisfeito, se recebe na medida esperada, fica satisfeito. Caso receba a mais do que o esperado, fica surpreendido.

Embora subjetivo, na maioria das vezes, o valor pode ser dimensionado para se estabelecer uma relação de expectativa e ganho.

Os indicadores de valor são úteis para a empresa avaliar o grau de satisfação ou insatisfação de seus clientes.

TRADUZINDO EM PONTOS DE AÇÃO ESTRATÉGICA

Cada destino turístico tem uma competência específica, um foco e ações específicas e ações estratégicas requeridas. Vejamos um modelo hipotético:

Principal competência	Foco do destino	Ações específicas	Ações estratégicas
Lazer e entretenimento	Prazer em servir.	Capacitar a mão de obra. Criar um calendário de eventos atrativos (Natal Luz, festivais literários, de cinema, de teatro etc.).	Divulgar os principais pontos em redes sociais, *merchandising* e comunicação especializada.
Saúde	Ser referência regional ou nacional.	Oferecer serviços complementares.	Divulgar as ações específicas em mídia tradicional e internet, *site* da empresa, fornecendo informações básicas.
Educação	Ser referência em uma área específica.	Complementarmente, oferecer acesso à educação a distância ou livros digitais para o setor educacional.	Criar um entorno do *campus* que proporcione bem-estar, conforto e segurança.
Negócios	Aglutinar serviços.	Proporcionar vantagens ao cliente corporativo de negócios.	Criar uma gama de serviços esperados e não esperados.

QUESTÕES

1. Quais são os indicadores de valor percebido por um cliente de um serviço?
2. Qual é a importância do *design thinking* em serviços?
3. O que causa insatisfação em um cliente de serviços?
4. De que maneira o valor de um serviço pode surpreender um cliente?
5. De que maneira um cliente se sente envolvido com um serviço até o encantamento?

REFERÊNCIAS

BROWN, Tim. *Design thinking*. Rio de Janeiro: Campus, 2010.

COBRA, Marcos. *Estratégias de marketing de turismo*. Amazon, 2017.

LAUTERBORN, Robert; SHULTZ, Done E.; TANNENBAUM, Stanley I. *The new marketing paradigm:* integrated marketing communications. Nova York: McGraw Hill Professional, 1994.

LEVITT, Theodore. *Miopia em marketing em a imaginação do marketing*. São Paulo: Atlas, 1970.

10 Qualidade do Serviço como Diferencial Estratégico | Desempenho

"Os homens nascem iguais, mas no dia seguinte já são diferentes."

Barão de Itararé

OBJETIVOS DE APRENDIZAGEM

- Apresentar a qualidade do serviço.como uma das chaves do sucesso empresarial.
- Apresentar a importância dos 7 Ps em serviços.
- A qualidade do serviço é muitas vezes variável.
- Índice de satisfação do cliente.
- Servqual, para que serve?
- Fatores componentes do Servqual.
- Como melhorar a qualidade do serviço?

INTRODUÇÃO

Um serviço deve ser sempre lembrado como de boa qualidade.

Uma cidade, por exemplo, que vive do turismo, um parque de diversões, um teatro, um filme entre outros, precisam ter como foco o hedonismo. Ou seja, proporcionar uma experiência hedônica inesquecível, dentro de padrões reverenciados de qualidade. Um hospital é referenciado pela qualidade do serviço. Uma escola é lembrada pela metodologia de ensino. Enfim, qualquer serviço depende de diferenciais estratégicos.

Para conseguir tal feito, é preciso um modelo de negócio capaz de ligar uma nova tecnologia com uma necessidade emergente do mercado.

Dificilmente, uma empresa consegue reunir as seis chaves de sucesso que se apoiam em serviços de qualidade. Senão, vejamos:

10.1 PERSONALIZAÇÃO DO SERVIÇO

Um serviço precisa ser o mais personalizado possível, o que não só inibe os padrões de qualidade baseados na curva de experiência (redução de custos pela repetição da produção e consumo), bem como dificulta preços competitivos. Na verdade, a busca da qualidade é fator inibidor de custos baixos.

Investir na estratégia de personalizar serviços deve levar em conta o seguinte:

- Os serviços não podem ser usados e reciclados: eles são produzidos e consumidos. Portanto, a qualidade deve ser individualizada para cada serviço.
- Compartilhamento de ativos: alguns aplicativos permitem partilhar bens caros. O Airbnb, por exemplo, admite que os proprietários compartilhem com os viajantes suas propriedades, mas nem todas têm a mesma qualidade. O mesmo acontece com a Uber: nem todos os carros utilizados apresentam o mesmo padrão de qualidade.
- Preço baseado no uso: algumas empresas cobram apenas quando o cliente utiliza o serviço, o que cria uma facilidade para o cliente, mas pode comprometer a qualidade.
- Um ecossistema mais colaborativo: algumas inovações são bem-sucedidas porque uma nova tecnologia melhora a colaboração com os parceiros da cadeia produtiva e reduz custos, mas expõe o negócio a qualidades diferenciadas.
- Uma organização ágil e adaptável: as empresas inovadoras usam a tecnologia para se afastar de modelos hierárquicos tradicionais. Em geral, proporcionam maior valor para o cliente e menor custo para a empresa, porém a qualidade nem sempre apresenta resultados dentro de padrões aceitáveis.

Existem serviços prestados ao cliente, como gastronomia, hospitalidade, transporte, serviços profissionais, entretenimento, entre outros, que podem ser vistos como serviços com desempenho da qualidade variável. E há serviços propriamente ditos que se agregam a produtos físicos. Por exemplo, um produto pode ser ampliado pela anexação de um serviço. Exemplo, um bem durável, como um automóvel, uma geladeira, pode ser ampliado por um serviço de garantia de funcionalidade por determinado período, ou por um serviço de assistência técnica preventiva ou quando o produto apresentar defeito de funcionamento. Mas todo serviço pode ser ampliado pela anexação de outro serviço. A seguradora pode ampliar o seguro automotivo pela anexação de outros serviços para o carro ou até mesmo para a residência do segurado.

Já um atendimento médico é, essencialmente, um serviço que pode ser ampliado pelo acompanhamento do paciente pelo médico, gratuitamente enquanto durar o tratamento, e ainda pode ter retorno gratuito, após a realização dos exames solicitados pelo médico, sem cobrança de nova consulta. Mas a qualidade será sempre variável.

Na análise dos chamados 7 Ps do Composto de Marketing, existem, além dos quatro famosos - produto, preço, promoção e *place* (ponto de distribuição) - mais 3 Ps relevantes, segundo Zeithaml e Bitner (2003).

O primeiro é o P de *processos* que cercam determinada prestação de serviços, como a fila no estacionamento, facilidade ou dificuldade na compra do tíquete de acesso a um espetáculo, a fila de espera do restaurante, a fila de atendimento em um hospital particular ou do estado, e diversos outros processos que podem tornar o cliente insatisfeito pela ausência de padrão uniforme de qualidade de atendimento.

O segundo P é o de *palpabilidades* (evidências físicas), ou seja, a atenção aos detalhes, os diferenciais de valor tangibilizados que englobam absolutamente tudo que o cliente pode observar, como o jaleco do médico, o uniforme da enfermeira e o do segurança do hotel, ou mesmo a vestimenta de um garçom. No parque Walt Disney World, em Orlando, nos Estados Unidos, os funcionários encarregados da limpeza, além de usarem um impecável uniforme branco, são treinados para prestarem informações. E isso passa a impressão de qualidade do serviço.

O terceiro P são *pessoas*. Toda e qualquer pessoa que interaja com o público deve ter uma apresentação primorosa e estar treinada para o bom atendimento, seja para fornecer uma simples informação ou solucionar um problema. Sem isso o serviço pode parecer sem qualidade, e a qualidade do serviço é o grande diferencial.

Serviços iguais se tornam diferentes quando há um melhor atendimento.

10.2 UM MUNDO DE SERVIÇOS FOCADO EM ATENDIMENTO

Segundo o artigo "Retrato do marketing de serviços no Brasil", publicado na *Revista da ESPM* (2013, p. 26-31), do professor Francisco Gracioso, uma parte considerável da renda das famílias é utilizada para desfrutar do conforto e da comodidade proporcionados pelos serviços, sobretudo quando se trata de viagens. Além dos serviços de lazer e entretenimento, outros se agregam, como hospitalidade, refeições, transporte, bancos, seguradora, escolas, saúde etc.

Via de regra, os clientes não são sempre bem atendidos e, em alguns casos, chegam mesmo a serem maltratados ou atendidos com uma certa displicência e sentem o peso disso no bolso.

E por que isso ocorre? Muitas vezes, o atendimento deixa a desejar pela ausência de uma supervisão baseada em indicadores de desempenho e treinamento intensivo.

Em diversas empresas de serviços, o funcionário que atende clientes não é estimulado ao bom desempenho. Qual o motivo? Talvez por falta de conscientização da importância de resolver queixas e reclamações e por não entender que o cliente tem sempre razão, mesmo caso ele não tenha.

Diz um ditado mineiro que a parte mais sensível do corpo humano é o bolso. Sem incentivos de remuneração ou bônus para o bom desempenho e ainda sem controle, o profissional de serviços tende a negligenciar o atendimento.

10.2.1 Brasil como um país de serviços

De acordo com o professor Francisco Gracioso, os serviços são, hoje, a maior parte do PIB brasileiro, cerca de 72,5%. E, portanto, pode-se dizer que somos um país de serviços.

10.2.2 Coloque o cliente em um pedestal

Kenichi Ohmae – criador do modelo 3 Cs, que preconiza três fatores-chave para o sucesso empresarial (corporação, cliente e concorrente) – defende a estratégia "O cliente é o rei", e nessa premissa o cliente deve vir em primeiro lugar. Suas vontades e fantasias devem ser atendidas com bom gosto e atenção. Mas apesar dessa falácia, a realidade mostra uma condição discrepante em que as reclamações são frequentes.

10.2.3 Prazer de servir

No setor de turismo, a primeira regra é: o turista tem sempre razão. A segunda regra é: em caso de dúvida, volte à regra número 1.

Existe no Brasil muito preconceito com o "servir", que vem desde a época da escravatura, contra o trabalho manual e a posição subserviente em relação ao atendimento.

A empresária Chieko Aoki, presidente da rede de hotéis Blue Tree, revelou que o segredo do seu sucesso é a filosofia de serviços prestados ao hóspede que ela trouxe do Japão, onde servir ao próximo é um ato de nobreza (GRACIOSO, 2013). No *case* "Atendimento cinco estrelas", publicado na *Revista da ESPM* (PONTES, 2013, p. 48), Chieko diz: "É essencial ter uma equipe com paixão por servir e desejo de inovar, atenta e pronta para servir a cada pessoa de forma singular".

10.2.4 Coloque-se no lugar do turista

Segundo o artigo "Esqueça o que você vai comprar, pense em como será atendido", publicado na *Revista da ESPM* (2013, p. 161-165), o cliente pensa em como será atendido. Isso porque ele teme a síndrome da chamada hora da verdade – o *check-out*, em que a conta pode passar do esperado. Ou quando ele precisa de um atendimento especial e esse atendimento não ocorre.

10.3 ÍNDICE DE SATISFAÇÃO DO CLIENTE

Segundo Kotler e Keller (2012), satisfação "é um sentimento pessoal de prazer ou desapontamento resultante da comparação da percepção do desempenho do produto ou serviço em relação às expectativas geradas antes da compra". Esta definição está em conformidade com a de Lovelock e Wright no livro *Serviços, marketing e gestão*, que apresenta a definição a partir da seguinte fórmula:

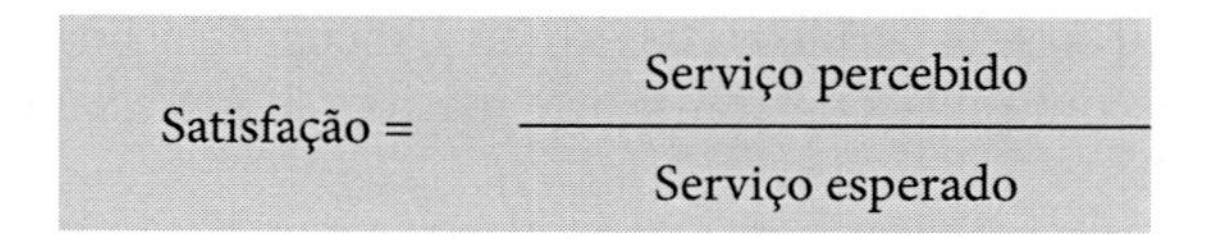

$$\text{Satisfação} = \frac{\text{Serviço percebido}}{\text{Serviço esperado}}$$

Quando o serviço for superior ao esperado, significa que o cliente pode estar satisfeito com o serviço. No caso inverso, o serviço percebido for menor que o serviço esperado, o cliente estará insatisfeito. Para Zeithaml, Parasuraman e Berry (1985), é preciso atenção, pois a expectativa dos clientes pode estar em desacordo com a sua percepção, e a isso chamaram de *gap* no artigo "A conceptual model of service quality and implications for future research", publicado em 1985 no *Journal of Marketing* (Pontes, 2013).

De maneira sucinta, para os pesquisadores, há quatro *gaps*:

- Não conhecer a expectativa do cliente.
- Não selecionar a proposta e os padrões de serviços corretos.
- Não executar o serviço dentro dos padrões estabelecidos.
- Não cumprir o que foi prometido.

Nessas situações, o cliente pode ficar insatisfeito e passar a falar mal sobre os serviços em *blogs*, *sites* e comunidades de redes sociais, como Facebook, Twitter, Instagram e YouTube. Enfim, é o incrível poder do "boca a boca". Essas manifestações começam a representar ameaças a empresas, serviços em casos específicos de retaliação (PONTES, 2013).

10.3.1 Índice Nacional de Satisfação do Consumidor (INSC)

Este índice foi criado pela Escola Superior de Propaganda e Marketing (ESPM), a partir de um artigo de José Roberto Whitaker Penteado, publicado em maio de 2001: "Se somos tão competentes, por que os clientes reclamam tanto?".

O INSC é um índice nacional que visa analisar mensalmente a satisfação do consumidor em relação aos serviços prestados por empresas de diversos setores da economia brasileira, com destaque para as áreas de bens de consumo e serviços, supermercados e setor de comunicação.

O INSC tem duas características importantes: (a) a opinião do consumidor, expressa na internet, se dá espontaneamente, e não está vinculada a nenhum tipo de pesquisa. (b) E o consumidor só expressa sua opinião após a compra e o consumo do serviço, ou seja, sua satisfação é medida a partir de uma experiência real de consumo.

Publicado mensalmente, o INSC/ESPM registrou, em agosto de 2013, um índice de satisfação de atendimento de 52,6%, ou seja, mais da metade dos consumidores brasileiros estavam satisfeitos. No entanto, abaixo da média encontravam-se as empresas de serviços, tais como bancos, aviação, energia elétrica, telefonia fixa, telecomunicações, transporte metropolitano e saneamento básico (PONTES, 2013).

O consultor Stephen Covey aconselha: "Trate sempre bem os seus funcionários exatamente como quer que eles tratem os seus melhores clientes".

10.4 SERVQUAL – PARA QUE SERVE?

Os serviços são variáveis e, ainda que prestados por um mesmo prestador de serviços, pode ter desempenho diferente para distintos clientes. O turista pode se hospedar no mesmo hotel e, em um final de semana e na semana seguinte, o serviço ser completamente diferente. Portanto, a análise da qualidade é essencial como comparativo de desempenhos. A ferramenta denominada Servqual foi criada por três pesquisadores norte-americanos de marketing, Parasuraman, Zeithaml e Berry, na década de 1980, com base em pesquisas que apontaram que a qualidade de um serviço é avaliada pelo consumidor, comparando suas expectativas e percepções em algumas dimensões. Em viagem, o turista sempre espera receber mais pelo serviço. Assim, o serviço desejado, além de conter tudo aquilo que já era esperado em um nível mínimo, deve conter "algo mais".

Os criadores do Servqual definiram dois modelos de qualidade em serviços. Um tem como medida a diferença entre o serviço esperado e o desejado, e o outro representa a diferença entre o serviço percebido e o nível mínimo desejado.

10.4.1 Dimensões iniciais do Servqual

Os serviços precisam ser tangibilizados por meio de equipamentos e da aparência do pessoal, devem ser confiáveis, disponibilizados para pronto consumo (não pode ser armazenado) e transmitir confiança e empatia. O Quadro 10.1 mostra as dimensões dos serviços e o seu significado.

Quadro 10.1 Dimensões dos serviços e seu significado

Dimensão	Significado
Tangíveis	Instalações físicas, equipamentos e aparência do pessoal.
Confiabilidade	Capacidade de realizar o serviço prometido de forma confiável e com precisão.
Prontidão	Vontade de ajudar o cliente e fornecer o serviço de imediato.
Segurança	Conhecimento e cortesia dos funcionários e sua habilidade para inspirar confiança e convicção.
Empatia	Esmero, atenção individualizada com as pessoas em geral.

Fonte: adaptado de Zeithaml, Parasuraman e Berry (1988).

Os serviços são, na verdade, mais intangíveis que tangíveis, não podem ser armazenados e, portanto, são produzidos e consumidos ao mesmo tempo. Seu consumo depende da confiabilidade, da prontidão com que são fornecidos e ainda da segurança e empatia. Um serviço, seja uma refeição, uma consulta médica, uma hospedagem, um passeio, ou mesmo uma atividade de lazer, deve ter qualidades mensuráveis e ser aprimorado com frequência.

O sorriso deve fazer parte da característica da cidade. No México, muitos restaurantes incorporam à *performance* dos garçons o uso do humor. Portanto, aprender a sorrir deve fazer parte do elenco de ofertas de todos os serviços disponibilizados. O humor e o sorriso são parte da equação da felicidade e, dessa maneira, devem ser espontâneos.

10.4.2 Fatores componentes do Servqual

Tangibilizar um serviço que é por natureza intangível constitui uma das tarefas da prestação de serviços.

Quadro 10.2 Fatores componentes do Servqual

Dimensão	Significado
Tangíveis	Evidências físicas do serviço, como aparência dos atendentes, equipamentos usados para fornecer o serviço etc.
Prontidão	Presteza ou disposição dos empregados para realizar o serviço adequadamente.
Confiabilidade	Consistência do desempenho e confiança no que é realizado.

Dimensão	Significado
Comunicação	Manter os turistas bem informados e ouvir suas necessidades. Isso envolve explicar o serviço, seus custos e eventuais *trade-offs*.
Credibilidade	Envolve confiança crédito no prestador e honestidade. Ter em mente os melhores interesses do turista.
Segurança	É a imunidade quanto ao perigo, dúvida ou risco físico, financeiro ou de privacidade.
Competência	Ter habilidades e conhecimentos necessários para executar o serviço.
Cortesia	Envolve delicadeza, respeito, consideração e simpatia no contato com o cliente.
Conhecimento do cliente	Traduz o esforço em entender as necessidades dos clientes, como atenção individual.
Acesso	Oferecer acessibilidade e facilidade de contato, como horário de atendimento, tempo de espera etc.
Disponibilidade	Oferecer serviços médicos emergenciais e demais serviços públicos correlatos.
Empatia	Funcionários que atendam às necessidades do cliente, sabendo se colocar no lugar dele. Interesse genuíno em servir. Fornecimento de atenção individualizada a cada cliente. Funcionários que tratam os clientes sempre de forma atenciosa sabendo o que ele quer.

Fonte: adaptado de Zeithaml, Parasuraman e Berry (1988).

A entrevista com os clientes permite visualizar o grau de satisfação ou insatisfação em relação à variedade de serviços na área de gastronomia, hospitalidade, segurança, saúde, entretenimento, transporte, comunicação, entre outros.

Uma vez identificados os pontos críticos da qualidade dos serviços, deve se estabelecer um cronograma de ação para o aprimoramento dos serviços prestados.

10.5 COMO MELHORAR A PRESTAÇÃO DE SERVIÇOS

A área de serviços é a que mais cresce e apesar disso é a que mais insatisfações tem produzido. Um grande desafio é sensibilizar todos em uma cidade à condição de prestadores de serviços. Do taxista ao transeunte, do garçom à camareira, do condutor de charrete ao manobrista do hotel, todos fazem parte desse grande *show* orquestrado, que é o momento de estada de cada turista na cidade.

Segundo Nóbrega (2013), a grande chave é a questão comportamental, pois nem todos os participantes de uma empresa se colocam na condição de prestadores de serviços.

Quadro 10.3 Dez dicas de ouro dos serviços

Principais problemas	Ação requerida
Alguns gestores de setores serviços não se veem como prestadores de serviços	Conscientizar-se de que todos são prestadores de algum tipo de serviço
Os serviços parecem ser invisíveis ou extremamente subjetivos	É preciso tangibilizar a oferta do serviço, por meio da tecnologia (*software* e *hardware*)
Muitas vezes, não se consegue identificar e definir, de forma precisa, o que é serviço prestado ao cliente	O serviço é toda e qualquer facilidade ofertada ao cliente
Os serviços são prestados de forma padronizada para todos os tipos de clientes	Os serviços precisam ser personalizados para cada tipo de consumo
Não existe clareza sobre o posicionamento do serviço	O serviço deve ser posicionado na mente do consumidor
Muitos acreditam que serviços não podem ser projetados	Inovar em serviços
A prática usual de contratação de pessoas baseia-se em requisitos de qualificação técnica	A capacidade das pessoas deve ser complementada com comprometimento
Alguns gestores fazem um excelente treinamento sobre comportamento, mas este é realizado apenas uma vez	O treinamento de pessoas deve ser contínuo e com parâmetros de desempenho claros
Existe grande dificuldade em definir o preço de um serviço	O preço deve conter um componente econômico e outro de valor do serviço para o cliente
Para muitos dirigentes, o departamento de marketing é o grande e único responsável pela propaganda dos serviços	Envolver e comprometer todos na empresa com a tarefa de divulgar os serviços

Fonte: adaptado de Nóbrega (2013, p. 60-65).

CONCLUSÃO

A essência da estratégia para um serviço envolvem, entre outros, os seguintes aspectos:

- Considerar o mundo focado em serviços.
- Melhorar a prestação de serviços. Todo e qualquer serviço sempre pode ser aprimorado. Para tanto é importante desenvolver programas continuados de treinamento tanto para o pessoal da linha de frente como para o pessoal da retaguarda.
- O serviço, uma vez iniciado, não termina nunca. E para um bom atendimento é preciso saber o que o cliente deseja e procurar se antecipar oferecendo sempre o que há de melhor.
- O prazer de servir, isto é, atender bem.
- É preciso acompanhar o grau de satisfação do cliente em relação aos serviços prestados.
- Coloque-se no lugar do cliente. Uma boa maneira de atender bem é se colocar no lugar do cliente e imaginar como ele se sente em relação aos serviços recebidos.

TRADUZINDO EM PONTOS DE AÇÃO ESTRATÉGICA

Como melhorar a prestação de serviços:

✓ Ter em mente que todos na empresa são prestadores de serviços.
✓ Estabelecer o prazer de servir como a tônica de todas as pessoas da empresa.
✓ Aprender a enxergar os serviços pelos olhos do cliente. Nos pequenos gestos estão os grandes momentos.
✓ Compreender o que o serviço proporciona ao seu cliente. É importante descobrir o que o cliente busca no serviço.
✓ Planejar para atender necessidades específicas do cliente.
✓ É preciso agrupar os clientes de acordo com os benefícios buscados, segmentando o mercado por classe socioeconômica e estilo de vida.
✓ Estabelecer um posicionamento claro.
✓ Nunca ache que treinou suficientemente as pessoas. Um time aguerrido é aquele que treina sempre. Um pianista que ensaia oito horas por dia é ovacionado, ao passo que um que ensaia apenas duas horas por dia pode ser vaiado.

✓ Defina o preço pelo que você oferece.
✓ Comprometer as pessoas da organização com a boa entrega e com o bom atendimento ao cliente.
✓ Transformar cada funcionário em um propagador do serviço.
✓ Posicionar o serviço oferecido como melhor que o da concorrência.
✓ Criar valor em todos os serviços ofertados para que o cliente esteja permanentemente satisfeito.
✓ Fazer com que o cliente volte sempre a comprar.
✓ Zelar pela qualidade de todos os serviços em todas as etapas do atendimento para que o cliente se sinta em um pedestal.

RELAÇÃO TEORIA E PRÁTICA E RESULTADOS ESPERADOS

Dentre os principais aspectos teóricos - método Servqual, índice de satisfação do cliente e indicador de qualidade do serviço -, vejamos de que maneira a teoria influencia a prática e os possíveis resultados a serem obtidos.

Principais aspectos teóricos do capítulo	Possíveis repercussões práticas	Resultado esperado
Servqual	Melhor controle nos serviços prestados	Diminuição de reclamações do cliente e, consequentemente, melhor satisfação
Índice de satisfação do cliente	Orienta para a melhoria constante por tipo de serviço prestado	Melhora o grau de felicidade do cliente
Indicador de qualidade do serviço	Antecipa problemas de percepção do cliente	Melhora o grau de felicidade do cliente

QUESTÕES

1. O que é o prazer de servir?
2. De que maneira se pode avaliar o grau de satisfação do cliente, antes, durante e após a visita à cidade?
3. De que maneira as pessoas da empresa podem ser comprometidas com o bom atendimento?
4. Como obter um posicionamento claro do serviço?

REFERÊNCIAS

Livros

KOTLER, Philip; KELLER, Kevin Lane. *Administração de marketing*. São Paulo: Pearson Prentice Hall, 2012.

LOVELOCK, Christopher; WRIGHT, Lauren. *Serviços, marketing e gestão*. São Paulo: Saraiva, 2004.

ZEITHAML, Valarie; BITNER, Mary Jo. *Marketing de serviços*: a empresa com foco no cliente. Porto Alegre: Bookman, 2003.

Artigos

KAMLOT, Daniel. O poder do Servqual, a mais famosa ferramenta de análise dos serviços. *Revista da ESPM*, p. 153-159, set./out. 2013.

KAVADIA, Stelios; KOSTAS, Ladas; LOCH, Christoph. O modelo de negócio transformador. *Harvard Business Review Brasil*, p. 69-76, out. 2016.

LAS CASAS, Alexandre Luzzi; PINHEIRO, Wesley Moreira. Esqueça o que você vai comprar, pense em como será atendido. *Revista da ESPM*, p. 161-165, set./out. 2013.

NÓBREGA, Kleber Cavalcanti. As 10 dicas de ouro dos serviços. *Revista da ESPM*, p. 60-65, set./out. 2013.

PONTES, Marcelo Chiavone. Marketing de serviços 12 anos depois, melhorou? *Revista da ESPM*, p. 35-41, set./out. 2013.

PONTES, Marcelo Chiavone. Case Atendimento cinco estrelas. *Revista da ESPM*, p. 48, set./out. 2013.

ZEITHAML, Valarie A.; PARASURAMAN, A.; BERRY, Leonard L. A conceptual model of service quality and implications for future research, *Journal of Marketing*, 1985.

ZEITHAML, Valarie A.; PARASURAMAN, A.; BERRY, Leonard L. Servqual: a multiple-item scale for measuring customer perceptions of service quality. *Journal of Retailing*, 1988.

PARTE VI

ESTRATÉGIAS DE MARCA, PREÇO, VALOR, DISTRIBUIÇÃO E COMUNICAÇÃO

11 Estratégias Fundamentais de Posicionamento de uma Marca | As Marcas Devem Ser Amadas

"Amor, dinheiro e lua, parando de crescer começam logo a diminuir."
Stanislaw Ponte Preta

"O sol nasce para todos. A sombra é para os mais espertos"
Stanislaw Ponte Preta

OBJETIVOS DE APRENDIZAGEM

- Como construir valor para uma marca.
- Como associar uma marca à outra da empresa.
- Como calcular o valor da marca.
- O posicionamento de uma marca.

11.1 COMO CONSTRUIR UMA MARCA EM SERVIÇOS

As marcas são importantes para as mais variadas atividades e situações econômicas, sociais e culturais. A escolha do nome da marca é importante, primeiro, para estabelecer identidade e posicionamento no mercado e, também, imagem e reputação, tanto para empresas como para consumidores que querem consumi-la.

O segundo aspecto é que as abordagens de uma marca têm conotações psicológicas e antropológicas afeitas a ela. Por outro lado, uma marca tem valor econômico e afetivo. Identificar o valor que a marca representa para o mercado e para os seus consumidores possibilita estabelecer o posicionamento a nível econômico e social (adaptado de Tavares, 1998).

Considerando que orgulho, amor, paixão e carinho pela marca não são atributos a serem desenvolvidos, mas metas a serem conquistadas por uma organização de serviços. Considerando ainda que o serviço público ou privado não é uma mercadoria e o consumidor potencial ainda não é cliente. Um consumidor eventual só se transforma em um cliente se comprar aquela marca de serviços com alguma frequência. Construir uma *lovemark* (marca amada) em uma empresa de serviços é um grande desafio que toma tempo e recursos, seja ela uma Instituição de Ensino Superior (IES), uma empresa aérea, uma locadora de veículos, uma seguradora, um banco, uma escola de ensino fundamental, ou ensino médio ou mesmo uma escola de idiomas. Não importa, a marca de renome faz a diferença desde um restaurante até um hospital.

Tomemos como exemplo alguns alunos que "amam" suas escolas e trazem no peito, na bolsa, na mochila (mesmo que a escola não exija uniforme), ou em algum lugar, um adesivo da escola. Os atletas usam uniforme que os identifica com a marca do clube ou instituição que representam.

É com este orgulho natural (ou motivado) que os alunos do Insper, Ulbra, Mackenzie, USP, FGV, FECAP, ESPM, Unip, Uninove, entre tantas outras, têm orgulho de utilizar o logo da escola. Isso ajuda a gravar a marca da escola na memória das pessoas. O amor à marca é aquela emoção de voltar à escola que fizemos a graduação, sim. Todos temos, em um ou outro grau, um amor a uma marca escolar, assim como de um clube esportivo. Mas para cultivar uma marca de serviços no coração das pessoas é preciso investir em publicidade, em TV, em mídia social, jornais e revistas e em mídia exterior (mídia *Out of Home* - OOH, tais como *outdoor*, mídia aeroportuária, *bus door*, relógios de rua etc.).

11.2 COMO CONSTRUIR VALOR PARA UMA MARCA DE SERVIÇOS

A qualidade do serviço deve ter notoriedade. Seja um serviço médico (de saúde), financeiro, educacional, de turismo ou outro, os serviços devem possuir sempre uma qualidade superior aos concorrentes.

- ***Network***: as redes de trabalho devem ser alimentadas por ofertas de serviços de qualidade apoiada na ampliação de competências organizacionais. Fazer bem todos podem fazer em serviços, o importante é fazer o melhor. Um restaurante contemplado com as estrelas do Guia Michelin, por exemplo, sugere qualidade e criatividade.
- **Marketing de qualidade**: o próprio marketing da organização de serviços precisa dar orgulho ao usuário.

Uma comunicação bem-feita é sempre fonte de orgulho para o cliente frequente, cliente eventual, para o paciente de um hospital ou cliente de um plano de saúde, banco ou seguradora, ou até mesmo para uma empresa de negócios empresariais.

11.2.1 O valor da marca em serviços educacionais

É importante comprometer o público-alvo com a marca da instituição. Por exemplo, a valorização do ex-aluno – há um mercado enorme a ser explorado e que conhece e ama a sua escola. O ex-aluno deve estar sempre sendo convidado a participar de ações cívicas, culturais e mesmo sociais em sua escola de origem. E quando um novo curso estiver sendo oferecido, ele deve ser um dos primeiros a saber. O filho de um ex-aluno é sempre um potencial novo aluno.

E isso pode ser incentivado por meio de frases publicitárias, do tipo: "tenho orgulho da minha escola ou amo minha faculdade", ou "meu pai estudou aqui e meu filho também vai estudar...".

Lembre-se de que a marca da escola deve estar sempre na mídia tradicional e na mídia social.

11.2.2 O valor da marca em serviços de turismo e em empresas aéreas

A repetição de anúncios ajuda a fortalecer a marca de um hotel, operadora de turismo ou mesmo empresa aérea, mas isso está ligado à qualidade e ao reconhecimento do serviço prestado. Como dizia o apresentador de televisão Chacrinha: "quem não se comunica, se trumbica", ou seja, o nome da marca deve permanecer sempre em evidência. Oferecer um bom serviço é essencial, mas uma marca forte só é construída com base em comunicações frequentes e persuasivas. Um hotel de charme, além de oferecer um bom serviço, deve alardear essa qualidade aos quatro ventos.

A comunicação é a alma da construção de uma marca de valor. Não basta ser bom, o serviço precisa ser conhecido e reconhecido como tal.

11.2.3 A importância da marca para serviços empresariais e financeiros

Um serviço bancário não deve causar estresse. Ao contrário, deve ser prazeroso o contato do cliente com o banco, seja por meio digital ou presencial. A imagem de um serviço financeiro ou empresarial é o atendimento: se for bom, a marca ganhará destaque; caso contrário, a marca acabará cedendo espaço para outra de maior reconhecimento.

Já a imagem de uma empresa de negócios necessita ser construída a partir de uma atuação comunitária impecável, seja patrocinando atividades esportivas, seja estimulando outras atividades de cunho social. Agindo com lisura e presteza, a marca de uma empresa de negócios ganha destaque em relação a sua concorrência direta e indireta. Dessa maneira, uma marca empresarial bem trabalhada acaba se constituindo em moeda de troca para fortalecer os negócios buscados.

11.2.4 O valor da marca em serviços de saúde

Um hospital, laboratório de medicina diagnóstica, ou mesmo um plano de saúde, podem e devem se fazer presentes no mercado por meio de esclarecimentos sobre procedimentos preventivos em saúde em caso de pandemias e outras situações em que o público necessite ser orientado. Como a ética profissional inibe anunciar serviços de saúde, a maneira como essa comunicação pode ser realizada é prestar serviços informativos ou mesmo presenciais para tornar sua marca lembrada. O primeiro passo é zelar pela qualidade do serviço, e o segundo é estabelecer uma relação com a comunidade próxima. O Hospital Albert Einstein, por exemplo, oferece uma linha de serviços à comunidade de Paraisópolis, próxima a sua unidade do Morumbi, e com isso se torna uma referência em saúde comunitária.

11.2.5 O valor da marca em serviços de interesse público

Os serviços de concessão governamental – luz, gás, água, telefone, televisão por assinatura, aplicativos de TV (como Netflix, Amazon Prime Video, Vivo Play, Globoplay, Now), de buscas (como Google), de comunicação (como Instagram, WhatsApp, Twitter, YouTube), entre outros – necessitam de uma imagem pública valorizada, apreciada e respeitada. Isso é possível, sobretudo, por meio do reconhecimento do valor da marca, o que se constrói oferecendo serviços de qualidade e atendimento impecável. Se isso não for possível, algo está errado e precisa ser reformulado com urgência. Instalações e reparos no serviço público são corriqueiros, mas o atendimento requer uma atenção da empresa para tornar a marca do serviço respeitada e lembrada.

11.2.6 O valor da marca em serviços sociais (ONGs)

Uma entidade de interesse público, como uma Organização Não Governamental (ONG), não pode descuidar da marca, pois o respeito, a captação de recursos e apoios dependem da construção de uma marca de valor. Há muitos exemplos de entidades preocupadas com o bem-estar de pessoas carentes para produzir a valorização social da comunidade, como a Associação de Assistência à Criança Deficiente (AACD), Fundação Abrinq, Saúde Criança e Instituto da Criança, ou entidades de preservação ambiental, como Fundação SOS Mata Atlântica e Instituto de Pesquisa Ambiental da Amazônia (IPAM).

São tantas as demandas de preservação ambiental e de qualidade de vida das pessoas que fica difícil enumerar todas. O governo sozinho não dá conta dessas demandas, por isso as ONGs são imprescindíveis, mas elas precisam de voluntários e recursos para sobreviver. Aqui entra a necessidade de construir marcas fortes para que a ONG consiga apoiadores e patrocinadores e continue crescendo.

11.2.7 O valor da marca em serviços culturais

A marca de instituições produtoras de cultura é a força do valor e do reconhecimento. Sem isso, os projetos de apoio financeiro e de divulgação não acontecem. A cultura custa dinheiro e, sem recursos adequados, uma empresa produtora de cultura – seja de arte (pintura, escultura), artesanato, esporte, literatura, teatro, cinema, shows, espetáculos do folclore, música etc. – não sobrevive. Todo artista, em essência, é um produtor de cultura.

A Agência Nacional do Cinema (Ancine), por exemplo, é uma autarquia especial que tem como um de seus objetivos estimular a produção cinematográfica, mas que não dispõe de verbas suficientes para atender toda a demanda de cultura do país. Portanto, recursos privados devem ser obtidos por meio de patrocínios e apoios e, para que isso aconteça, a marca da entidade de cultura deve ser reconhecida, valorizada e respeitada.

11.2.8 O valor da marca em serviços em geral

Todo e qualquer serviço de interesse público deve vender uma imagem de eficiência e responsabilidade, sem o que o respeito e admiração do público em geral não acontece. Portanto, a marca forte do serviço permite a obtenção de credibilidade e recursos.

11.3 COMO CONSTRUIR O VALOR DA MARCA EM SERVIÇOS

As pessoas compram marca alinhadas com seus valores pessoais. Entre os valores de uma marca de uma organização de serviços, tais como instituições de ensino superior, hospitais, planos de saúde, serviços culturais, serviços públicos, hotéis, empresas aéreas, em outros serviços, destacam-se, segundo Aaker (1996; 2015), os seguintes fatores:

1. Valor da marca para o cliente e para a comunidade.
2. Lealdade à marca: uma marca forte cria lealdade em seus consumidores.
3. Consciência da marca: uma marca desperta o consciente e o inconsciente nas pessoas.
4. Qualidade percebida: uma marca só tem valor se sua qualidade é percebida e reconhecida.
5. Associações da marca: a mente humana associa a marca como alguém da sua família.
6. Outros ativos da marca: o poder do nome, dos valores gráficos e da lembrança que a marca proporciona.

Figura 11.1 Valor da marca.

Fonte: Aaker (1996; 2015).

11.3.1 Exemplo de valor da marca de uma instituição de ensino

O valor da marca de uma escola depende do grau de lealdade, consciência, qualidade percebida e de associações com outras instituições de ensino no país e no exterior. No Quadro 11.1, esse valor é analisado para o aluno atual, para o candidato a aluno e seus respectivos pais.

Quadro 11.1 Exemplo de valor para a marca de uma instituição de ensino

Valor da marca	Desejável
Lealdade à marca	Média/alta
Consciência da marca	Média/alta
Qualidade percebida	Alta
Associações da marca	Elevada
Valor para o aluno	Alto
Valor para o candidato	Médio/alto
Valor para os pais do aluno	Alto

Fonte: adaptado de Aaker (1996; 2015).

11.4 POSICIONAMENTO DA MARCA

Por meio de ações para obter lealdade do consumidor, se estabelece uma consciência da marca. E isso favorece criar um posicionamento com base na qualidade percebida da marca e suas associações com a satisfação com o desempenho do serviço e sua importância para o consumidor.

O valor de uma marca em serviços é elevada para clientes consumidores, e média para os demais públicos de outras origens. O que significa que a comunicação deve fazer um direcionamento estratégico para ganhar a simpatia e admiração de todos os possíveis candidatos a consumidor do serviço.

A marca tem sido a estratégia para ganhar destaque, valor e respeito.

A pergunta-chave é: a credibilidade e valor de uma marca de serviços se transferem de uma instituição de renome para uma outra parceria de menor prestígio? Muitas vezes, não. Isso ocorre quando a sinergia operacional da parceria é baixa, mas no caso de a sinergia entre duas empresas de serviços ser elevada, será possível uma boa sinergia para ambas.

Mas as marcas devem ter seu valor contabilizado como um ativo da empresa.

Quando a qualidade do serviço cai, o valor da marca também cai, não apenas na mente dos clientes, mas também na bolsa de valores, caso seja uma empresa de capital aberto.

11.5 *BRANDING EXPERIENCE*

É a maneira pela qual as marcas de serviços interagem com seus clientes e fornecedores a fim de produzir experiências que induzam simpatia e valor para a marca, identificando necessidades não atendidas por seus serviços e buscando proporcionar algo que encante seus clientes atuais ou potenciais.

Veja alguns exemplos de experiência em serviços que podem produzir efeitos instigantes:

- Evento gastronômico em que chefes de cozinha de renome escolhem um cliente do restaurante ao acaso.
- Experimentar por um prazo determinado os serviços de uma empresa de telefonia móvel.
- Oferecer uma estadia gratuita em um hotel de charme.
- Oferecer uma aula em uma escola de idiomas.

CONCLUSÃO

A marca é um dos ativos da empresa, e a construção da marca na mente dos funcionários, clientes e fornecedores é decorrente dos bons serviços. Ou seja, a essência de uma empresa de serviços é prestar bons e, se possível, inusitados serviços. O posicionamento de uma marca de serviços na mente e no coração do cliente depende da percepção de utilidade que o serviço proporciona em termos de qualidade e valor.

TRADUZINDO EM PONTOS DE AÇÃO ESTRATÉGICA

- ✓ Investir na qualidade do serviço.
- ✓ Criar valor para a marca com base em bom desempenho e serviço de assistência técnica.
- ✓ Investir em comunicação na mídia geral e na mídia digital.
- ✓ Abrir o capital na bolsa de valores.
- ✓ Criar um portfólio de serviços inusitados.

QUESTÕES

1. Como construir valor para uma marca de um serviço?
2. Como conquistar o coração de um cliente para uma marca?
3. Como construir credibilidade para uma marca de serviços?
4. De que maneira pode ser avaliado o valor da marca como um ativo de uma empresa de serviços?
5. Discuta a importância da qualidade de um serviço para criar valor para uma marca de serviços.
6. Uma marca pode agregar valor para a cotação das ações de uma empresa na bolsa de valores? De que forma?

REFERÊNCIAS

AAKER, David. A. *Building strong brands*. New York: The Free Press, 1996.

AAKER, David. *On Branding*: 20 princípios que decidem o sucesso das marcas. Porto Alegre: Bookman, 2015.

BATESON, John E. G.; HOFFMAN, K. Douglas. *Marketing de serviços*. 4. ed. Porto Alegre: Bookman, 2001.

KOTLER, Philip; KARTAJAYA, Hermawan; SETIAWAN, Iwan. *Marketing 4.0*: do tradicional ao digital. Rio de Janeiro: Sextante, 2017.

LOVELOCK, Christopher; WIRTZ, Jochen; HEMZO, Miguel Angelo. *Marketing de serviços*: pessoas, tecnologia e estratégia. 7. ed. São Paulo: Pearson, 2011.

NASCIMENTO, Augusto; LAUTENBORN, Robert. *Os 4 Es de marketing e branding*. Rio de Janeiro: Campus, 2007.

RIES, Al; TROUT, Jack. *Posicionamento*: a batalha por sua mente. São Paulo: M.Books, 2009

TAVARES, Mauro Calixta. *A força da marca*: como construir e manter marcas fortes. São Paulo: Harbra, 1998.

12 Diferencial Estratégico de Preço, Distribuição e Logística | Hora da Verdade

"Era uma empregada tão perfeita que a patroa concordou em cozinhar para ela."
Stanislaw Ponte Preta

"Mais monótono do que itinerário de elevador. De onde menos se espera, daí é que não sai nada."
Stanislaw Ponte Preta

OBJETIVOS DE APRENDIZAGEM

- Estudar a influência do preço como forma de administrar a demanda.
- Considerar a distribuição como maneira de atender à demanda.
- Tratar o atendimento como estratégia de satisfazer o cliente de um serviço.

INTRODUÇÃO

Levar o serviço certo ao cliente certo e ao preço certo. Essa parece ser a relação ótima de uma empresa com o seu mercado. Mas para que isso ocorra é importante que ela se organize e faça fluir suas operações com o menor nível de ruído para o seu cliente.

Para muitas empresas a venda começa no preço, mas na verdade o preço deveria ser encarado apenas como um detalhe, decorrente da qualidade e do valor do serviço.

12.1 PREÇO

A estratégia de preços em serviços tem alguns componentes específicos, diferentemente de produtos, cuja ênfase básica são custos de produção. Mas os objetivos de receita e lucro estão sempre claros.

Além de viabilizar uma operação de serviços, é preciso também rentabilizá-la. O binômio é viabilizar e rentabilizar.

12.1.1 Criação e administração da demanda

A primeira tarefa é viabilizar a demanda para o serviço, mas isso implica também cobrir os seus custos de produção. A segunda tarefa, rentabilizar, significa obter lucro na operação de produção e comercialização do serviço.

Mas, para obter demanda em serviços, há que se investir na qualidade do serviço e na comunicação. O serviço precisa ser produzido levando em conta as expectativas de desempenho pelo cliente. Um serviço com mau desempenho inibe a demanda pela insatisfação dos clientes. Para maximizar a demanda, é preciso investir em marketing.

Por exemplo, por mais renomada que seja uma instituição de ensino, ela não consegue viabilizar um curso novo apenas relacionando-o em seu *site*. É importante um esforço de marketing, que tem um custo. O insucesso na venda também tem seu custo, assim como um desgaste na imagem da instituição de ensino. Nenhum curso é autovendável por mais credível que seja a instituição e, portanto, para criar demanda, é preciso um esforço de marketing que gere vendas. Esse esforço de marketing deve entrar na formação do custo do curso e, assim, influir em sua rentabilização.

A demanda deve ser construída com base na identificação das expectativas do cliente e possível cliente do serviço. Isto posto, pode-se configurar um serviço moldado a essas expectativas. A razão de sucesso ou fracasso nas vendas está intimamente ligada à pesquisa para identificar o mercado e aos esforços de comunicação e de vendas necessários para obter demanda para o serviço. E isso pressupõe estabelecer um claro valor do serviço para o cliente.

12.1.2 Estratégias de preço

O apreçamento de um serviço depende de quatro fatores:

1. custo de produção do serviço;
2. concorrência;
3. valor para o cliente;
4. posicionamento do serviço.

A determinação de preços em serviços exige um esforço criativo e tecnológico mais intenso do que em produtos. Os serviços não podem conter erro, pois quase ao mesmo tempo em que ele é produzido ele é consumido. Não há como corrigir falhas durante a operação. A correção depois exige um retrabalho dispendioso e uma avaliação depreciativa pelo cliente.

O preço do serviço pode ser baseado em seu custo de produção, em função da concorrência e de acordo com a estratégia de crescimento no mercado.

A determinação do preço do serviço envolve, entre outros, os passos descritos na sequência.

1. Custo de produção do serviço

Os custos de produção se dividem em:

- Custos fixos: inerentes a salários, *royalties* da tecnologia adotada, aluguéis, depreciação de equipamentos, assistência técnica, infraestrutura de manutenção e segurança, pagamento de juros, entre outros fatores fixos.
- Custos semivariáveis: situam-se entre custos fixos e variáveis. Normalmente, são despesas que ocorrem quando há um aumento de vendas. Os voos extraordinários em determinada rota, por exemplo, embora incrementem a receita, implicam custos.
- Contribuição: é a diferença entre o custo variável de vendas e o dinheiro recebido na operação, e destina-se a cobrir custos fixos e semivariáveis e produzir lucro.
- Custos econômicos: quando a demanda aumenta, a empresa de serviços precisa investir em contratações extraordinárias de pessoas e equipamentos, o que requer mais capital para o giro dos negócios.

2. Concorrência

A atuação da concorrência, muitas vezes por sua agressiva atuação em preços, exige uma pronta resposta da empresa de serviços, acarretando, inclusive, redução de custos para obter preços mais competitivos.

3. Valor para o cliente

O apreçamento com base em valor para o cliente significa identificar o preço ótimo que navega na mente do consumidor e que se torna um parâmetro decisório de compra. Para enfrentar esse chamado preço ótimo, a empresa de serviços frequentemente se vê obrigada a reduzir custos e oferecer preços do serviço no patamar imaginário do cliente.

4. Posicionamento do serviço

O fator preço pode ser utilizado como uma estratégia de posicionamento da marca no mercado. Por exemplo, um preço *premium* pode significar um serviço *top* de linha em qualidade e desempenho, ao passo que um preço baixo pode induzir que se trata de um serviço mais simples. E isso enseja também preços intermediários entre o alto e o baixo, significando serviços intermediários.

Com as vendas *on-line*, um serviço precisa ter uma estratégia de preços que se adeque à velocidade com a qual esse mercado atua. Os chamados robôs de loja (*shopbots*) ajudam o cliente a identificar o menor preço em questão de segundos. Há aplicativos que avaliam rapidamente qual é o melhor preço de determinado produto e fazem entregas super-rápidas como o Rappi (que tem especialistas de compras em lojas, supermercado, farmácias, restaurantes etc.), o iFood, o Uber Eats e outros especializados em entregas de refeições.

Há outros aplicativos que sugerem o mais adequado percurso de uma viagem, em qualquer cidade do mundo, como o Waze e outros. E ainda aplicativos de serviços de táxi como o Uber, o Cabify, o 99 e Easy Táxi, que informam instantaneamente o preço do percurso, e, assim, a decisão de compra também é instantânea.

Considerando que os aplicativos não param, à medida que sempre surgem novas tecnologias, as empresas de serviços precisam inovar com novos serviços para se manterem competitivas.

Na área de serviços turísticos, há outros aplicativos que permitem comparar a oferta de preços da diária para hotéis e aluguel de residências, preços de passagens aéreas e rodoviárias, preço de aluguel de automóveis e assim por diante.

O preço passa a flutuar em função de aplicativos que permitem comparações e informações instantâneas. São leilões reversos, em que o cliente domina a compra e exerce sua preferência (quem oferecer o que o cliente quer pagar fecha o negócio), e os leilões tradicionais, em que as empresas procuram ofertar o melhor lance (o *site* Mercado Livre e outros atuam nesse sentido).

12.2 DISTRIBUIÇÃO EM SERVIÇOS

Um serviço precisa chegar ao seu consumidor, seja via lojas físicas ou por meios eletrônicos. São os chamados *meeting points* (pontos de encontro entre clientes e serviços).

Assim, um serviço bancário pode chegar ao cliente por meio de uma agência ou por um aplicativo via internet. Um aluno pode receber o serviço educacional em sala de aula ou por meios digitais (ensino a distância). Já os serviços de táxi do Uber, Cabify, 99 ou de locação de residências só podem ser acessados por um meio digital, como celular ou tablet.

As lojas físicas utilizadas na venda de produtos e serviços estão encolhendo em face do crescimento da venda *on-line*.

A entrega de um serviço depende da natureza do serviço, por exemplo, as empresas de telefonia móvel e fixa também oferecem serviços de internet e de televisão paga, entre outros.

Quando se usam equipamentos físicos, um serviço intangível por natureza pode ser tangibilizado pela utilização de equipamentos, tais como cabeamentos e aparelhos (roteadores, *receivers*, controle remoto, Apple TV etc.).

A Netflix tem sucesso com seus filmes, mas precisa ser acessada pela internet e, quando diretamente na TV, precisa do aparelho Apple TV ou similar.

12.2.1 Inteligência relacional e distribuição de serviços – canais físicos e eletrônicos

As habilidades sociais e comportamentais são tão ou mais importante que os conhecimentos técnicos para o sucesso em serviços. Trata-se da inteligência relacional – habilidade de mobilizar pessoas e recursos em prol de objetivos em comum, potencializando a criatividade, a inovação e a velocidade de entrega do serviço e do atendimento, seja sob a forma de uma assistência técnica pós-venda ou mesmo de resolução de uma reclamação. Cliente satisfeito deve ser a meta da empresa, e a relação entre clientes e a empresa de serviços deve ser otimizada.

O trabalho colaborativo da empresa com seus clientes presenciais ou digitais deve estar sempre presente, harmonizando humanização e tecnologia, seja com objetivos operacionais ou até mesmo sociais, como erradicar a fome mundial, promover acesso à água a toda a população ou contribuir para mitigar as mudanças climáticas com o uso maciço de recursos energéticos renováveis.

Em uma boa distribuição de serviços por meio de lojas físicas ou digitais, o cliente deve ser visto como um parceiro, e não como um adversário. Ou seja, relacionamento é a palavra-chave no mundo de serviços.

É bom lembrar das regras do relacionamento:

- Regra número 1: o cliente tem sempre razão.
- Regra número 2: quando o cliente estiver errado, volte à regra número 1 (ou seja, o cliente tem sempre razão).

CONCLUSÃO

As estratégias de preço e distribuição caminham em paralelo, com o objetivo de agilizar a entrega do serviço e rentabilizar a operação.

A velocidade da entrega é a chave do sucesso. Os serviços devem ter boas tecnologias disponibilizadas por meio, por exemplo, de aplicativos que facilitem o contato entre clientes e empresas, mas também devem oferecer preços competitivos. Mas não é só. Cliente satisfeito deve ser a meta de uma organização pela facilidade de acesso à compra e à posse do serviço. O verdadeiro indicador do sucesso de uma empresa de serviços não é apenas o lucro, mas o índice de satisfação do cliente.

TRADUZINDO EM PONTOS DE AÇÃO ESTRATÉGICA

- ✓ Estabelecer apreçamento do serviço com base em custos, concorrência e valor pretendido pelo consumidor.
- ✓ Estabelecer estratégias relacionais com fornecedores, distribuidores e clientes do serviço.

- ✓ Estabelecer canais físicos e digitais hábeis e criativos.
- ✓ Satisfazer o cliente com base na entrega e na operação de serviços de qualidade.

QUESTÕES

1. Como deve ser calculado o preço? Com base em custos de produção (custo fixo mais custo variável) ou em fatores competitivos?
2. Como pode ser definido um preço ótimo?
3. Como se calcula o preço de uma passagem aérea, com base no chamado *yield management*?
4. De que forma a inteligência relacional pode afetar a determinação de preços competitivos?
5. Qual é o significado da contribuição marginal na composição do preço de vendas de um serviço?

REFERÊNCIAS

BATESON, John E. G.; HOFFMAN, K. Douglas. *Marketing de serviços*. 4. ed. Porto Alegre: Bookman, 2001.

LOVELOCK, Christopher; WIRTZ, Jochen; HEMZO, Miguel Angelo. *Marketing de serviços*: pessoas, tecnologia e estratégia. 7. ed. São Paulo: Pearson, 2011.

13 Estratégias de Comunicação e Mídias Digitais | Magia e Persuasão[1]

"O tambor faz muito barulho, mas é vazio por dentro."

Barão de Itararé

"O caipira levou a televisão para consertar. O técnico perguntou: Qual é o problema? O caipira respondeu: Oi, moço! Proseá ela proseia, só não tem feição..."

Anônimo

OBJETIVOS DE APRENDIZAGEM

- Discutir o que mudou na gestão de comunicação na Era Digital.
- Entender a importância dos 7 Ps para a comunicação.
- Apresentar uso da inteligência artificial na propaganda e na promoção de vendas.
- Discutir como a marca pode ser uma experiência mágica.

INTRODUÇÃO

O que mudou na gestão de comunicação em serviços na Era Digital?

Se pararmos para ouvir profissionais de marketing em busca da resposta para tal pergunta, é muito provável que não se chegue a um acordo facilmente. Enquanto uns dirão "Tudo mudou, pois o mundo mudou" outros, no polo oposto, argumentarão "Nada mudou, pois o ser humano é o mesmo". Em qual ponta desse leque se encontra a resposta correta? Em ambas. Por um lado, ao falar sobre mudanças em qualquer âmbito do marketing, é preciso levar em consideração tudo o que é novo. Pois somente assim é possível avaliar o que é útil. Por outro lado, ao realizar essa tarefa, é necessário lembrar-se de que a evolução humana se dá a passos mais lentos que a evolução tecnológica. E isso significa que

[1] Coautoria de Maria Cecilia Stroka.

as ferramentas psicológicas a serem utilizadas não precisam evoluir na mesma velocidade, mas sim variar. Isto é, devem ser escolhidas, trocadas ou revistas de acordo com os tempos, avaliando o ambiente social, econômico e tecnológico onde o marketing está sendo feito.

Acreditando em uma resposta tão abrangente, como então poderíamos responder à pergunta que intitula este capítulo em apenas algumas páginas? Nesta tarefa, optamos por uma abordagem prática: analisar os 7 Ps do marketing de serviços sob o viés das mudanças do ambiente digital acrescentando um novo P exclusivo da comunicação com o item "Produtividade e qualidade". Eventualmente, apresentamos exemplos ilustrativos. Sempre discutindo os possíveis comportamentos da marca, assim como o caminho adequado à perspectiva psicológico do consumidor médio.

Naturalmente, à medida que avançarmos pelos tópicos, será possível notar que algumas características essenciais da Era Digital se repetem e se estendem à maneira de realizar o marketing de serviços de forma geral.

A inteligência artificial tem contribuído com novas tecnologias, que tornam a mídia digital instantânea. Os recursos de uma mídia impressa são lentos, ao passo que a mídia digital permite informações instantâneas e disponíveis *on-line*. São vários os recursos a serviço da informação e conhecimento, como o Google como maior *site* de buscas do mundo, que se torna atraente e instigante com imagens do YouTube e ainda postagens do Instagram. O Facebook agiliza a comunicação entre pessoas, tornando a sociedade uma grande rede que se comunica *on-line* e instantaneamente. Inúmeros recursos da nova mídia permitem uma comunicação personalizada e atingindo o consumidor onde ele estiver, na rua e em espaços públicos, como promovido pela mídia *Out of Home* (OOH). Ou ao acessar um aplicativo no celular, computador ou iPhone, sua busca é interrompida por uma enxurrada de comerciais, difíceis de serem apagados. Há ainda recursos do *e-mail* marketing, que acessa o consumidor em velocidades incríveis, eliminando as ações no tradicional marketing direto. Mas há muitos outros exemplos, cuja evolução constante parece tornar obsoletos os recursos de persuasão antes utilizados. A mídia digital não para e quem sofre é a mídia tradicional de jornais, revistas, rádio, TV aberta e por assinatura. A Netflix, a Amazom, entre outros, apresentam filmes, séries e documentários por uma assinatura mensal convidativa.

13.1 PRODUTO (SERVIÇO)

A crescente facilidade no acesso à informação é um dos pontos-chave na hora de elaborar, modificar ou atualizar aspectos de um produto no segmento de serviços. Por sua intangibilidade própria e natureza heterogênea (à medida que dependem muito mais de fatores humanos do que de produtos industriais), pode-se dizer que esse segmento é especialmente afetado pelas novas características do mundo. Após uma experiência – boa ou ruim – com a marca, o consumidor comum, hoje, está a um clique de espalhar sua própria opinião a um círculo de amigos e familiares muito mais abrangente do que poderia décadas atrás, pelo boca a boca. As características de mercado que a internet oferece transformaram o consumidor em um indivíduo informado e, consequentemente, mais exigente, lançando as marcas a uma posição de permanente vulnerabilidade. Porém, o outro lado da moeda também existe e não pode ser esquecido. Acompanhando essa vulnerabilidade estão infinitas possibilidades positivas, pois a facilidade de comunicar e anunciar novidades relacionadas com um produto 24 horas por dia – a custos irrisórios, se comparados aos métodos tradicionais – é real.

A vulnerabilidade citada fica muito clara ao avaliarmos a quase onipresente cultura de *reviews* (avaliações) que se formou na internet. Enquanto os produtos físicos são avaliados com os famosos vídeos "*unboxing*", onde um consumidor filma e descreve a experiência de abrir e conhecer o produto pela primeira vez, os produtos intangíveis (como os serviços) são avaliados em diversas plataformas, como o Tripadvisor, no qual viajantes do mundo inteiro podem avaliar se a sua estada ou visita a determinado hotel, restaurante ou cidade foi positiva ou negativa. Esse exemplo aborda o setor de turismo e alimentação, mas não está sozinho. Não é necessário muito esforço para encontrar avaliações minuciosas de consumidores sobre virtualmente qualquer tipo de serviço e empresa. Assim, hoje o consumidor tem a possibilidade de avaliar a maior parte dos parâmetros que definem a compra ou a não compra de um serviço antes mesmo de experimentá-lo. E o faz.

Atualmente, não é possível nem recomendado esconder as fraquezas do serviço (mas sim reforçar os pontos positivos), nem varrer a sujeira de um serviço mal realizado para baixo do tapete. Com presença unânime na internet e sua ligação intrínseca ao consumo, cedo ou tarde tudo vem à tona. E, nesse cenário, cabe a quem presta serviço aliar duas características fundamentais ao marketing de seus produtos: transparência, para que o consumidor saiba efetivamente o que deve esperar; e capacidade de ouvir, tanto para aproveitar oportunidades de mercado (ligadas a tendências ou eventos alinhados com a identidade do produto) quanto para oferecer respostas imediatas ao consumidor (seja adequando o serviço à necessidade deste ou esclarecendo amigavelmente que o serviço se presta a outros objetivos).

13.2 PREÇO

A formação do preço de um serviço tradicionalmente envolve a mensuração dos esforços da equipe, do tempo despendido, da complexidade, dos custos e despesas gerados antes, durante e depois da prestação do serviço, assim como a consideração do perfil do público-alvo. Porém, a estipulação de um número por meio de fórmulas apenas indica uma direção a seguir. A real definição de um preço se dá apenas depois que o número alcançado pelas fórmulas é comparado com a concorrência e adequado ao contexto de mercado.

Que partes desse processo a Era Digital afetou? Novas tecnologias surgem todos os dias, e muitas delas ajudam no aumento da produtividade e diminuição de custos de diferentes aspectos de um serviço, e isso pode refletir na formulação inicial do preço. Mas não é somente desse modo que a Era Digital atinge a definição do preço dos serviços. A parte de adequação do preço alcançado pelas fórmulas à realidade do mercado também foi consideravelmente afetada. Aqui, novamente, a facilidade de acesso à informação por parte do consumidor é o ponto-chave. Com a mesma agilidade e conforto que clientes pesquisam e comparam atributos, também comparam preços. Não é novidade que existem diversas empresas, como o *site* Buscapé, dedicadas exclusivamente a facilitar a comparação de preços entre concorrentes. E que essas abrangem os mais diversos segmentos.

Isso não necessariamente facilita ou dificulta a precificação de um serviço, mas aumenta a necessidade da revisão constante do preço de venda, tanto para manter-se dentro de uma faixa competitiva quanto para aproveitar oportunidades de variação.

Além disso, se, por sua intangibilidade e natureza heterogênea, os serviços, em comparação aos produtos, são naturalmente mais vulneráveis às críticas no ambiente digital, por outro lado, essa mesma intangibilidade é uma vantagem na precificação. Enquanto na comparação entre preços de produtos, especialmente os industrializados, o fator definidor tende a ser o preço mais baixo, na comparação entre serviços outros fatores pesam na balança. Fatores como atendimento, rapidez, conforto, entre outros, podem relativizar o impacto do preço. Nesse sentido, os consumidores passam a buscar faixas de preço acessíveis à sua condição. E, dentro dessas faixas, escolhem a opção mais atrativa, como em restaurantes, hotéis, médicos, hospitais, escolas, entre outros. Há, claro, alguns serviços onde essa condição não se aplica, como na venda de passagens aéreas.

Por último, vale também dizer que no ambiente digital a precificação também está vinculada a outros fatores, como conforto e segurança. Serviços que podem ser comprados *on-line*, para atrair consumidores, precisam não somente garantir plataformas seguras, mas imprescindivelmente aparentar tal segurança. O investimento em conforto nessa fase, por sua vez, pode ser utilizado como estratégia de diferenciação. Em uma situação onde é impossível oferecer preços mais competitivos que os concorrentes, aumentar o número de formas possíveis de pagamento (cartões de crédito, débito e boleto bancário) é um exemplo disso.

13.3 PRAÇA (MOMENTO E LUGAR)

No segmento de serviços, a praça é o tópico que abrange o momento e o local onde o serviço é entregue. Envolvendo também, até certo ponto, a forma como estes afetam a entrega do serviço e sua execução. Assim, aqui, pode-se de dizer que a Era Digital influi em três aspectos: no momento, em relação a serviços que podem ser prestados integral ou parcialmente *on-line*; no local, também em relação a serviços que são prestados *on-line*; e no lugar, em relação a serviços entregues ou realizados em ambientes físicos.

Considerar os dois primeiros é mais intuitivo. A Era Digital abriu caminho para que diversos serviços que antes exigiam ambientes físicos pudessem se converter em plataformas *on-line*. É o caso de muitas agências de viagem, escolas de ensino de idioma (com aulas por vídeo), entre outros. Há também diversos segmentos que se tornaram parcialmente virtuais, como serviços de transporte pessoal e entrega de alimentos. Como tendência geral, os ganhos dessas mudanças estão ligados à *flexibilização* de horários, o que se reflete em conforto para o consumidor, e à diminuição de custos operacionais, pela automatização de processos e computação de dados com tecnologias a cada dia mais baratas. Porém, ainda que os ganhos sejam maiores e o caminho inevitável, pode-se dizer que, como ponto negativo, aumenta também impessoalidade da relação entre empresa e consumidor, visto que *on-line*, naturalmente, é mais difícil fazer um cliente sentir-se valorizado individualmente e "olhado nos olhos". O desafio, então, é utilizar a grande quantidade de dados disponíveis para reverter a frieza e neutralidade da rede.

Já em relação aos serviços que seguem sendo prestados em ambientes físicos, o barateamento da tecnologia e a facilidade em espalhar informação transformaram o dia a dia das empresas. O rápido avanço tecnológico e seu custo cada vez mais baixo permitem que a maior parte dos consumidores circule, hoje, com *smartphones* nos bolsos. Isso significa que o cliente atendido tem à mão uma câmera pronta para filmar, fotografar, um gravador de áudio, uma antena para transmitir informações ao vivo etc. Assim, a antiga necessidade empresarial de precaver-se contra eventuais deslizes aumentou exponencialmente. Nesse cenário, uma parede mofada em um consultório clínico que deveria estar propriamente higienizado ou uma barata avistada em um restaurante já não são mais casos que podem ser abafados com tanta facilidade. Hoje, uma foto nas redes sociais pode se revelar pior do que uma visita da vigilância sanitária.

13.4 PROMOÇÃO E COMUNICAÇÃO

Este tópico se refere à necessidade de se criar, manter e inovar em estratégias de comunicação e formas de divulgar os serviços oferecidos pela empresa. Isso significa encontrar maneiras inteligentes de revelar os atributos e características do serviço prestado, ressaltando, principalmente, os diferenciais deste em comparação ao restante do mercado, a capacidade técnica para oferecê-lo e a credibilidade da empresa.

Nessa área, a Era Digital trouxe grandes aliados às equipes de marketing. A pluralidade das plataformas virtuais e a acessibilidade crescente a grandes volumes de dados são duas parcerias que valem o destaque.

Aqui, entende-se por pluralidade o leque de opções e a capacidade de adequação de plataformas às necessidades de comunicação. Em um par de décadas, passamos de algumas formas tradicionais de comunicação com os clientes, como malas-diretas, anúncios impressos e de televisão, a uma infinidade de canais. De *e-mails* marketing a notificações de "*push*" no celular, agora é possível entrar em contato com cada cliente de forma muito mais específica e adequada ao seu momento (na jornada de compra) e às suas necessidades. E, até mesmo, na falta de caminhos ideais, reinventar o uso das plataformas. Afinal, a programação computacional permite, hoje, que as marcas reinventem *sites*, criem aplicativos e mais.

Mas a promoção bem-feita não necessita apenas do caminho certo. Nesse ponto é que os dados mostram seu valor, tendo em vista que a Era Digital tem se mostrado também como a Era da Informação. Com o grande volume de dados, tanto gratuitos quanto à venda, sobre a sociedade e sobre cada indivíduo, cabe às marcas que prestam serviços encontrar as interseções entre os gostos e costumes pessoais dos clientes e os serviços prestados pela empresa. E, a partir daí, utilizá-los de forma útil ao consumidor, sem tornar-se impertinente. As possibilidades são infinitas. Podem ser ações individuais, como um aplicativo de entrega de comida *on-line* (iFood e similares) que ofereça um desconto de aniversário adequado aos gostos de seu cliente; ou mais amplas, aproveitando-se de oportunidades de momento (semana mundial do bem-estar ou lançamento da nova temporada de certa série, por exemplo) e mirando em grupos específicos (pessoas que costumam pedir comidas saudáveis ou fãs declarados de tal série, respectivamente). Sempre oferecendo benefícios ou facilidades que caibam ao público-alvo e o aproximem da marca de forma natural.

13.5 PROCESSO

Neste tópico, a grande diferença entre o marketing de produtos e o marketing de serviços é a participação do cliente. Muitas vezes, em maior ou menor proporção, o processo de elaboração ou prestação de um serviço consiste na própria experiência sendo vendida. Isso torna o setor mais exposto e cria a necessidade de uma maior excelência e rigidez em cada uma das etapas reveladas ao consumidor.

A Era Digital pode oferecer as ferramentas para ajudar a suprir tais necessidades. Enquanto metodologias de trabalho estão mais ligadas a fatores humanos, com frequência fluxos e procedimentos podem ser *otimizados* com a tecnologia certa. Seja em larga escala, como com *softwares* que automatizam determinadas etapas, ou em menor escala, com aplicativos que facilitam a interação cliente e empresa, tais soluções variam muito e não podem ser generalizadas, pois dependem essencialmente de sua adequação ao serviço oferecido. Entretanto, pode-se se dizer que são indicadas à medida que aumentam a precisão e efetividade do serviço, assim como a percepção positiva sobre este.

13.5.1 Tendência – uso da inteligência artificial na propaganda e promoção de vendas

Com base em robôs se criam campanhas publicitárias e promocionais mais assertivas. E isso tem ajudado até mesmo a conseguir um melhor posicionamento da marca. O princípio, conhecido como Algoritmos Avançados, ajuda a captar *insights* de comportamento do consumidor. Com esse instrumento artificial, os robôs sugerem produtos e serviços para clientes em potencial *on-line*. Eles apenas encontram tendências e as trazem para a superfície, permitem um melhor enfoque de uma campanha publicitária, com base no que realmente interessa ao consumidor de serviços (ACCENTURE, 2017). E as ofertas promocionais tendem a ser sob medida.

13.6 "PALPABILIDADE" OU EVIDÊNCIA FÍSICA

Se não estivermos atentos, é fácil confundir a ideia de "palpabilidade" com a de praça. Porém, a "palpabilidade" (ou evidência física) é muito mais abrangente, pois se refere a uma percepção geral sobre a forma palpável como a empresa interage com o cliente. Por isso inclui a praça (como lugar), mas também as pessoas (que veremos mais adiante), assim como a infinidade de detalhes que circunda a prestação do serviço. Desde a apresentação de um cartão de visitas adequado à organização do ambiente onde o serviço é prestado, tudo importa.

Como já foi dito, a Era Digital transformou cada cliente em um propagador de informação. Então, aqui se repete a vulnerabilidade que já foi destacada em seções anteriores. Porém, com um adendo específico: a evidência física diminui a cada dia. Com a digitalização e automatização de diversos processos e partes da prestação do serviço, o contato físico entre cliente e marca tende naturalmente a ficar mais e mais pontual. Isso, porém, não necessariamente facilita o trabalho de marketing, pois aumenta a importância dada a cada contato. Se, ao ser prestado, um serviço realiza contato apenas uma vez com o cliente, é imprescindível que esse contato seja realizado de forma impecável. Enquanto, se os contatos são em maior número, o que passa a importar é a manutenção de uma constância boa o suficiente.

13.7 PESSOAS

Se comparado aos demais, o setor de serviços depende em maior grau do fator humano na entrega do serviço. Não é novidade que treinamento e orientação dos funcionários de acordo com as normas e, principalmente, os valores da marca é de suma importância. Novamente, na Era Digital a facilidade de exposição e divulgação de informação aparece como um fator de ameaça. Um pequeno deslize de um garçom ou o mau humor demonstrado por um motorista de táxi ou Uber podem ser o suficiente para que um cliente insatisfeito escreva um texto ou divulgue uma imagem que rapidamente viralize. O poder de reação do consumidor perante as falhas das empresas cresceu e segue crescendo, nesse ponto, vertiginosamente. Se não no campo jurídico, ao menos no campo social, onde a percepção sobre a marca é afetada.

Porém, o treinamento e orientação sobre os modos adequados de se portar e comunicar não cabem somente a quem tem contato presencial com clientes. Se antes este se estendia aos operadores de telefone, agora, com os novos canais, passou a ser necessário que tais direcionamentos ganhem uma abrangência muito maior. Há uma grande variedade de novos postos de trabalho pelos quais funcionários se comunicam com o público em nome da empresa quase em tempo real. Muitos deles estão ligados ao gerenciamento das redes sociais. Ainda que a criação de conteúdo para essas plataformas possa ser planejada, muitas das demais interações exigem respostas quase em tempo real. Assim, não é por acaso que há muitos casos de crises geradas ou agravadas pela maneira com que determinados funcionários responderam a fãs ou consumidores. Com pouco tempo para revisão e necessidade de respostas imediatas, funcionários passam a ocupar uma linha de frente que antes não existia. Por isso, o treinamento e capacitação de tais funcionários para aproveitar oportunidades de participar de conversas, assim como gerenciar crises, constitui uma das grandes necessidades do marketing digital atualmente.

13.8 PRODUTIVIDADE E QUALIDADE

Se há um tópico que demonstra a necessidade da atenção a todos os demais, é este. Uma vez que o serviço, o preço, a praça, a promoção, os processos, a palpabilidade e as pessoas estiverem seguindo a direção correta, a percepção do público sobre a produtividade e a qualidade do serviço prestado tende a ser naturalmente positiva.

Pela natureza do setor de serviços, tanto a produtividade quanto a qualidade ideais são pontos que devem ser atingidos repetidamente. Isto é, não basta apenas ter os meios para a execução de um serviço de qualidade, pois é preciso que sua execução (sempre inerentemente nova), seja – a cada dia – realizada mais uma vez com sucesso. Alcançar tal constante em excelência é um dos fatores cruciais para o triunfo ou fracasso de uma empresa de serviços.

Na Era Digital, além das maneiras de aperfeiçoar a produção e a percepção de qualidade já citadas anteriormente, é necessário estar atento às expectativas dos clientes, assim como às suas visões de mundo. Nota-se que é cada vez menos possível aumentar a produtividade à custa da qualidade de vida dos empregados ou do cuidado socioambiental sem que tais informações eventualmente alcancem o cliente. Isso acontece cada vez mais rápido. Assim, cada movimento realizado pela empresa prestadora de serviços deve levar em consideração a sua época e apontar para o futuro. Para manter-se competitivo no mercado, não basta a empresa perceber a produtividade e a qualidade como traços objetivos de um serviço, pois, hoje, as pegadas ambientais, o tratamento humano e a responsabilidade social também entram na conta. Ou seja, além de empossar-se da vanguarda tecnológica, é preciso desvencilhar-se de tradições arcaicas. Sejam elas de cunho prático, técnico ou comportamental.

Nada mais impede a comunicação de ser mais inacessível, ela se introduz na vida das pessoas aonde elas estiverem, em casa e no bar, na TV, nos escritórios e salas de estar com revistas e jornais e no celular e no computador, a comunicação está definitivamente na Era Digital.

13.9 COMUNICAÇÃO É CREDIBILIDADE

Uma pesquisa do Instituto Reuters para a Universidade de Oxford, na Inglaterra, revela que o Brasil é o segundo país que mais confia nos meios de comunicação. De acordo com a pesquisa, 60% dos brasileiros entrevistados acreditam na mídia; na Finlândia, líder do *ranking*, o índice é de 62%. Seguidos de Portugal (58%), Polônia (53%) e Holanda (51%). Nos Estados Unidos, o grau de confiança está na 28ª posição com 38% (PROPMARK, 2017). A confiança na informação tem valor muito alto. A credibilidade do veículo transfere uma parte para a credibilidade de uma mensagem publicitária.

13.10 PROPAGANDA 4.0

A criatividade publicitária é a receita para penetrar na mente do consumidor. Surgiram plataformas como Netflix e Spotify que não exibem anúncios, em um novo cenário em que o tempo disponível do consumidor será disputado. Todos tentam se antecipar ao futuro; os veículos tentando desenhar um novo tipo de mídia digital, e as agências de propaganda buscando se reinventar para não desaparecerem, tudo sob a ótica de uma nova comunicação a um público ávido de inovações.

Os serviços se tornam obsoletos, novas inteligências buscam explicar o inexplicável e o próprio consumidor, antes previsível com desejos explícitos, adquire contornos de imprevisibilidade. E caberá às empresas descobrir desejos ocultos de novos serviços que o próprio consumidor desconhece.

Enquanto o futuro da propaganda apenas acena novas formas, as marcas combinam mídia digital e televisão em busca de visibilidade e engajamento. As redes sociais democratizam o acesso a modalidades menos populares no esporte e a novos e interessantes serviços. E o anunciante sai em busca de novos formatos para se dirigir ao coração do consumidor.

O futuro da comunicação implica rever os modelos de negócio para construir uma nova indústria. O futuro da televisão passa por maior qualidade, experiência e credibilidade.

As inovações digitais são ameaças concretas para veículos de comunicação, sobretudo a mídia impressa e a mídia eletrônica. Ganha força a mídia exterior, com peças interativas em campanhas que integrem experiências *on-line* e *off-line*, transformando o público em propagador da mensagem. Assim, a chamada mídia OOH (mídia externa) se torna uma oportunidade de um *link* entre a vida real e o mundo *off-line*.

O Waze (aplicativo para rotas), por exemplo, desenvolveu uma combinação das soluções em anúncios da plataforma com mídia exterior. Assim, o consumidor é impactado pela mensagem da marca no mobiliário urbano e dentro do carro. Isso incrementa a cobertura, aumentando o impacto, enriquecendo as possibilidades de segmentação de mercado e a mensuração e oferecendo os diferenciais que só o meio digital oferece. Outro exemplo de mídia OOH é o anúncio nos quiosques do Banco 24 horas, impactando o público na hora de sacar dinheiro. Essa mídia tem conquistado espaços interiores poderosos em aeroportos, metrôs, condomínios, *shoppings* de estabelecimentos comerciais. Juntamente com o meio digital a mídia exterior são as que mais têm crescido. A inovação da mídia exterior com formatos imersivos tem impactado o consumidor por onde ele anda ou vive. A empresa de comunicação exterior Otima, que opera vários espaços como os pontos de ônibus, tem oferecido formatos imersivos para projetos de comunicação.

Marcas como Snickers, SBT, Fox e Vivo impactam o público com peças publicitárias interativas (OLIVEIRA, 2019, p. 40).

13.11 MARCA COMO UMA EXPERIÊNCIA MÁGICA

Antes de mais nada, uma marca precisa falar à mente e ao coração do consumidor de serviços. Para ter sucesso nessa empreitada, uma marca precisa ter o que dizer.

As marcas têm buscado uma humanização com o uso da internet, procurando influenciar as pessoas a compartilharem tudo que gostam.

As marcas para serem amadas precisam ser aspiracionais, ou seja, desejadas. Elas não podem ficar em cima do muro, elas precisam ter o que dizer.

A criatividade por meio da comunicação gera diferencial para a marca ser lembrada. As marcas, às vezes, ganham espaço na mídia digital ou tradicional por fatos inesperados, que, se favoráveis, incrementam a lembrança da marca. Caso contrário, fatos negativos contribuem para a queda do valor da marca no mercado.

Com personagens de novelas, a Rede Globo cria opções para mensagens comerciais de produtos e serviços. O Facebook, por exemplo, traz *insights* para as mais diversas marcas em serviços, principalmente, impactando os consumidores individualmente com base em depoimentos pessoais (PARAIZO, 2019, p. 38).

CONCLUSÃO

A comunicação tangencia a arte, utilizando recursos avançados de imagens, músicas e inúmeros objetivos que simbolizam a arte. E a cada dia se torna mais científica, com o uso da inteligência artificial, no controle dos desempenhos da mídia, com robôs e outros instrumentos de aferição da eficácia da comunicação. Mas não é só, também a inteligência emocional se põe a campo para avaliar a mente do consumidor a partir da neurociência. São escaneamentos cerebrais para interpretar as reações dos consumidores a determinados esforços publicitários.

Bem, mas isso não para. A mídia digital introduz novos conceitos de comunicação e relacionamento (inteligência relacional) com o seu público-alvo.

E, assim, as novas mídias digitais se tornam as preferidas do público consumidor, sobretudo o público jovem. Já as mídias tradicionais, como jornais, revistas, TV aberta e TV por assinatura, sofrem com a concorrência forte do Google, YouTube, Instagram, Facebook, Netflix, Amazon Prime Video, mídia externa (OOH), entre outros formatos na mídia móvel, principalmente celulares. Há jornais tradicionais fechando, editoras de revistas mudando de mãos e a televisão fazendo cortes para se enquadrar às reduções de verbas publicitárias do governo.

TRADUZINDO EM PONTOS DE AÇÃO ESTRATÉGICA

- ✓ Avaliar o desempenho do investimento realizado por tipo de mídia.
- ✓ Investir em comunicação digital e comunicação tradicional com equilíbrio visando ao maior grau possível de persuasão do consumidor-alvo.
- ✓ Comparar os investimentos realizados e os resultados de vendas.
- ✓ Avaliar a eficácia da mídia social.
- ✓ Criar indicadores de satisfação do cliente com os recursos de mídia digital e tradicional.

QUESTÕES

1. A mídia digital é mais persuasiva do que a mídia tradicional?
2. O que significa a existência de controles mais rígidos no desempenho da comunicação?
3. Qual é a importância da aferição da inteligência emocional do consumidor?
4. O que vem a ser a inteligência relacional como instrumento da comunicação?
5. Qual é o significado das evidências físicas em comunicação para o sucesso da marca?

REFERÊNCIAS

ACCENTURE. Inteligência artificial ajuda a criar campanhas promocionais mais assertivas. 14 ago. 2017. Disponível em: http://patrocinados.estadao.com.br/techvisionbrasil/inteligencia-artificial-ajuda-a-criar-campanhas-promocionais-mais-assertivas/. Acesso em: 23 jul. 2020.

KOTLER, Philip; KARTAJAYA, Hermawan; SETIAWAN, Iwan. *Marketing 4.0*: do tradicional ao digital. Rio de Janeiro: Sextante, 2017

OLIVEIRA, Marina. Peças interativas ressignificam formato tradicional de mídia exterior. *Propmark*, 19 ago. 2019, p. 40.

PARAIZO, Danúbia. Facebook traz insights para marcas serem mais diversas na propaganda. *Propmark*, 12 ago. 2019, p. 38.

PROPMARK. Brasil é o segundo país com mais confiança do público nos meios de comunicação. 30 jun. 2017. Disponível em: https://propmark.com.br/mercado/brasil-e-o-segundo-pais-com-mais-confianca-do-publico-nos-meios-de-comunicacao/. Acesso em: 30 jul. 2020.

PARTE VII

TIPOS DE SERVIÇOS

14 Gestão de Marketing para Serviços Empresariais, Financeiros e Públicos | *Performance*

"O banco é uma instituição que empresta dinheiro à gente se a gente apresentar provas suficientes de que não precisa de dinheiro."
Barão de Itararé

OBJETIVOS DE APRENDIZAGEM

- Apresentar e discutir as novas ferramentas para uma administração de marketing moderna em serviços empresariais, públicos e financeiros.
- Discutir a evolução dos serviços financeiros, empresariais e públicos.
- Tratar a cultura organizacional como fator estratégico.
- Abordar reclamações e controles de desempenho no serviço público – índice de satisfação do consumidor.

INTRODUÇÃO

Os serviços financeiros e empresariais estão sempre em evolução, e por isso eles precisam se adaptar aos frequentes desafios de mercado, o que implica ir além de novas tecnologias e de um refinado e esmerado atendimento presencial e *on-line*. Já os serviços públicos têm se caracterizado por uma modernização decorrente da adoção da Tecnologia da Informação (TI) e da procura do melhor atendimento *on-line* e presencial.

14.1 SERVIÇOS EMPRESARIAIS

As empresas que negociam no setor *B to B*, ou seja, de empresa para empresa, necessitam ter um foco estratégico para atender adequadamente às necessidades de seus clientes. Isso significa investir em pesquisa para identificar necessidades que o seu cliente desconhece.

Com o acirramento da concorrência, há necessidade de melhorar a eficácia das estratégias de marketing empresarial (*B to B* – empresa para empresa e *B to C* - empresa para consumidores industriais).

A frequente mudança no comportamento do consumidor empresarial impõe cada vez mais investimento em marketing de relacionamento.

Para o alcance desses objetivos, faz-se necessário um estudo minucioso de cada segmento de mercado, por meio de pesquisas de mercado, e a partir daí o estabelecimento de parâmetros de atuação estratégica.

Neste atual mundo conectado, é preciso saber ouvir e saber trabalhar em equipe. Os serviços empresariais, assim como os serviços financeiros, estão vivendo em um mundo digital fragmentado bem mais complexo. O papel social ganha força, como forma de interação com clientes e a comunidade em geral.

As empresas vivem um momento voltado para os reflexos da economia, e às vezes inovam pouco; alguns grupos empresariais atuam para reforçar seu posicionamento no mercado em ações culturais, patrocinando concertos, peças e *shows* teatrais. Isso inclui uma visão *core business*, sob o prisma da tecnologia, dos recursos humanos, programas de qualidade e de produtividade, diante da globalização e fusão crescente das instituições empresariais.

Enfim, em um mundo extremamente digital, administrar serviços empresariais envolve conhecer as necessidades do cliente para então lhe oferecer um atendimento cordial e diferenciado, dentro do que ele aguarda e espera receber. Muito além de falar da característica do serviço, o cliente não dispensa o calor humano.

Servir é mais do que atender, é sobretudo entender o que cliente quer, precisa e, muitas vezes, nem sabe que precisa.

O setor empresarial é altamente segmentado por tipo de atividade, incluindo serviços industriais e comerciais.

Como forma de atuação complementar à atividade empresarial (indústria, comércio e empresas em geral), existem diversas empresas que prestam serviços empresariais. Esses serviços são exercidos como complemento às operações industriais e comerciais, no que concerne à segurança, saúde, mão de obra temporária, monitoramento e, em alguns casos, até mesmo atuando como empresa autônoma na linha de montagem industrial. As atividades das empresas de serviço para o setor comercial incluem as áreas de segurança, de logística, de pessoal, assessoria na compra e venda de produtos, além de ações de comunicação. Esse tipo de serviço flutua em função da demanda com base na economia.

14.2 SERVIÇOS PÚBLICOS

Há uma enormidade de serviços públicos: serviços de saneamento; de transporte; de saúde; de segurança; de educação; de limpeza pública etc. Na medida em que cresce a população de uma cidade ou bairro, amplia-se a necessidade dos mais variados tipos de serviços públicos, cuja demanda nem sempre é bem atendida.

E isso ocorre:

- Em face de um crescente aumento da demanda de serviços públicos e da decorrente falta de recursos financeiros, surge o aumento de reclamações.
- Para minimizar ou evitar reclamações, é importante exercer controle do desempenho do serviço e de seus funcionários – visando medir o índice de satisfação do consumidor.
- A produtividade e a qualidade do serviço público exigem a determinação de parâmetros para a avaliação e controle do desempenho de funcionários nos mais variados tipos de serviços da economia estatal.
- Para um bom atendimento, um funcionário deve identificar o que o cliente ou usuário de um serviço deseja em termos de atendimento e manter sempre a liderança durante esse processo, adotando, inclusive, medidas preventivas que inibam um mau atendimento. Um paciente de saúde pública, por exemplo, precisa ser bem atendido em emergências médicas e em diagnósticos preventivos. Muitas vezes, em um hospital ou centro de saúde pública, a simples atenção de um médico ou enfermeiro (como segurar a mão do paciente) pode proporcionar uma melhora em termos psicológicos do paciente.
- Para que a oferta de serviços públicos possa atender à demanda, é preciso identificar as necessidades e carências de suporte material, humano e financeiros, buscando um equilíbrio entre demanda e oferta.
- Para ter um bom marketing, um serviço público precisa estar sob uma organização eficaz, representada por adequados processos e execução do serviço oferecido. A entrega do serviço de qualidade é um forte agente de confiança na instituição pública. Portanto, não basta prometer, é preciso entregar um serviço de qualidade. E um atendimento eficaz inibe reclamações.

  Uma cidade, por exemplo, para ser bem protegida, precisa ter um agente de segurança para cada 10.000 habitantes aproximadamente. Os indicadores de ocorrência acima da média nacional ou internacional revelam uma inadequação dos recursos às necessidades vigentes. Uma polícia comunitária, por exemplo, exerce um comprometimento entre servidores e os cidadãos da comunidade.

14.3 PRIVATIZAÇÕES EM SERVIÇOS PÚBLICOS

Historicamente, a transferência de empresas de serviços do controle público para o privado, em princípio, traz uma melhora significativa na gestão. Deixam de existir problemas relacionados com as indicações políticas para cargos na empresa e, sobretudo, inibem corrupções passivas. Enfim, as empresas se tornam mais eficientes.

14.3.1 Privatizar ou estatizar?

Hoje, a a privatização é a base dos discursos políticos e de empresários. No entanto, há muitas questões sem resposta, sobretudo na questão de tecnologia, em que o país perde o controle. O sistema Telebras, enquanto estatal, contava com um programa de desenvolvimento de tecnologia nacional, que foi abandonado pelas empresas estrangeiras que privatizaram a telefonia no país.

Se, de um lado, melhoram a governança e a eficácia operacional, alguns serviços, por serem de importância estratégica para o país, só deveriam ser privatizados em condições extremas.

Com a necessidade de gerar caixa para equilibrar as contas públicas e inibir a corrupção, muitas vezes os governos cedem à tentação monetarista e vendem suas empresas, empobrecendo os ativos do país e transferindo para a sede dos países das empresas privatizadas o conhecimento (*know-how*) importante para o desenvolvimento de novas tecnologias. Nesse caso, as empresas privatizadas e seus países de origem tornam-se proprietários de toda a tecnologia.

No caso de empresas de serviços, o maior impasse está no controle dessas empresas, via de regra campeãs de reclamações na Procuradoria de Proteção e Defesa do Consumidor (Procon). As agências reguladoras são, teoricamente, responsáveis pelo controle de desempenho das empresas de serviço estatizadas, mas elas próprias se tornam presas fáceis do estatismo corrompido. Na verdade, o cliente, não tendo apoio em suas reclamações, fica sem saber a quem apelar.

14.4 SERVIÇOS FINANCEIROS

Os serviços financeiros precisam se reinventar, em face dos novos modelos de negócio que têm surgido a partir das empresas de TI, que vem substituindo parte das funções dos bancos. O Facebook, por exemplo, estuda no Brasil a possibilidade de que seus usuários troquem dinheiro entre si (o que já ocorre em outros países). Starbucks e Amazon, nos Estados Unidos, já recebem pagamentos por meio de dispositivos móveis.

Algumas tendências na prestação de serviços financeiros são:

- Os cartões de crédito serão substituídos por *smartphones* e *chips* de pagamento, portanto, nos próximos anos, os cartões de plástico tendem a desaparecer.
- O *smartphone* substituirá também o cartão de débito para saques em caixas eletrônicos e caixas de bancos. Digitalizando um QR Code, as compras do comércio em geral serão efetivadas por celulares e seus substitutos.
- Em uma economia baseada em *chips* e pagamentos *on-line*, o dinheiro será usado apenas por poucas pessoas, mas continuará a existir por algum tempo.
- As agências bancárias funcionarão como *show room* dos serviços totais do setor.

Em síntese:

- O setor financeiro, e o bancário em especial, precisa se reinventar para enfrentar a concorrência das empresas de TI.
- O futuro dos bancos será assumir um papel de supridor de recursos para os segmentos sociais e culturais.
- Para competir com as empresas de TI, os bancos devem adotar uma inovação constante em gênero, número e grau como norma de atuação.

Já existem bancos que mudaram para a nova plataforma *on-line*. O Nubank é um exemplo de banco digital. A instituição financeira fornece serviços exclusivamente por meio de aplicativos móveis e vestíveis. Para abrir uma conta, um cliente precisará baixar o aplicativo móvel, cadastrar-se, selecionar o tipo de conta, apresentar uma foto de identificação e fornecer detalhes pessoais.

14.4.1 Cooperação com vendedores de bens e serviços

Os bancos têm algo que Google, Facebook e dezenas de milhares de lojas *on-line* não têm: acesso aos dados de consumo dos cartões de crédito do usuário.

Os bancos têm todas essas informações, mas eles não podem compartilhar dados confidenciais abertamente. Assim, prevê-se que, em breve, instituições financeiras vão ganhar dinheiro por meio da cooperação com empresas.

14.4.2 Entendimento do cliente

A tecnologia vem tornando os bancos mais humanos à medida que eles buscam reconhecer clientes e antecipar suas ações. Isso é o que nos espera no futuro: você vai postar no Facebook algo como: "Queria muito ir a um *show* do Daniela Mercury" e logo obterá um comentário do banco: "Você pode comprar um ingresso. Encontramos um para você!".

O banco do futuro terá muito mais informações do cliente do que hoje. As instituições financeiras vão saber a probabilidade de uma pessoa ser promovida, bem como se seu salário permanecerá estável ou até mesmo aumentar. As novas tecnologias, por exemplo, vão ajudar a tomar decisões sobre a concessão de empréstimos automaticamente para cada pessoa.

14.4.3 A era das APIs

Cada banco possui diversos sistemas de *softwares* desenvolvidos por diferentes profissionais. Com o passar dos anos, a quantidade de códigos utilizados aumentou ao mesmo tempo que a inovação se tornou algo difícil de ser alcançado. A solução para esse problema pode ser a adoção de um único sistema que utiliza um *Application Programming Interface* (API), ou Interface de Programação de Aplicação, que reúne rotinas e padrões de programação para acesso a um aplicativo de *software* ou plataforma baseado na *Web*.

Os bancos, de maneira geral, precisam de APIs para criar seu próprio núcleo digital e para melhor interagir com os seus clientes.

De acordo com a revista *Forbes*, os bancos estão migrando seus dados para a nuvem e necessitam de centros de computação poderosos para suportar a grande quantidade de informação já obtida.

14.4.4 Todos os cálculos baseados na nuvem

Os primeiros passos já foram dados: em 2013, o banco holandês DNB autorizou o uso da Amazon Web Services para alguns serviços bancários, incluindo *sites*, aplicações móveis, plataformas de varejo bancárias, computação de alta *performance* e análise de crédito.

Como serão os bancos no futuro? Deixarão de existir, ou se tornarão empresas de TI?

Enquanto isso, prevalecem as seguintes observações estratégicas:

1. **A cultura organizacional de um serviço financeiro é a base de um adequado fator estratégico.**

   A cultura de uma instituição financeira é largamente influenciada pela visão do fundador. No entanto, quando as fusões acontecem e quando o fundador falece, as confusões prevalecem. Sem um ordenamento da visão, da missão e dos objetivos, as empresas fundidas poderão estar como um cachorro correndo atrás do seu próprio rabo.

   Uma cultura organizacional bem disseminada na instituição é um rico ferramental para o planejamento estratégico. Onde estamos e para onde vamos? Sem uma visão do futuro, nem vento é bom para quem não sabe para onde ir, dizia Socrátes, filósofo grego.

2. **Relacionamento é a palavrinha mágica.**

   O atendimento é a base do relacionamento com o cliente. Quando a insatisfação do cliente aumenta com queixas no Procon, é sinal de que o sistema é ineficaz.

   Uma das causas mais frequentes do atendimento inadequado é o baixo nível de conhecimento dos funcionários. Ou seja, faltam treinamento e educação.

   Atender bem pressupõe conhecimento e formas de entender as necessidades do cliente, provendo soluções e, se possível, o surpreendendo.

3. **Foco no serviço ou foco no cliente?**

   O que é mais importante para uma instituição financeira, alcançar metas de vendas por produto, ou medir o índice de satisfação do cliente? O foco da instituição deve ser o cliente e sua satisfação, e não as metas de vendas. Nenhum produto é mais importante que o cliente.

4. **Informação como poder de mercado.**

   Há um ditado português que diz: "Os bancos sabem mais do que Deus". Mas nem sempre essa informação circula da base dos clientes pessoa jurídica para os gestores de planejamento.

   E, portanto, quando a informação não circula, as decisões estratégicas podem estar equivocadas. E uma instituição empresarial ou financeira não pode sonegar informação aos clientes. Esse é um pecado capital.

5. ***Internet banking*: uma ferramenta em rápida evolução.**

   Do atendimento pessoal ou telefônico, o mundo dos negócios financeiros evoluiu para a internet. E agora, como será em um mundo fragmentado pós-internet? A inteligência artificial interpõe o uso de robôs e aplicativos que agilizam as operações a velocidades nunca antes imaginadas. No passado, para sacar dinheiro na fila do caixa, o cliente do banco esperava sua vez com uma fichinha metálica em mãos.

6. **Comunicação com responsabilidade social.**

   As estratégias de comunicação, hoje, repousam em responsabilidade social perante a comunidade em geral, com ofertas culturais de valor aos clientes. Não basta comunicar, é preciso interagir com os clientes e com a comunidade.

7. **Estratégia de marca e valor.**

   A marca de uma instituição financeira ou empresarial é construída ao longo dos anos e seu valor é crescente, fruto de inovação tecnológica, da criatividade e do trabalho das pessoas na organização e, sobretudo, do reconhecimento de seus clientes.

8. **Competência gerencial é o diferencial estratégico.**

   O dilema gestão de pessoas, ou gestão de competências, se esclarece na medida em que as pessoas precisam ter competências diferenciadas para lidar com processos e ferramentas digitais cada vez mais complexas.

   Assim, é preciso investir no desenvolvimento de talentos e de competências para o aprimoramento do processo de gestão em serviços financeiros e empresariais.

14.5 ESTRATÉGIAS DE DIFERENCIAÇÃO EM MARKETING DE SERVIÇOS FINANCEIROS, EMPRESARIAIS E PÚBLICOS

Cada tipo de serviço necessita uma abordagem mais ampla e conclusiva. Em serviços financeiros, empresariais e públicos, visualizamos 8 Ps:

1. **Produto**: a oferta de serviços financeiros, em geral, deve ser ampliada como forma de valorizar o produto. Uma apólice de seguro automotivo, por exemplo, é ampliada pela anexação de serviços não só esperados, como guincho

para caso de acidentes, carro extra durante o conserto do veículo, mas também serviços não esperados, como serviços de consertos em residência e outros. O serviço gerado por uma empresa precisa estar adequado ao mercado, com uma política de atendimento antes, durante e no pós-venda, ao passo que um serviço público precisa ser oferecido de maneira a ir além do prometido.

2. **Promoção**: os serviços empresariais ou financeiros precisam ser divulgados junto ao seu público-alvo mediante a utilização de ferramentas digitais e convencionais que comuniquem os novos e diferenciados serviços. Já os serviços públicos requerem uma comunicação eficaz e esclarecedora sobre o acesso e sua utilização, que facilite e ao mesmo tempo encante o cidadão, inibindo reclamações junto ao Procon.
3. **Preço**: no meio financeiro e empresarial, o preço tem a forma de tarifas e comissionamento, cujos valores devem ser claramente expressos ao consumidor. Já o cidadão cliente de serviços públicos espera que os impostos pagos apresente uma contrapartida de bons serviços.
4. **Praça (distribuição e logística)**: para atingir seus clientes, é possível se utilizar de meios físicos e meios digitais. Por exemplo, um banco pode oferecer a forma física por meio de agências bancárias ou atingir seus clientes pela forma digital, a partir do *internet banking*. Da mesma maneira, os serviços empresariais podem chegar até seus clientes sob a forma de proposta escrita ou digital. Já um serviço público deve ser oferecido ao consumidor de acordo com uma logística que facilite o acesso aos serviços ofertados.
5. **Pessoas**: são os funcionários, os consumidores e os fornecedores de uma instituição financeira, empresarial ou governamental.
6. **Palpabilidade (evidências físicas)**: mesmo uma atividade digital precisa apresentar evidências físicas de sua existência. Um extrato bancário, um comprovante de pagamento de um serviço empresarial ou de um imposto no setor público via internet deve oferecer a opção de impressão como uma evidência física.
7. **Processos**: formas de organizar a atividade operacional de processamento do serviço e do atendimento a consumidores.
8. **Produtividade e qualidade**: um serviço deve ter o foco em produtividade para executar uma tarefa no menor tempo e com a melhor qualidade.

Também como estratégia de diferenciação em marketing cita-se o *compliance* (em português, conformidade), que consiste em um sistema de políticas, procedimentos e diretrizes éticas de uma empresa para normatizar e assegurar a atuação dos seus colaboradores e fornecedores.

O objetivo é estabelecer uma nova cultura corporativa, alinhada aos valores da atividade financeira, empresarial ou do órgão público, de modo a detectar, evitar e tratar quaisquer desvios ou inconformidades. Além da evidente contribuição social, uma vez que gera um ecossistema de negócios mais transparente e íntegro, as empresas que adotam o *compliance* se tornam mais confiáveis e competitivas.

O caminho a ser trilhado na implementação do programa tem um início semelhante para toda e qualquer organização. Primeiro, são identificadas as áreas em que há risco de funcionários ou terceiros comprometerem a sustentabilidade financeira ou os valores éticos da empresa. A partir daí, é preciso observar as particularidades de cada companhia e adequar o sistema e as normas.

CONCLUSÃO

A importância dos serviços financeiros, empresariais e públicos cresce na mesma proporção em que cresce a economia de um país, impulsionado pela tecnologia da informação digital em um mundo cada vez mais fragmentado. Essa fragmentação digital afeta todos os aspectos do negócio financeiro, do *branding* à infraestrutura de TI e recursos humanos. Com o acentuado incremento de investimentos em TI para os diversos tipos de serviços financeiros, diminui a estrutura e o porte das organizações, o número de agências bancárias, e nesse cenário, quando se reduz a oferta de trabalho, os funcionários precisam se reinventar para não perder frentes de trabalho. Isso é real não só no Brasil como em todos os países.

Os custos diminuem, mas a mão de obra precisa ser reciclada para operar com novas ferramentas em uma administração que não para de se modernizar.

Enfim, o novo profissional no setor empresarial, financeiro ou público precisa saber o que quer e buscar se adequar aos desafios do mercado em constante evolução tecnológica. Empreendedorismo, investimentos sociais e culturais, são a tônica do novo marketing de serviços públicos, financeiros ou empresariais. A humanização das marcas está na pauta das agências e anunciantes em serviços. Para obter engajamento e ingressar na conversa dos consumidores nas redes sociais, as empresas de serviços empresariais, financeiros e públicos precisam ser reativas, flexíveis e humildes para reconhecer erros. Com tanta tecnologia de comunicação, todo cuidado é pouco para preservar o reconhecimento e valor da marca.

Assista ao filme *Relatos Selvagens*
Nesse filme argentino, umas das histórias relata as agruras de um engenheiro de explosivos. Atrasado para o aniversário da filha, passa na confeitaria para apanhar o bolo de aniversário, quando tem o carro guinchado. A partir daí, o tratamento displicente do funcionário do departamento de trânsito o deixa irritado. Quando, porém, seu carro é guinchado pela segunda vez, ele age de maneira surpreendente.

TRADUZINDO EM PONTOS DE AÇÃO ESTRATÉGICA

- ✓ Comprometer todos na organização com o prazer em servir.
- ✓ Investir em novas tecnologias e novas formas de atuação.
- ✓ Desenvolver novos serviços comprometidos com o desempenho social da instituição.
- ✓ Estabelecer métricas para avaliar o grau de satisfação do cliente.
- ✓ Recompensar talentos com base no bom desempenho, na gestão de tendências e competências.

QUESTÕES

1. Qual será o futuro dos serviços empresariais diante da tônica da terceirização?
2. Os meios digitais interferirão no conceito de uma agência bancária do futuro?
3. Qual será o papel de uma instituição financeira no ano 2050?
4. Os recursos excedentes obtidos na operação financeira devem ser gradativamente direcionados para projetos sociais? Comente.
5. A evolução tecnológica de informações tornará prescindíveis alguns serviços públicos, empresariais ou financeiros? Quais serão eles?

REFERÊNCIAS

Livro

COBRA, Marcos. *Marketing de serviços financeiros*. São Paulo: Senac, 2016.

Artigos

Adapte sua estratégia digital a um mundo fragmentado. *Harvard Business Review Brasil*, jun. 2017, p. 56-61.

Ferramentas novas para uma administração moderna. *Estado de S. Paulo*, 23 jul. 2017, p. 4-6.

Combate a corrupção ou empobrece o país? Prós e contras das privatizações. 2017. Disponível em: https://economia.uol.com.br/noticias/redacao/2017/08/23/governo-lanca-pacote-de-privatizacao-quais-os-pros-e-contras-para-o-pais.htm?cmpid=copiaecola.

Compliance em foco. Normas éticas e de procedimentos promovem melhorias nos processos internos das empresas. 2017. Disponível em: https://oglobo.globo.com/economia/compliance-em-foco-21468911#ixzz4niSn1nf5.

15 Estratégias de Marketing Educacional | Competências para Ensinar no Século XXI

"Quem não muda de caminho é trem."
Barão de Itararé

"Saber é poder."
Anônimo

OBJETIVOS DE APRENDIZAGEM

- Entender a importância do marketing em serviços educacionais para atrair e reter alunos.
- Conhecer o cenário do ensino superior no Brasil.
- Discutir a importância da imagem da instituição de ensino (IE).
- Compreender quais são os públicos das IEs.
- Discutir o valor da marca das IEs *brand equity.*

INTRODUÇÃO

Um dos grandes desafios das faculdades e escolas particulares é manter os estudantes motivados a continuar o curso e não abandonar as salas de aula antes de receber o diploma.

Marketing educacional é uma disciplina emergente da área de Marketing, que usa estratégias e táticas mercadológicas e de comunicação para captação, retenção e fidelização de clientes (no caso, alunos de instituições de ensino). Alguns especialistas consideram a nomenclatura equivocada, adotando "marketing para instituições de ensino" como correta. A alegação é a de que "marketing educacional" seria uma inversão nominal, dado que, no caso, o ensino seria usado como ferramenta de marketing, e não o oposto. Entretanto, assim como clubes praticam o "marketing esportivo" para captação de sócios e torcedores, instituições de ensino praticam o "marketing educacional" (adaptado de Kotler e Fox, *apud* Colombo, 2017).

Pensar em marketing educacional implica abordar o marketing de serviços e, ainda antes, a concessão de serviço sob a ótica do mercado.

15.1 MARKETING PARA INSTITUIÇÕES DE ENSINO (IES)

O marketing para instituições de ensino determina que a instituição decida sobre as necessidades e os desejos de mercados-alvo, satisfazendo-os por meio de projetos, comunicação, serviços apropriados e viáveis. Essa satisfação é de vital importância, pois o contrário pode fazer com que as instituições caiam no esquecimento. Entretanto, a satisfação de mercados-alvo não significa fornecer qualquer programa, e sim tornar mais atraente as ofertas para os consumidores interessados.

No longo prazo, a instituição deve assegurar o atendimento das necessidades dos clientes, pois um aluno não está interessado somente em um diploma, mas também no domínio real de informações e habilidades que justifiquem esta conquista, além, é claro, das necessidades da sociedade, que esperam pessoas preparadas para serem produtivas e que assumam responsabilidades.

15.1.1 Públicos da instituição

Para Kotler e Fox (1994, p. 43) e outros autores (Colombo, 2017; Cobra e Braga, 2008; Las Casas, 2009), o público "é constituído de um grupo distinto de pessoas e/ou organizações que têm interesse real ou potencial em afetar uma instituição". Para a instituição, público significa cada um dos importantes grupos que tem interesse real ou potencial.

Uma instituição que responde totalmente ao seu mercado deve, além de fazer levantamentos para medir a satisfação dos consumidores, pesquisar suas necessidades e preferências ocultas, para encontrar um modo de melhorar seus serviços. Uma IE, para responder ao seu mercado, deve se esforçar para sentir, atender e satisfazer às necessidades e aos desejos de seus consumidores e públicos (adaptado de Kotler e Fox, *apud* Colombo, 2017).

15.1.2 Principais públicos em uma universidade

Os 11 principais públicos em uma universidade são:

- **Administradores**: responsáveis em dirigir a instituição, reportam-se diretamente ao reitor.
- **Conselho administrativo**: o trabalho do conselho consiste em supervisionar a instituição e assegurar-se de que ela opera eficientemente para atingir seus objetivos.

- **Corpo docente**: compreende os profissionais habilitados – professores e outros instrutores – que prestam os serviços educacionais da instituição a seus consumidores.
- **Funcionários:** todos aqueles que não fazem parte do corpo docente, remunerados em base salarial.
- **Voluntários**: participantes não remunerados que trabalham na instituição, frequentemente em levantamento de fundos e recrutamento.
- **Alunos são consumidores que se transformam em profissionais (produtos)**: embora tratados como tais, não devem ser clientes; o aluno é um futuro profissional, moldado pelo conhecimento que a escola lhe transmite.
- **Doadores**: indivíduos e organizações que fazem contribuições em dinheiro e outros donativos para a instituição.
- **Públicos locais**: qualquer instituição está fisicamente localizada em uma ou mais áreas e está em contato com públicos locais, como moradores na vizinhança e organizações comunitárias.
- **Públicos ativistas**: cada vez mais as instituições educacionais vêm sendo contestadas por grupos consumidores, ambientais, organizações minoritárias e outros grupos de interesse por algumas concessões ou apoio.
- **Público em geral**: membros que conduzem imagens da instituição que afetam seu patrocínio e apoio legislativo.
- **Públicos de mídia**: empresas de mídia que transmitem notícias e opiniões editoriais, especificamente jornais, revistas e estações de rádio e TV, e mais recentemente a internet.

15.1.3 Imagem da Instituição

Pode-se definir a imagem de uma instituição educacional como "a soma de crenças, ideias e impressões que uma pessoa tem de um objeto. Essa definição possibilita distinguir de outros conceitos semelhantes, como crenças, atitudes e estereótipos. Assim como uma empresa, as IEs têm forte interesse em saber como são vistas pela sociedade, uma vez que relacionadas a uma imagem, querem assegurar-se de que ela mostre favoravelmente sua realidade. Para a instituição educacional é importante mensurar a familiaridade de sua imagem e como os grupos avaliam suas qualidades, para decidir se o resultado está de acordo com a imagem que desejam passar; caso contrário, deve se readequar e comunicar essas mudanças a seu público (adaptado de Kotler e Fox, *apud* Colombo, 2017; Cobra e Braga, 2008; Las Casas, 2009).

Todo inglês que se preze sonha estudar em Cambridge ou Oxford, da mesma maneira que o francês deseja a Sorbonne e a HEC Paris. Já o suíço acalenta estudar no International Institute of Management Development (IMD), e o espanhol "toreia" suas dificuldades aspirando a Universidade de Navarra. Na Itália, diz-se que há quatro instituições respeitadas, na seguinte ordem: (1) Vaticano, leia-se o Papa; (2) máfia; (3) Fiat; e (4) a Università Luigi Bocconi, em Milão.

Já o norte-americano dispõe de um elenco maior de marcas universitárias de renome, como Harvard, Yale, Princeton, Northwest, Wharton, Berkeley, Tuck, Stanford e outras não menos famosas. Construir a marca educacional dos sonhos é o grande desafio de novas e antigas escolas. As marcas são como "uma linda mulher: são para ser desejadas e amadas". No caso brasileiro, uma instituição de ensino precisa sempre apresentar um desempenho impecável, para não perder espaço para as novas marcas, para as instituições mais bem avaliadas pela Coordenação de Aperfeiçoamento de Pessoas de Nível Superior (Capes). Nesse sentido, as instituições de ensino superior mal avaliadas tendem a perder alunos, além de outras sanções, como diminuição do número de vagas pelo Ministério da Educação até o fechamento de cursos. Portanto, a questão de desempenho não é apenas um objetivo estratégico e mercadológico, tem a ver com a perpetuidade de uma escola.

Construir uma marca de reputação é um esforço diuturno, que não cessa nunca, pois isso interfere até mesmo na estratégia de preços dos cursos. As escolas particulares mais bem avaliadas podem se dar ao luxo de cobrar mais.

15.2 *LOVEMARKS* EDUCACIONAIS

As *lovemarks* (marcas amadas), de alguma maneira, já fazem parte do nosso dia a dia, embora isso não seja totalmente percebido, pois está no inconsciente das pessoas a busca do sucesso em uma profissão com o acerto da escolha do curso e da respectiva escola.

A opção "de compra" de um curso e de uma escola é uma questão crucial, mais complexa e arriscada do que a simples escolha de um bem, por mais valioso e caro que ele seja, como a compra dispendiosa de uma bolsa feminina no mercado de luxo, ou a escolha de um carro. Quando a bolsa ou o carro não agradam, compra-se outro(a). Mas a escolha errada de um curso pode custar uma carreira, e isso terá reflexos por toda a vida.

Talvez seja por isso que no momento em que um jovem procura um curso superior, haja uma forte pressão da família e dos amigos. E é nesse momento que as marcas mais lembradas são as mais citadas. De uma simples sugestão isso pode se tornar uma verdadeira obsessão. Ou seja, feita a escolha do curso e eleita a escola dos sonhos dos pais, parentes ou amigos, isso se transforma em uma meta a ser alcançada pelo jovem postulante a uma vaga no ensino superior.

Assim, ele é direcionado para perseguir "o desejo de pertencer a uma instituição de renome". A confraria de ex-alunos de Harvard, por exemplo, possui associações em diversos países.

Enquanto o Brasil era um país eminentemente agrícola, ele esteve sob a égide dos bacharéis como advogados, médicos e engenheiros, e o sonho de todo filho de fazendeiro era estudar em Paris. Com a industrialização, houve uma mudança de paradigma e o foco passou a ser a formação de economistas e, em seguida, de administradores. Nessa época, o sonho era estudar nos Estados Unidos, símbolo do sucesso industrial, com a General Motors sendo considerada, nos anos 1970 e 1980, a maior indústria do mundo e Detroit, a sede mundial da indústria automotiva. Após três décadas e o crescimento da indústria automobilística japonesa, o polo do conhecimento migrou para o Japão. O milagre japonês, inclusive, servia de inspiração para modelos de produção e gestão. Hoje, os tigres asiáticos, sobretudo a Coreia do Sul, com o maior índice de desenvolvimento humano (IDH), e a China, com o seu modelo espetacular de crescimento apoiado em mão de obra barata, inspiram o repensar das escolas e suas respectivas marcas em um mercado cada dia mais competitivo.

Em nível mundial, o PIB do Brasil começou a cair a partir de 2015, o chamado PIBinho de menos de 1%. Para melhorar a economia e o nível de renda das famílias, é preciso inicialmente investir em educação e configurar um ensino de qualidade. O conhecimento é a maior moeda de troca que se incorpora ao indivíduo e não se perde ao longo do tempo, mas que se obsolesce se não for reciclado.

Na disputa por alunos, as instituições mais renomadas levam vantagem.

Mas o que faz o sucesso de uma marca no mercado educacional? Sobretudo, o sucesso de seus alunos no mercado de trabalho. Por detrás desse sucesso, com certeza, é possível observar estratégias de gestão, focadas em qualidade de ensino, inovação e formação de competências. O professor em sala de aula é quem faz o melhor marketing de uma escola. Ele molda produtos competitivos para um mercado aguerrido e exigente. Ou seja, o aluno é um produto a ser moldado, enquanto o cliente é o mercado que contrata os alunos de uma instituição de ensino. Ainda que o aluno não seja cliente, seus direitos a um ensino de qualidade devem ser respeitados.

15.2.1 Como construir uma marca educacional

Considera-se que orgulho, amor, paixão e carinho pela marca não são atributos a serem desenvolvidos, mas metas a serem conquistadas por uma instituição de ensino.

Ensino não é uma mercadoria e, como afirmamos, aluno não é cliente. Por certo, somente essas duas afirmações seriam tema para um artigo. Mas, voltando ao tema construindo uma *lovemark* em uma instituição de ensino, seja ela uma IES, uma escola de ensino fundamental, ou de ensino médio ou mesmo uma escola de línguas.

Tomemos como exemplo alguns alunos que "amam" suas escolas e trazem no peito, na bolsa, na mochila (mesmo que a escola não exija uniforme), ou adesivo da marca da escola no carro. É desse orgulho natural (ou motivado) que se pretende falar. O amor à marca é aquela emoção de voltar à escola em que fizemos a graduação, sim. Todos temos, em um ou outro grau de interesse. Mas de que maneira as IES cuidam deste valioso patrimônio que é a marca?

A Universidade Luterana do Brasil (Ulbra), no Rio Grande do Sul, foi pioneira no Brasil em colar sua marca ao esporte e tornar-se reconhecida no país por essa ação. Hoje, outras IES seguiram esse caminho, algumas com muito profissionalismo e consistência.

O marketing esportivo é uma das formas de se obter uma imagem mais amável (*lovely*), pois conquista a emoção, a alegria, o empenho e o coração das pessoas.

No entanto, pode-se empreender um grande esforço esportivo e não haver associação da marca com a ação desenvolvida, uma vez que no país ainda são travadas grandes disputas no que se refere a transmissões de jogos e patrocinadores.

- ***Marketing* de relacionamento**: objetiva perenizar a relação de um aluno com a instituição onde ele formou a base do seu conhecimento profissional. Portanto, as escolas devem oferecer cursos que permitam ao ex-aluno voltar a estudar.
- **Qualidade de ensino**: os cursos oferecidos devem possuir sempre uma qualidade superior aos concorrentes.
- ***Network***: as redes de trabalho devem ser alimentadas por ofertas de cursos que permitam um contínuo aprimoramento do conhecimento e consequente ampliação de competências.
- ***Marketing* de qualidade**: o próprio marketing da instituição de ensino precisa dar orgulho ao aluno.

15.3 VALOR DA MARCA – DAVID A. AAKER

Dentre os valores de uma marca de uma instituição de ensino superior, destacam-se, segundo Aaker, os seguintes fatores:

1. Valor da marca para o aluno e para o candidato a aluno.
2. Lealdade à marca.

3. Consciência da marca.
4. Qualidade percebida.
5. Associações da marca.
6. Outros ativos da marca.
7. Valor da marca para os pais dos alunos.

Quadro 15.1 Valor da marca - desejável

Valor da marca	Desejável
Lealdade à marca	Médio/alto
Consciência da marca	Médio/alto
Qualidade percebida	Alta
Associações da marca	Elevada
Valor para o aluno	Alto
Valor para o candidato	Médio/alto
Valor para os pais do aluno	Alto

Fonte: Adaptado de Aaker (1996) e Cobra; Braga (2008).

15.4 IMAGEM DA MARCA

A marca da IES deve ser vista como uma marca renomada, e em alguns casos, bastante amada. A imagem de uma marca corresponde ao que se vê e ao que se sente.

Os valores tangíveis da marca da IES são representados pelo valor dos cursos. E os valores intangíveis estão vinculados à imagem da instituição pela simbologia que ela representa e que está no consciente, subconsciente e inconsciente dos jovens (Figura 15.1).

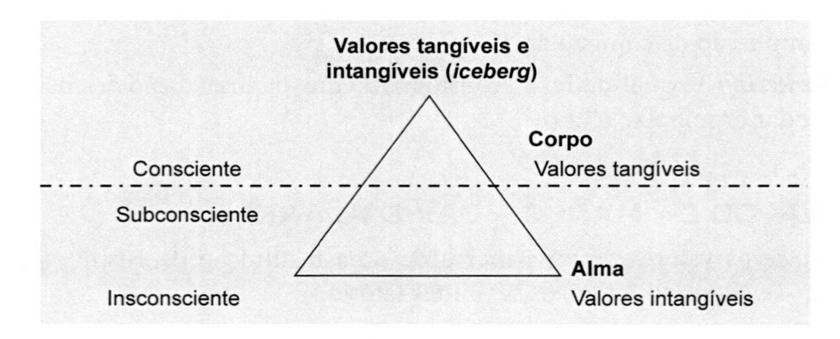

Figura 15.1 Valores tangíveis e intangíveis de uma marca.

Quadro 15.2 A mente do consumidor

A mente do consumidor		Produto – pode ser entendido por seus aspectos
1. **Consciente**: registro de marcas 2. **Subconsciente**: registro de emoções explícitas 3. **Inconsciente:** registro de desejos ocultos	×	CORPO 1. **Tangíveis**: atributos básicos, esperados, desejados e inesperados. ALMA 2. **Intangíveis:** benefícios, quantidade de prêmios esperados

Fonte: o autor.

Os cursos das diversas unidades de ensino de uma universidade são bem avaliados quando atendidos os atributos esperados e desejados, porém nem sempre isso é bem explorado na comunicação de cada unidade isoladamente. A marca é bem lembrada, sendo reconhecida como de valor. Mas até certo ponto a marca nem sempre é um sonho de consumo, segundo os gestores das faculdades.

O produto ensino é representado pelo corpo – valores tangíveis, como os atributos básicos do curso (conteúdo e professores), os atributos esperados (valorização do mercado de trabalho) e atributos inesperados (valorização da comunidade em geral). E a alma é representada pelos valores intangíveis, como os benefícios obtidos pelo aluno, que incluem, por exemplo, reconhecimento profissional e mesmo social (por exemplo, "fiz curso de engenharia no ITA", "...na federal do RGS", "...fiz administração na Unisinos", ou "... fiz biologia na Universidade de Caxias do Sul"). No Quadro 15.3, temos os valores tangíveis e intangíveis em uma IES e prováveis diagnósticos.

Quadro 15.3 Valores tangíveis e intangíveis em uma IES e prováveis diagnósticos

Valores tangíveis	Diagnóstico provável	Valores intangíveis	Diagnóstico provável	Observações
Atributos básicos dos cursos – esperados, desejados	Nem sempre é bem explorado	Registro da marca do IES no consciente	Marca bem lembrada	Nem sempre os atributos do curso estão bem explicados na comunicação da escola
Emoções explícitas	No subconsciente de ex-alunos	Benefícios da marca – quantidade de prêmios esperados e inesperados	Não está claro para o jovem nem para a própria IES	Muitas vezes, o curso oferecido não é um sonho de consumo
		Registro de desejos ocultos	Não é um desejo oculto do jovem	É preciso realizar pesquisas motivacionais para descobrir desejos ocultos

Fonte: o autor

15.5 *BRAND EQUITY* - VALOR DA MARCA DA IES

A partir da década de 1980, quando a administração de marcas (*branding*) estava em fase de crescimento, iniciou-se o *boom* de fusões e aquisições, e as marcas mais bem posicionadas ofereciam vantagens nas negociações com os grupos detentores da marca. É nessa época que surge o termo valor da marca (*brand equity*).

A gestão de marcas visa gerar valor à transação e ao negócio. Hoje, por força de lei, o valor da marca deve estar registrado no balanço da empresa ou instituição.

A noção de *brand equity* é operacionalizada pela combinação de múltiplos constructos:

1. Uma barreira relativa ou o preço da marca.
2. A qualidade percebida da marca.
3. A lealdade de compra da marca.
4. Um futuro autorrelato de compra da marca.

A medida recomendada é a avaliação do marketing ROI (*Return On Investment*).

A marca de uma IES tem maior valor quando a tradição e o sucesso, ao longo dos anos, são reconhecidos pela qualidade de ensino e pela variedade de oferta de cursos. Assim é como a qualidade da marca é percebida.

Outro fator que valoriza a marca da IES de ensino é como seus ex-alunos se sentem ligados à ela. Dessa maneira, é sempre importante medir o retorno em termos da imagem da marca a partir de campanhas de comunicação, e seu sucesso em face do incremento do número de alunos.

15.6 MEDIDA DA MARCA

Estudos de medida de marca são realizados por alguns institutos apresentados no Quadro 15.4.

Quadro 15.4 Institutos que fazem medidas de marca

Market trend	Interbrand
Marketing support	Interbrand
Perceived quality	Aaker, Keller, Equitrend
Perceived value	Aaker
Personality	Aaker, Y&R
Price premium	Aaker
Relevance	Y&R
Salience	Equitrend
User satisfaction/loyalty	Aaker, Keller, Equitrend
Stability	Interbrand

Fonte: o autor.

15.7 GESTÃO DE MARCAS EM IES

A seguir, temos três casos bem-sucedidos de gestão de marca em IES:

1. **Insper e IUNI Educacional**: ambas as instituições foram relançadas com novas siglas, por motivos distintos, mas as duas propostas foram efetivas por meio de excelente execução de estratégia de posicionamento. O Insper, na transição com o Ibmec, teve um desafio, pois era uma marca bem conhecida, e lançar uma nova marca, muitas vezes, causa confusão.
2. **HSM**: referência em eventos de negócios no Brasil e no exterior, lança uma escola de negócios em diversas cidades do país. A operação nacional da HSM Eventos foi comprada em 2010 em uma parceria da Rede Brasil Sul (RBS), referência em mídia impressa e eletrônica no Sul do país, e a BR Investimentos (leia-se Paulo Guedes, ex-IBMEC) e Rede Globo. O objetivo da HSM Escola de Negócios era lançar cursos de pós-graduação diferenciados apresentados por conferencistas internacionais de renome, como Michael Porter, Philip Kotler e outros, apoiados por professores brasileiros de competência comprovada. Dessa maneira, pode-se dizer que ampliar a marca de sucesso em eventos para uma escola de negócios é um desafio promissor. Em 2019, a escola pertencia ao grupo Ânima Educação.
3. **Kroton**: a Kroton Educacional é a maior empresa privada do mundo no ramo da educação em número de alunos e de receita. Fundada em 1966, em Belo Horizonte, a partir da criação de uma empresa de cursos pré-vestibular chamada Pitágoras, a Kroton atua em todos níveis escolares, tais como: pré-escolar, ensino primário e secundário, ensino secundário para adultos, vestibular, cursos livres, educação superior e pós-graduação, entre outros. Kroton tem mais 1,185 milhão de estudantes presenciais e 819.000 na modalidade de EAD, com 290.000 estudantes na educação básica em 127 *campi* e 726 polos divididos entre 11 marcas educacionais que estão distribuídas em todos os estados brasileiros.

Em julho de 2014, a empresa fundiu-se com o seu maior rival Anhanguera Educacional, convertendo-se na maior empresa de ensino superior do mundo por capitalização de mercado. A empresa também está envolvida na distribuição, atacado, varejo, importação, e exportação de livros didáticos e revistas, entre outras publicações. Além disso, ela licencia produtos pedagógicos relacionados com a escola. A empresa opera 21 *campi* com a marca Pitágoras; dez com a marca Unic; cinco com a marca Unopar; e dez com as marcas Unime, Ceama, Unirondon, Fais, Fama e União em dez estados brasileiros. Ela também opera 804 escolas associadas no Brasil sob a marca Pitágoras, bem como cinco escolas parceiras no Japão e uma no Canadá.

CONCLUSÕES

A tarefa de atrair e reter alunos é diuturna. E isso implica zelar pela qualidade do ensino e pela motivação do aluno a assistir aulas e o que é mais importante: estudar.

Em sala de aula, o professor age como um orientador de estudos, mas deve ser também um conselheiro e amigo. Por essa razão, o melhor marketing de uma instituição de ensino é o professor em sala de aula.

As escolas se diferenciam por seu potencial em formar profissionais talentosos e competentes para o mercado de trabalho. Os alunos são a imagem da escola e, portanto, uma instituição de ensino deve trabalhar à exaustão sua marca no mercado educacional.

TRADUZINDO EM PONTOS DE AÇÃO ESTRATÉGICA

- ✓ A qualidade de ensino deve estar em consonância com o que de melhor existe no mercado nacional e internacional.
- ✓ Criar indicadores de desempenho da marca da instituição.
- ✓ Procurar atrair bons alunos, não apenas todo e qualquer aluno.
- ✓ Reter bons alunos significa estimular o desempenho com base em serviços atraentes e inovadores.

QUESTÕES

1. O aluno é um cliente ou um produto de uma escola?
2. De que maneira se constrói uma marca credível no mercado educacional?
3. Discuta a expressão: uma boa escola é uma usina de talentos.
4. O que motiva um aluno a estudar?
5. Como obter comprometimento do aluno e de professores com o processo de aprendizado?

REFERÊNCIAS

AAKER, David A. *Building strong brands*. New York: The Free Press, 1996.

AAKER, David A. *Criando e administrando marcas de sucesso*. 2. ed. São Paulo: Futura, 1996.

AAKER, David A. *Creating signature stories*: strategic messaging that energizes, persuades and inspires. New York: Morgan James, 2017.

COBRA, Marcos; BRAGA, Ryon. *Marketing educacional*. São Paulo, Espírito Santo: Cobra e Hoper, 2008.

COLOMBO, Sonia Simões. *Marketing educacional em ação*: estratégias e ferramentas. Porto Alegre: Bookman, 2017.

KOTLER, Philip; FOX, Karen F. A. *Marketing estratégico para instituições educacionais*. São Paulo: Atlas, 1994.

KOTLER, Philip; KELLER, Kevin Lane. *Administração de marketing*. São Paulo: Pearson, 2019.

KREUTZ, Elizete de Azevedo; MAS FERNÁNDEZ, Francisco Javier. Marcas mutantes como estratégias de branding. *XXXIII Congresso Brasileiro de Ciências da Comunicação*, Caxias do Sul (RS), set. 2010.

LAS CASAS, Alexandre. *Marketing educacional*. São Paulo: Saint Paul, 2009.

MARTINS, José. *A natureza emocional da marca*: como escolher a imagem que fortalece a sua marca. São Paulo: Negócio, 1953.

WHEELER, Alina. *Designing brand identity*. New Jersey: Wiley, 2012.

16 Marketing para Serviços de Saúde | Aprimorar a Qualidade de Vida

"Consciência é como vesícula, a gente só se preocupa com ela quando dói."
Stanislaw Ponte Preta

OBJETIVOS DE APRENDIZAGEM

- Discutir a importância do marketing para serviços de saúde.
- Superar barreiras éticas e administrar a demanda de serviços de saúde por meio de ações de marketing.
- Discutir práticas promocionais para serviços de saúde.
- Atendimento é a palavra-chave. E para isso é preciso entender a dor do paciente.
- Integrar a inteligência artificial com diagnósticos e tratamentos preventivos e estabelecer alarmes a serem disparados por sistemas de comunicação e marketing integrados.

INTRODUÇÃO

Há um mito da ética em alguns tipos de serviços de saúde que inibe o uso das ferramentas do marketing.

No Brasil, após a promulgação da Constituição de 1988, foi instituído o Sistema Único de Saúde (SUS), por meio da Lei nº 8.080 de 1990, que afirma ser a saúde um direito fundamental do ser humano, devendo o Estado prover as condições indispensáveis ao seu pleno exercício. É dever do Estado garantir a saúde a partir da formulação e execução de políticas econômicas e sociais que visem à redução de riscos de doenças e de outros agravos.

O cidadão tem direito ao acesso universal à saúde e aos serviços de saúde, de maneira integral e integrada, em função apenas de sua necessidade, independentemente de raça, sexo, classe social e origem.

Como ocorre em todos os sistemas de saúde do mundo, as pessoas nunca estão inteiramente satisfeitas. A capacidade de oferta é finita, enquanto os desejos, as necessidades e as demandas são infinitas. Em geral, há diferenças no acesso, pelo menos em termos do tempo para a obtenção da assistência e, por vezes, da percepção da qualidade recebida. (Sobre o tema, *vide* caso Dr. Consulta.)

Cuidar da saúde é um santo remédio

Para a médica intensivista Mariana Perroni (2017), o mundo ideal teria um aplicativo como um Waze da saúde para localizar os melhores serviços a preços mais convidativos. E mais do que isso, indicar o melhor tratamento para cada doente e analisar exames de imagem são algumas das tarefas que deixarão de ser exclusivas dos médicos e dos seres humanos.

O avanço da inteligência artificial, a computação cognitiva e o *machine learning* (aprendizado de máquinas) permite que *softwares* consigam ler e cruzar informações cujo processamento seria impossível sem o mais brilhante especialista.

Robôs desenvolvidos pela inteligência artificial já realizam cirurgias coordenados a distância por cirurgiões especialistas. Enfim, as tecnologias não param de trazer inovações que aprimoram o tratamento médico e com isso melhoram a qualidade de vida das pessoas.

Embora parte dos serviços médicos seja comprada pela necessidade do paciente, o fato é que a medicina preventiva poderia caminhar mais rápido, se os esforços de marketing fossem mais ágeis, de modo a atender grande parte da população que desconhece a necessidade de diagnóstico antecipado e acompanhamento sistemático.

Mas boa parte da informação de cada indivíduo, no seu quadro genético e histórico de doenças, é perdida por falta de integração de dados. As respostas a doenças poderiam ser obtidas prematuramente, se houvesse uma melhor integração das máquinas e sistemas da inteligência artificial.

Fazer marketing em serviços de saúde implica avaliar e contornar aspectos éticos e necessidades sociais e econômicas. Como os serviços públicos em saúde nem sempre conseguem atender à demanda, é preciso usar criatividade para oferecer serviços de qualidade a preços razoáveis. E, sobretudo, torná-los conhecidos.

Os planos de saúde nem sempre conseguem oferecer custos adequados a uma demanda extraordinariamente reprimida. O SUS, embora seja considerado de qualidade em algumas cidades, em outras deixa a desejar. E os planos de saúde se tornam caros ou inacessíveis a uma parte da população de renda baixa. Mesmo a classe média brasileira tem dificuldade em manter os planos de saúde quando o desemprego cresce.

A iniciativa privada tem sido feliz em criar projetos como o Dr. Consulta e outras para consultas pagas, a preços razoáveis, sem carência ou demora para marcar consulta. O plano da Prevent Senior voltado para atender pessoas idosas é, sem dúvida, um *case* de sucesso. Ótima rede de hospitais, laboratórios e pronto atendimento na cidade de São Paulo.

Mas, afinal, por que marketing, se o serviço de saúde tem demanda tão alta?

16.1 CENÁRIOS

No Brasil, uma parcela significativa da população carece de serviços médicos para tratar doenças originárias, dentre outras causas, da ausência de saneamento e subnutrição. Há também falta de orientação quanto à higiene e cuidados que poderiam evitar doenças, quando um cidadão deveria procurar um sistema de saúde e com qual periodicidade. Em geral, o paciente só procura os serviços médicos quando tem dor. Antes disso, não.

Diante do crescente número de pessoas vivendo abaixo da linha de miséria no Brasil, o país está, hoje, na contramão da excelência no atendimento de doenças, e um dos maiores problemas é a fome e o saneamento básico.

Há também o que se conhece como turismo médico, no Brasil e no mundo. Por exemplo:

- tratamento dentário na Costa Rica;
- operações cardíacas na Malásia;
- cirurgias cosméticas no Brasil;
- implante capilar na Turquia;
- tratamento de enfermidades oncológicas e hematológicas em Cuba.

16.2 SETOR DE SAÚDE

O total de trabalhadores empregados pela cadeia de saúde suplementar - incluindo fornecedores de materiais, medicamentos e equipamentos; prestadores de serviços de saúde; e operadoras e seguradoras de planos de saúde - cresceu 1,5% nos 12 meses encerrados em junho de 2017, de acordo com o "Relatório de Emprego na Cadeia da Saúde Suplementar", do Instituto de Estudos de Saúde Suplementar (IESS). No mesmo período, o total de empregos no mercado nacional recuou 2,3%. "O indicador mostra, claramente, que a cadeia de saúde suplementar é mais estável e resiliente à crise econômica brasileira do que o conjunto da economia do país", avalia Luiz Augusto Carneiro, superintendente executivo do IESS. No total, o setor emprega 3,4 milhões de pessoas, ou 7,9% da força de trabalho no país.

Para deixar mais clara a relação entre os empregos gerados pelo setor de saúde suplementar e o conjunto da economia nacional, o IESS criou um indicador de base 100, tendo como ponto de partida o ano de 2009. Em junho de 2017, o índice para o estoque de empregos do mercado nacional era de 109, enquanto o índice da cadeia da saúde suplementar é de 135.

Carneiro destaca que, desde o segundo semestre de 2014, o indicador geral tem apresentado queda nos demais setores da economia. Por outro lado, o saldo da cadeia produtiva atrelada à saúde suplementar continuou crescendo. "Note que, no período de setembro de 2014 a junho de 2017, mais de 2,6 milhões de beneficiários saíram dos planos de saúde e, mesmo assim, o setor continuou contratando", analisa.

Na cadeia da saúde suplementar, o subsetor que mais emprega é o de prestadores de serviço (médicos, clínicas, hospitais, laboratórios e estabelecimentos de medicina diagnóstica), respondendo por 2,4 milhões de ocupações ou 71,3% do total do setor.

Já o subsetor de fornecedores emprega 821,2 mil pessoas, o que equivale a 24,2% dos empregos na cadeia da saúde suplementar. As operadoras e seguradoras empregam 149,8 mil pessoas, ou 4,4% do total.

16.3 FAZER MARKETING

Como em tese o serviço de saúde é de demanda reprimida, ou seja, a oferta é menor que as necessidades de consumo de serviços médicos, tais como diagnóstico e tratamento, há uma falsa suposição de que fazer marketing seria desnecessário, ou mesmo até um exagero. Talvez em alguns casos o marketing não seja utilizado de forma integrada, mas apenas parcialmente.

Os 9 PS em serviços de saúde são Produto (serviço), Promoção, Preço, Praça (distribuição), Pessoas, Palpabilidade (evidências físicas), Processos, Posicionamento das marcas e *Performance*. A importância relativa do elemento da estratégia de Marketing varia de setor para setor em saúde.

16.3.1 Tipos de serviços em saúde

Os serviços em saúde podem abranger medicina diagnóstica, hospitais, médicos, planos de saúde, odontologia, entre outros. O serviço de saúde é um bem intangível oferecido a um mercado, visando à satisfação de necessidades específicas por parte dos clientes. Esse serviço é reconhecido pelos benefícios proporcionados.

A essência do marketing em serviços de saúde é tornar os bens intangíveis em bens tangíveis, que possam ser identificados, apreciados e reconhecidos. Ou seja, deve estar associado à melhoria da qualidade de vida. Vale lembrar que a parte mais sensível do corpo humano é o bolso. Portanto, os preços devem estar em consonância com as possibilidades do consumidor da região.

Os principais elementos a serem considerados em serviços de saúde são:

- Estilo de vida real de clientes consumidores frequentes do serviço de saúde.
- Pessoas envolvidas no processo de venda e atendimento ao usuário do sistema de saúde.
- Competências em realizar a entrega de um serviço de qualidade.
- Inteligência relacional: desenvolver uma base de relacionamento com os clientes.
- Administração da relação com o cliente (*Customer Relation Management* – CRM) visando desenvolver um atendimento que estimule a fidelização de clientes.
- Inteligência artificial: oferecer serviços com tecnologia diferenciada em todos os tipos de atendimento ao cliente.
- Inteligência emocional: desenvolver nas equipes de atendimento ao cliente uma inteligência para sentir o que o cliente necessita.
- Inteligência espiritual: desenvolver nos colaboradores o "deus" que existe em cada um, com o prazer de bem servir.
- Diagnósticos contínuos nos métodos de atuação de colaboradores visando aprimorar o serviço prestado aos clientes.
- Desenvolver as áreas de conhecimento que possibilitem às pessoas a reaprenderem a aprender.
- CHA (conhecimento, habilidade e atitude): unir o conhecimento e as habilidades necessárias ao desempenho com atitudes ao correto atendimento de clientes.
- Diagnóstico da qualidade do serviço de saúde.

No elemento Produto (serviço), é preciso separar público e privado. Alguns exemplos são:

- Serviços de saúde pública federal: SUS (Sistema Único de Saúde), Centro de Referência do Ministério da Saúde, Unidades Básicas de Saúde, Programa Mais Médicos, Agência Nacional de Saúde Suplementar etc.
- Serviços de saúde pública estadual: Instituto Adolfo Lutz, Instituto Butantan, Instituto Biológico, Hospital das Clínicas, Instituto Pasteur, Centro de Vigilância Epidemiológica "Prof. Alexandre Vranjac", Centro de Vigilância Sanitária etc.
- Serviços de saúde privada: hospitais, clínicas estéticas, laboratórios e exames em geral, clínicas de repouso, clínicas de medicina diagnóstica, clínicas de saúde mental etc.

16.3.2 Preço

O P de preço é um elemento muito complexo e extremamente sensível: afeta diretamente a receita e o lucro. Esse elemento do composto de marketing inclui muitas variáveis, que vão desde os custos do serviço, margem de lucro até o preço para o consumidor, passando por descontos e valores de margem para revenda (caso existam canais de distribuição, por exemplo, vendedores de Planos de Saúde, entre outros).

É necessário definir o objetivo para a determinação do nível de preço escolhido (baixo, médio, alto, luxo) para os serviços, além de visualizar o preço da concorrência e avaliar se estão compatíveis com o mercado. É importante ainda fazer análise das condições de pagamento aplicadas, mais uma vez utilizando a concorrência para comparação e análise de viabilidade.

As estratégias de preço são, por exemplo:

- O preço deve ser calculado com base em três fatores: custos, concorrência e estratégias de participação de mercado.
- Nenhum preço deve ser visto como caro, mas adequado à qualidade do serviço, e a urgência representa um fator que não deve ensejar preços exorbitantes. Ou seja, por mais urgente que seja um serviço médico, ele não deve esquecer da regra: o cliente vem em primeiro lugar.

16.3.3 Distribuição (ponto)

É um conjunto de elementos que visa tornar o serviço disponível para o consumidor onde e quando ele o desejar. Isso inclui os canais de distribuição e entrega.

- Tipos de canais de distribuição: intermediários; pontos para comercialização dos serviços.
- Relacionamento com os canais: estratégia puxa e/ou estratégia empurra a venda.
- Logística de mercado: coordenação das atividades de fornecedores, compradores, fabricantes, distribuidores, representantes, profissionais da empresa e participantes de canal e consumidores.

16.3.4 Promoção

A atitude de comunicar pode ser entendida como um conjunto de esforços para tornar o serviço que se quer vender percebido pelo cliente. Além disso, por meio da comunicação a empresa é capaz de transmitir o posicionamento desejado.

A comunicação não se limita simplesmente a informar o mercado acerca de um serviço; o que se pretende é desenvolver uma comunicação a fim de levar o consumidor a realmente se identificar com o serviço, satisfazendo a sua necessidade e maximizando a imagem da marca da empresa ou do profissional no mercado.

Como serviços normalmente são produzidos e consumidos simultaneamente, muitas vezes os clientes estão presentes na unidade de produção do serviço, interagindo diretamente com o pessoal da prestação do serviço e constituindo-se, efetivamente, parte do processo de produção do serviço. Esses fatos levaram os profissionais a concluir que eles podem usar variáveis adicionais para comunicar-se com seus clientes e para satisfazê-los. Por isso, além dos 4 Ps tradicionais, o composto de marketing de serviços inclui pessoas, evidências físicas, processos, posicionamento e *performance*.

16.3.5 Pessoas

São os funcionários prestadores do serviço que interagem com o cliente, compreendendo pessoal de contato ou provedores de serviços. O pessoal de contato são as pessoas com quem o cliente tem aproximação breve, como recepcionistas e atendentes de estacionamento. Já os provedores de serviço são os provedores principais do serviço final, como dentistas, médicos ou o plano de saúde, entre outros.

Funcionários mal-humorados ou infelizes podem afetar tanto clientes, com os quais entram em contato direto, quanto outros funcionários. Por outro lado, um funcionário brilhante e altamente motivado pode produzir uma experiência de serviço mais agradável para todos que entram em contato com ele.

É importante detalhar, nesta parte, as características das pessoas que, principalmente, entram em contato com os clientes, pois estas também são responsáveis por transmitir a imagem da empresa.

16.3.6 Evidências físicas (ou palpabilidade)

É a percepção do ambiente no qual o serviço é prestado. Apesar da intangibilidade dos serviços de saúde, eles são identificados por sua eficácia. Não sentir dor física ou financeira é uma delas. Por isso, muitas vezes eles dependem da evidência tangível que cerca o serviço para ajudá-los a fazer avaliações e com isso melhorar o desempenho. Uso de equipamentos ajuda a evidenciar o serviço, seja um aparelho de ultrassom, um equipamento de raios X ou um gabinete dentário. Um plano de saúde pode incluir alguns serviços adicionais ou alguns brindes que ajudem a fixar a marca na mente do cliente.

Atenção: o consumidor de um serviço de saúde normalmente só pode ser considerado cliente quando há frequência de compra. Caso contrário, poderá ser um paciente eventual.

16.3.7 Processos

Em serviços de saúde, todo o processo de atendimento é considerado uma parte importante da entrega do serviço e peça fundamental do marketing. O cliente ou paciente é envolvido durante todo o processo, desde a aquisição do serviço até a sua efetiva utilização.

Esses Ps são aplicáveis de forma adaptada a diversos serviços de saúde, como, por exemplo, hospitais; medicina diagnóstica (laboratórios de análise clínicas); pronto atendimento dos diversos serviços de saúde do estado e município; serviços de clínicas odontológicas, planos ou seguros-saúde, entre outros.

Entre todas as funções de marketing em serviços de saúde, se destaca o atendimento como a melhor forma de fazer marketing. Um bom atendimento gera uma boa vontade (*goodwill*) em relação à marca do hospital, medicina diagnóstica, médico, dentista, plano de saúde e demais serviços suplementares.

As atividades de divulgação são ótimas para a propagação da marca. Já a qualidade dos produtos de hospitalidade, preços praticados, qualidade do atendimento e processos dão evidências aos serviços, tornando-os de respeito e consideração por essa atividade missionária que é a medicina, odontologia, psicologia, fisioterapia, enfermagem e outras.

16.3.8 Posicionamento da marca

Embora a atividade de saúde seja necessária, a sua demanda requer um esforço de marketing para ampliar o conhecimento e admiração da marca, criando uma imagem positiva da instituição e dos profissionais de saúde. A marca do serviço de saúde precisa ser identificada com facilidade, e seu posicionamento deve estar claro na mente dos consumidores.

16.3.9 *Performance* (desempenho)

O desempenho do atendimento em serviços de saúde precisa ser bom, ou seja, necessita ser de qualidade superior em relação ao mercado e à concorrência e também despertar uma lembrança positiva. Isso implica ter profissionais competentes, treinados e motivados. Requer também ter, em cada função, um especialista identificado com os objetivos da instituição.

16.4 FASES E ASPECTOS DE MARKETING DO SERVIÇO DE SAÚDE

É necessário considerar cada uma das fases do ciclo de vida do serviço de saúde. Há estratégias específicas para a venda e para o atendimento de jovens e idosos. Os jovens, menos afetados por problemas de saúde, têm planos mais baratos e com ofertas especiais. Já os idosos requerem atenção mais frequente e, portanto, seus planos de saúde tendem a ser mais caros. Os idosos são público-alvo da Prevent Senior, um plano de saúde bastante ativo que não para de crescer junto a esse público.

Nos EUA, idosos são "a última moda nas universidades. Comunidades de idosos anexas ao *campus* universitário são oportunidade para troca de experiência entre gerações. A faculdade é um lugar para fugir da vigilância paterna no caso de muitos jovens que estão ingressando. E é comum jovens de 20 anos que querem conversar com idosos de 70 anos ou mais. Explora-se, assim, a riqueza de conhecimento do idoso e se cria um novo serviço geracional, explorando a obsessão do idoso em permanecer jovem para sempre" (*O Estado de S. Paulo*, 2019).

Este é, sem dúvida, um novo nicho de mercado, que consiste em agrupar e ocupar idosos, em vez de isolá-los em clínicas de repouso.

Um serviço de saúde objetiva oferecer como benefício a melhor qualidade de vida possível, dando destaque ao sucesso desse objetivo com dados estatísticos que valorizem a qualidade da marca da instituição de negócios de saúde.

Prevenir, salvar, melhorar, prolongar, são tantos os objetivos de atuação de um serviço de saúde que enumerar suas características específicas se revela difícil, mas necessário e oportuno para cada especialidade da medicina.

16.4.1 Valor percebido, satisfação do cliente e qualidade do serviço

A melhor estratégia de marketing para o setor de saúde é a do valor percebido, quer pelo consumidor do serviço, quer pelo público interno prestador do serviço. Os funcionários devem se orgulhar de trabalhar na instituição e para isso são úteis as ferramentas do marketing interno (endomarketing).

Mas o segredo é a qualidade do serviço prestado em todos os níveis, de atendentes a médicos, enfermeiros, laboratoristas, e todo o pessoal de suporte a diagnóstico, nutricionistas e mais inúmeras funções que, como formiguinhas, constroem a grandeza da instituição de saúde.

Os serviços de saúde nem sempre são desejados, mas sempre necessários. Uma doença pode surgir do nada, portanto campanhas de vacinação, de diagnóstico de câncer de mama, câncer de próstata, entre outras, dependem mais do diagnóstico preventivo do que de ações corretivas. Assim, fazer marketing para prevenir a incidência de doenças é a melhor ação social de uma instituição de saúde.

16.4.2 Qualidade de vida

A medicina não salva vidas, mas pode prolongar e melhorar a qualidade de vida de um doente. Boa parte dos problemas de saúde tem como foco inicial o péssimo sistema de saneamento do país e a ignorância das pessoas, que, se alertadas, poderiam salvar vidas.

O trânsito das grandes cidades mata mais do que as guerras contemporâneas, assim como as pragas também matam. A pandemia da Covid-19 matou centenas de milhares de pessoas. É preciso um marketing preventivo em tudo que diz respeito à saúde do cidadão. Os serviços públicos e privados de saúde precisam estabelecer uma forma de não deixar uma parte da população sem o necessário atendimento médico.

16.4.3 IDH

Os índices de desenvolvimento humano (IDH) revelam a qualidade de vida de uma cidade e de um país. Portanto, investir em desenvolvimento humano deveria ser a principal meta humanitária de uma nação, pois não existe desenvolvimento econômico e social sem qualidade de vida.

16.5 *DESIGN THINKING* COMO TRANSFORMAÇÃO DE UM HOSPITAL

Corredores e apartamentos sombrios, salões de espera impessoais, cheiro de desinfetante, eis o retrato de alguns hospitais deprimentes. Como alguém pode ser tratado nessas condições? O Hospital Rotherdam Eye, na Holanda, saiu em dez anos de instituição sombria e com cara de oficina humana para um lugar alegre e reconfortante. Isso ocorreu ao incorporarem o *design thinking* e os princípios de *design* em seu processo de planejamento.

No *design thinking*, o primeiro passo é entender a experiência do usuário e o que ele espera da instituição. Não temer o hospital era o desejo inicial. Melhorar os serviços foi a segunda tarefa. Na terceira etapa, buscaram a inovação. E isso foi implementado em pequenos passos. As mudanças no *design* surtiram efeito não só no humor dos pacientes, mas também no dos próprios funcionários (DEICHMANN; HEIJDE, 2017).

16.6 TECNOLOGIAS DIGITAIS SIMPLES PARA REDUZIR OS CUSTOS DE ASSISTÊNCIA MÉDICA

As doenças crônicas afetam mais da metade da população dos Estados Unidos. Elas prejudicam a produtividade, representando mais de 85% dos custos de assistência médica, e constituem a principal razão de os custos de assistência médica terem aumentado 123% desde 2000. Com o programa Gestão de Doenças, partiu-se para o uso da terapia digital, mais barata e mais eficaz. Com a prevenção de doenças como a diabetes se reduziu a incidência da doença com o uso da terapia digital, enquanto outros programas objetivaram reduzir o hábito de fumar. Em síntese, mapeou-se as principais doenças crônicas e se adotou o método da terapia digital com sucesso (FOGEL; KVEDAR, 2017).

16.7 FERRAMENTAS DE MARKETING EM SERVIÇOS DE SAÚDE

16.7.1 Estratégias de comunicação: ética e mídia social

As técnicas da neurociência utilizadas pelo neuromarketing tentam identificar como as marcas de serviços de saúde habitam o cérebro e o coração das pessoas. A ideia de preços, comunicação, promoções, entre outros aspectos da imagem da instituição, pode ser avaliada por técnicas do neuromarketing.

Cada cliente tem um comportamento de compra específico, na hora do uso de um serviço de saúde; agrupá-los significa entendê-los melhor. E isso agiliza e reduz custos das estratégias de comunicação e de marketing (ver Capítulo 8, Mutabilidade do Comportamento do Consumidor de Serviços).

Mas a ética no uso da comunicação não deve fugir de normas de autorregulação.

16.7.2 Segmentação de mercado

Segmentar o mercado de serviços de saúde significa identificar agrupamentos de consumo relativamente homogêneos. Os fatores principais são demográficos (sexo, idade, renda, escolaridade etc.), comportamentais (identificar comportamentos de grupos homogêneos de compradores) etc. (ver Capítulo 7, Segmentação de Mercado.)

A utilidade da segmentação de mercado é enorme, pois evita, por exemplo, despender recursos com um público de massa, quando poderia se gastar menos com um público específico.

16.7.3 Gestão de competências e treinamento

A palavra-chave em serviços de saúde é atendimento e para que isso ocorra com sucesso é preciso treinar não só o pessoal da linha de frente, como o da retaguarda de um serviço de saúde. Ao longo do tempo, os colaboradores devem ser gradativamente treinados em competências paralelas ou complementares à sua função para serem polivalentes no exercício de suas atividades. Para tanto, é mais importante uma gestão de competências do que simplesmente uma gestão de pessoas.

Os planos de carreira devem ter como base avaliações periódicas de desempenho, dentro de um sistema de meritocracia. Ou seja, estimular desempenhos ascendentes sempre.

16.7.4 Endomarketing

É preciso comprometer todos, sem exceção, no bom e cordial atendimento. É preciso saber sorrir para o cliente, de modo a harmonizar os momentos de contato. Todos os funcionários, desde atendentes, médicos até faxineiros e porteiros, devem fazer marketing interno e externo, conscientes de que o momento do atendimento é a chave. Lembrando sempre: regra número 1: o cliente tem sempre razão; regra número 2, caso o cliente esteja errado, volte à regra número 1.

16.7.5 Marketing de relacionamento

Relacionamento é o que o serviço de saúde mais vende. O relacionamento do público interno, ou seja, os funcionários, prestadores externos de serviços, todos devem estar imbuídos de que não se faz marketing interno e externo sem um bom relacionamento. Por isso, o marketing e o relacionamento são quase palavras sinônimas.

CONCLUSÃO

Existe um mito equivocado de que um profissional de serviço de saúde não pode ou não deve fazer marketing. Digamos que se tratava de um tabu em um passado recente, quando não se conhecia a importância das ferramentas do marketing para divulgar ações preventivas e outras informações de interesse da população.

Os planos de saúde fazem marketing, os hospitais, medicina diagnóstica, médicos e enfermeiros, todos fazem marketing institucional ou pessoal. Enfim, todos fazem marketing, admitindo ou não. O marketing habita a vida das pessoas, e ignorar isso é equivocado. Contudo, não devemos confundir a importância do marketing com ações predadoras para enganar, vendendo algo inadequado. A ética é a regra número 1 no exercício de uma profissão, sobretudo em negócios de saúde. E o marketing não foge à regra.

TRADUZINDO EM PONTOS DE AÇÃO ESTRATÉGICA

- ✓ Criar e preservar a imagem da marca.
- ✓ Investir em pesquisas de satisfação.
- ✓ Criar indicadores de desempenho individual e setorial.
- ✓ Instituir endomarketing, ou seja, comprometer todos na organização com o bom atendimento.
- ✓ Preservar a ética em todos os momentos.
- ✓ Estabelecer a hora da verdade para identificar o que não funciona em momentos de crise.
- ✓ Criar o grupo de crise para agir com presteza em momentos adversos.
- ✓ Incorporar *design thinking* para transformar os produtos em saúde.
- ✓ Empregar tecnologias digitais simples para reduzir os custos de assistência médica.

QUESTÕES

1. Discuta a ética médica na adoção de estratégias publicitárias
2. Qual é a importância do neuromarketing na adoção de estratégias de marketing de saúde.
3. Qual é o significado da marca de um serviço de saúde.?
4. Qual é a diferença entre consumidor e cliente/paciente?
5. Discorra acerca da importância de processos no marketing de uma empresa ligada ao setor de saúde.

REFERÊNCIAS

Livros

BRITO, Carlos Melo; LENCASTRE, Paulo (ed.). *Os horizontes do marketing*. Lisboa: Verbo, 2000.

COBRA, Marcos. *Estratégias de marketing de serviços*. 2. ed. São Paulo: Cobra, 2002.

FITZSIMMONS, James A.; FITZSIMMONS, Mona J. *Service management*: operations, strategy, information technology. New York: McGraw-Hill, 2011.

HOFFMAN, K. Douglas *et al*. *Services marketing*: concepts, strategies and cases. Austrália: Cengage Learning, 2009.

KOTLER, Philip; SHALOWITZ, Joel; STEVENS, Robert J. *Marketing estratégico para a área da saúde*. Porto Alegre: Bookman, 2010.

KOTLER, Philip; KELLER, Kevin Lane. *A framework for marketing management*. New Jersey: Prentice-Hall, 2015.

LAING, A. *et al*. *Managing and marketing health services*. UK: Thomson, 2002.

LISBOA, Teresinha Covas; NOGUEIRA, Cleber (org.). *Administração*: avanços e desafios. Rio de Janeiro: Novaterra, 2016.

LISBOA, Teresinha Covas; KUAZAQUI, Edmir (coord.). *Gestão contemporânea em saúde*. São Paulo: Sarvier, 2019.

LISBOA, Teresinha Covas; DE MATTEU, Douglas (coord.). *Manual completo de gestão para formação de tecnólogos*: conceitos e práticas. São Paulo: Atlas, 2019.

PROENÇA, João F. *Marketing de serviços públicos*: casos de estudo. Portugal: Escolar Editora, 2008.

THOMAS, Richard K. *Marketing health services*. Chicago: Health Administration Press, 2009.

Artigos

DEICHMANN, Dirk; HEIJDE, Roel van der. Como o *design thinking* transformou um hospital. *Harvard Business Review Brasil*, p. 60-61, ago. 2017.

FOGEL, Alexander L.; KVEDAR, Joseph C. Tecnologias digitais simples podem reduzir os custos de assistência médica. *Harvard Business Review Brasil*, ago. 2017.

HARTOCOLLIS, Anemona. Nos EUA, idosos são a última moda nas universidades. 15 set. 2019. *O Estado de S. Paulo*. Disponível em: https://economia.estadao.com.br/noticias/geral,nos-eua-idosos-sao-a-ultima-moda-nas-universidades,70003010757. Acesso em: 4 ago. 2020.

17 Marketing de Turismo de Entretenimento | Sensações e Encantamento

"O que se leva desta vida é a vida que a gente leva."
Barão de Itararé

OBJETIVOS DE APRENDIZAGEM

- Compreender a vocação de um serviço em turismo.
- Entender a importância de promover experiências no marketing de turismo.
- Conhecer os tipos de experiência.

INTRODUÇÃO

Para muitas pessoas, uma viagem nada mais é que um devaneio necessário para a recuperação de energias, uma busca de sensações únicas como a realização de sonhos e fantasias. A viagem é um compromisso consigo mesmo, é uma meta de vida visitar amigos e parentes, conhecer novos lugares e novas pessoas, estudar no exterior. O turista é estimulado pelo "eu preciso e eu mereço". Viajar é um bem exaurível, do qual só podemos guardar uma leve lembrança.

Segundo Luiz Gonzaga Godoi Trigo, "a relação do ser humano com as viagens é bastante antiga – data dos tempos do nomadismo e das primeiras viagens épicas ou de peregrinação em busca de conhecimento – e é reveladora de seus sentimentos mais profundos. "Os perigos e as maravilhas das viagens sempre encantaram as pessoas", afirma o professor Trigo.

As viagens ocorrem para lazer, negócios ou tratamento de saúde, entre outras formas.

17.1 VOCAÇÃO PARA O TURISMO

Muitas cidades têm uma vocação nata para o turismo, em face da beleza e atratividade dos recursos naturais, como o Rio de Janeiro, Manaus, Salvador, Natal, Foz do Iguaçu, Florianópolis, só para citar algumas. Há ainda tantas outras cujos recursos hidrominerais atraem turistas, como São Lourenço e Caxambu

(MG), Serra Negra, Lindoia, Águas da Prata (SP), ou outras com águas termais, como Caldas Novas e Rio Quente (GO); Mossoró (RN); Araxá (MG); Piratuba, Gravatal, Santo Amaro da Imperatriz, Itá, Águas Mornas, Nova Prata (SC); Olímpia, Águas de Lindóia (SP); Iretama (PR); Marcelino Ramos e Nova Prata (RS).

Existem ainda diversos destinos que atraem pela exuberância da natureza, como as cataratas de Foz do Iguaçu, os Lençóis Maranhenses, o Delta do Parnaíba, a pororoca do Rio Amazonas, Bonito, Chapadas Diamantina e dos Guimarães, entre outros.

Mas muitas cidades podem obter o grau de investimento em turismo criando parques temáticos, como Orlando na Flórida (Disney World, Sea World, Universal Studios, Busch Gardens, Kennedy Space Center etc.). Um exemplo brasileiro é o município de Penha, em Santa Catarina, com o parque Beto Carrero, e outro o Beach Park, em Fortaleza. Enfim, a partir de investimentos em, por exemplo, um aquário, um zoológico, essas iniciativas relativamente simples podem se constituir em atração para o lugar e alavancar o turismo na região.

17.2 EXPERIÊNCIAS E O MARKETING EM TURISMO

Uma viagem é por si só uma experiência repleta de surpresas e cercada de expectativas. Há diversos tipos de experiência, tais como:

- **Natureza e vida selvagem**: observar aves, golfinhos, baleias, foca, leão-marinho, pinguins, fazendas, jardins, cânions, vulcões, praias, rios, lagos, represas, rios, zoológicos, aquários, parques nacionais, chapadas.
- **Aventura**: escalada, caça, pesca, parapente, asa delta, *rafting*, paraquedismo, passeios de barco, balonismo, canoagem, exploração de cavernas, rapel, enduros, esqui, ultraleve.
- **Esportes e atividades ao ar livre**: piscinas termais, prática de esportes.
- **Gastronomia e vinhos**: restaurantes, SPAs, pousadas, hotéis, lanchonetes, vinícolas.
- **Caminhadas**: rotas automotiva, ciclística, motociclista, quadriciclista, além de rotas para caminhadas a pé e enduros.
- **Outras atividades**: compras, cassinos, piscinas termais, atrações urbanas, arte e arquitetura, paisagismo e história. Parques de diversão, eventos e festivais, maravilhas a serem observadas, como o pôr do sol na praia de Jacaré, em João Pessoa, ou no alto da Pedra do Baú, em Campos do Jordão, apenas para citar algumas.

É preciso reciclar as ofertas de experiências das cidades e destinos turísticos, começando com o seu repaginar urbanístico e de hospitalidade de modo a proporcionar experiências únicas que fiquem para sempre no imaginário das pessoas. E isso é tarefa permanente para inibir a obsolescência do lugar. Uma cidade turística nunca pode sair de moda. Sua hospitalidade precisa se reciclar com periodicidade. Por exemplo, para alguns *gourmets*, as melhores ofertas gastronômicas das Cataratas do Iguaçu estão do lado argentino, em Puerto Iguazú. Talvez isso seja apenas simbólico, mas um fato estranho é que o Brasil recebia há mais de 20 anos 5,7 milhões de turistas e, em 2018, foram 6,62 milhões de turistas estrangeiros, enquanto a Argentina recebe por volta de 7 milhões, e o Uruguai (basicamente com três destinos: Montevidéu, Punta del Este e Colonia del Sacramento) recebe entre 2,5 e 3 milhões por ano. Portugal, por exemplo, recebeu mais de 27 milhões de visitantes em 2019 (7,3% a mais do que em 2018).

No ano de 2014, com a Copa do Mundo de futebol sediada no Brasil, o número de visitantes no país ampliou, cerca de 700 mil turistas a mais em função do evento esportivo. Portanto, naquele ano, mais de 6,4 milhões de turistas estrangeiros visitaram o Brasil.

O número representa um recorde histórico e um crescimento de 10,6% em relação a 2013. A Copa do Mundo foi a principal responsável pelo salto, deixando um movimento financeiro de US$ 32 bilhões no país, ante um movimento de US$ 52 bilhões da América Latina. Ou seja, o Brasil é responsável por mais da metade do turismo na região.

Com a realização das Olimpíadas de 2016 no Rio de Janeiro, continuou o crescimento do fluxo de turismo, porém mais concentrado nos locais das provas olímpicas (Rio de Janeiro e subsedes).

No entanto, a pandemia da Covid-19 em 2020 fechou fronteiras com países vizinhos e restringiu a entrada de turistas do exterior, o que limitou a atuação de hotéis, restaurantes e agências de viagem e dificultou a operação das empresas aéreas. Após a pandemia, o turismo precisa se reinventar para não sucumbir, e as ações precisam ser contínuas, não apenas pontuais, pois o turismo é uma das fontes de riqueza do país.

Para o crescimento das receitas em turismo, o país precisa de um contínuo investimento em infraestrutura visando melhorar a mobilidade urbana, o saneamento e a segurança, e, sobretudo, investir em criatividade para conscientizar a população das cidades turísticas sobre o saber receber visitantes.

17.3 O "TRUQUE DO RATO"[1]

Por que as pessoas voltam a um parque temático, ou uma cidade? Sobretudo quando fica a sensação de que não viram tudo ou porque gostaram infinitamente do lugar.

---

[1] Esta seção contou com a colaboração de Ingra Cobra.

Os parques devem alongar o seu ciclo de vida, buscando atrair as pessoas ao longo de todo o ciclo. O ratinho de Walt Disney, conhecido como Mickey por várias gerações, é sempre uma atração renovada. O parque de diversões conta com diversos entretenimentos (casa da Cinderela, casa do Pluto, Epcot Center), hotéis dentro do complexo, *monorails*, barcos e trem a vapor na logística de transporte, que são também atrações em si. São tantas que fica difícil enumerar.

Navios de excursão, restaurantes, lanchonetes, baladas e inúmeras de ofertas de lazer e entretenimento, seria esse o truque do ratinho da Disney para atrair cada vez mais visitantes? Mas não é só. O varredor do parque é treinado para dar informações ao visitante sobre as atrações, e os personagens da Disney passeiam pelo parque se deixando fotografar com a garotada. Bem isso, é pouco. O segredo é não ter fim. O personagem nunca morre e outros surgem para animar os estúdios de cinema da Disney.

Mas como esse truque do rato pode ser aplicado por uma cidade turística? Vamos a uma rápida analogia:

- Uma cidade precisa ter uma vocação turística ou desenvolvê-la sempre.
- Os produtos de lazer e entretenimento podem ser apenas contemplativos, mas podem também ser interativos.
- O turista está sempre em busca de lazer e entretenimento diferenciado.

A Disney é um exemplo de como a realização de sonhos e fantasias que envolvem uma expectativa de viagens pode ser copiado.

17.4 ALGUNS MOTIVOS QUE EXPLICAM O ANSEIO POR VIAJAR

As pessoas têm um forte desejo ou impulso por viajar frequentemente, e isso tem a ver também com ocasiões especiais como lua de mel ou comemorações. Algumas das razões básicas que explicam esse anseio indomável por colocar os pés na estrada são: rever parentes e amigos; ir a um evento esportivo ou de negócios; estudar fora do país; buscar liberdade; fazer compras; conhecer pessoas e cidades; visitar lugares atraentes; meditar e se conhecer para se tornar alguém melhor; visitar centros médicos avançados; identificar novas culturas; relaxar em praias, rios, lagoas, fazendas e montanhas; se surpreender com locais com diferentes geografias; descansar e se divertir em busca de momentos prazerosos.

17.4.1 Viajar é viver emoções prazerosas ou por necessidades de trabalho, estudo ou tratamento de saúde

Segundo os neurologistas, existem três pontos essenciais para entender o comportamento humano: emoção, memória e atenção. E o turista, enquanto consumidor, está em busca da emoção da viagem, tanto a andança quanto a chegança, ou seja, a viagem em si e o lugar da estadia. Portanto, o que ele traz de uma viagem é apenas uma lembrança, ou seja, ele memoriza os fatos e os lugares que chamem mais sua atenção.

Mas as pessoas viajam por necessidades de trabalho, estudo, de visita a amigos e parentes ou, também, para tratamento de saúde. Emoção, memória e atenção são os pontos-chave do marketing em turismo: proporcionar emoção, deixar boas lembranças e ter sempre algo que desperte a atenção.

17.5 ELEMENTOS DO SERVIÇO TURÍSTICO

O serviço turístico é um bem intangível oferecido a um turista, visando à satisfação de um desejo, sonho ou necessidade de se libertar, sentindo a natureza ou visitando lugares específicos – até mesmo a casa de parentes. Portanto, os serviços em turismo incorporam diversas formas tangíveis (em função de suas características físicas mensuráveis) e intangíveis (que habitam o imaginário das pessoas).

Para obter demanda, os serviços de turismo devem conter os nove elementos descritos a seguir: Produto (Serviço), Preço, Praça (logística), Promoção, Pessoas, Palpabilidade (evidências físicas), Processos, Posicionamento estratégico e *Performance*.

A quantidade de elementos de marketing a serem utilizados varia em função do tipo de serviço – educação, saúde, finanças, turismo – e conforme os desafios a serem vencidos em determinado momento. Assim, para cada tipo de serviço, os conceitos de marketing são equivalentes, e o que varia é a aplicabilidade de cada elemento.

17.5.1 Serviço como um produto

É importante a descrição de detalhes táticos referentes ao serviço. Os principais elementos a serem considerados são:

- **Histórico do serviço**: no caso de um serviço já existente, deve-se fazer um breve histórico dele. Quando se tratar de um serviço novo, devem-se explicar as razões de sua criação e de seu desenvolvimento.
- **Ciclo de vida e estratégia de marketing**: em que fase do ciclo de vida está o serviço (introdução, crescimento, maturidade ou declínio) e quais são as estratégias de marketing aplicadas ao serviço turístico considerando o seu atual estágio do ciclo de vida?
- **Benefícios**: serviço básico; serviço real; serviço ampliado; o que leva o consumidor a comprar o serviço; quais as necessidades e desejos do consumidor que o serviço irá satisfazer?
- **Marca**: devem-se apresentar as marcas escolhidas para o serviço, observando se essas marcas são individuais ou marcas guarda-chuva.

- **Qualidade**: análise do nível de qualidade do serviço oferecido (desempenho operacional em relação à concorrência).
- **Serviços associados ao serviço básico de turismo**: garantias de que a viagem oferecida e efetivamente vendida tenha garantias específicas de que ocorra em conformidade com o contratado. Para que o serviço apresente bom desempenho e qualidade, é importante o treinamento das pessoas envolvidas no processo de atendimento ao turista.

17.5.2 Preço

O P de preço é um elemento muito complexo e extremamente sensível: afeta diretamente a receita e o lucro. Desde empresas aéreas até hotéis, escolas, restaurantes, museus, centros esportivos, além de serviços médicos especializados, entre outros serviços, para atender o prometido a preço justo ao viajante. Esse elemento do composto de marketing inclui muitas variáveis, dos custos do serviço até o preço para venda ao consumidor, passando por descontos e comissões de venda dos diferentes canais de distribuição.

É necessário definir o objetivo básico para a determinação do nível de preço:

1. Ampliar a participação de mercado ou obter lucros por meio de preços para os serviços levando em conta os preços da concorrência.
2. Definir as condições de pagamento a serem praticadas.

O preço é, portanto, o elemento chave para o viajante na escolha de um serviço em qualquer tipo de viagem.

17.5.3 Praça (ponto/distribuição)

É um conjunto de elementos que visa tornar o serviço de turismo disponível para o consumidor onde e quando ele o desejar. Isso inclui elementos como:

- **Canais de distribuição intermediários**: pontos para comercialização dos serviços turísticos, em aeroportos, hotéis, ou mesmo em quiosques pela cidade.
- **Relacionamento com os canais**: estratégia *pull* e/ou estratégia *push*; orçamento (incluso no P de promoção ou não?).
- **Logística de mercado**: coordenação das atividades de todos os prestadores de serviços turísticos, desde a locomoção e hospedagem até as atividades promocionais e de atendimento ao longo de todo o processo do serviço turístico. Nesse contexto, é importante uma sintonia fina entre fornecedores, distribuidores, profissionais de marketing para divulgar e estimular o consumo do bem turístico.

17.5.4 Promoção

A atitude de comunicar pode ser entendida como um conjunto de esforços no sentido de tornar um lugar turístico conhecido e desejado. Uma companhia aérea admirada, um hotel como um símbolo de sonhos ou um restaurante como objeto de desejo de gula.

A estratégia de comunicação, além de informar um serviço turístico, tem o poder de elevar a percepção do cliente em relação àquele serviço e estabelecer o posicionamento desejado na mente e no coração das pessoas.

A comunicação não se limita a simplesmente informar o mercado acerca de um produto/serviço; o que se pretende é desenvolver uma comunicação a fim de levar o consumidor a realmente adquirir o produto, satisfazendo a sua necessidade e maximizando o lucro da empresa.

À comunicação tradicional se somam, hoje, os novos meios da mídia digital, com ofertas na tela do computador, no Google, no Facebook, na tela dos celulares, em painéis luminosos, em mídias aeroportuárias, enfim, em toda a parte por onde o consumidor transite, muitas vezes uma comunicação personalizada. Ao acessar a internet, o potencial consumidor de turismo é acionado pelo *click* do hotel e de uma oferta de voo. Enfim, são tantos os truques que surgem a cada dia que fica difícil enumerá-los, basta revelar um desejo de compra de um pacote turístico e robôs saem em busca do possível comprador.

A publicidade tradicional cede lugar a novos e inusitados meios. Um indivíduo pode ser localizado aonde estiver, e os aplicativos como o Uber são exemplos disso quando indagam: para onde vamos hoje?

Na parte central do plano de comunicação, deve-se analisar o público-alvo e avaliar se os esforços a serem realizados serão capazes de atingi-lo com eficácia. Para tanto, é importante verificar se a mídia escolhida tem todas as ferramentas de promoção de vendas mais adequadas. O profissional de propaganda deve listar todas as ações de comunicação planejadas, analisando-as quanto a sua eficácia e qualidade (plano de mídia, *layout* da peça publicitária, cores, atratividade, meios de comunicação, visibilidade da mensagem etc.).

Por isso, além dos 4 Ps tradicionais, o composto de marketing de serviços em turismo pode incluir ainda mais 5 Ps: Pessoas, Evidências Físicas (Palpabilidade), Processos, Posicionamento e Performance.

17.5.5 Pessoas

São os funcionários de empresas aéreas, parques turísticos, hotéis, restaurantes, lojas e, ainda, os guias de viagem. Existem também muitas outras pessoas que interagem com o viajante, denominados pessoal de contato ou provedores de serviço. O pessoal de contato são aqueles com quem o turista tem aproximação breve, como recepcionistas e atendentes de empresas aéreas ou hotéis. Já os provedores de serviço são os que finalizam as ofertas principais de um serviço, tais como comissários de bordo da empresa aérea, pessoal de atendimento da agência de viagem ou guias de traslados.

Funcionários mal-humorados ou tristes podem afetar o humor de seus clientes, causando desconforto. Por outro lado, um funcionário brilhante e altamente motivado pode produzir uma experiência de serviço mais agradável para todos com quem interage.

É importante detalhar, nesta parte, as características das pessoas que, principalmente, entram em contato com os turistas, pois essas pessoas também são responsáveis por transmitir a imagem da cidade, da empresa aérea ou do hotel.

17.5.6 Evidências físicas (palpabilidade ou percepção)

Por causa da intangibilidade dos serviços turísticos, é difícil para os visitantes avaliarem objetivamente a sua qualidade, principalmente durante o período de pesquisa, quando os clientes, com frequência, ainda estão formando a sua opinião sobre o destino turístico, a viagem aérea ou terrestre, o hotel e os passeios. Por isso, muitas vezes eles dependem da evidência tangível que cerca o serviço para ajudá-los a fazer avaliações de percepção mais isentas.

A evidência física de uma cidade ou lugar turístico não está limitada apenas aos elementos que compõem o exterior, como a paisagem, o exterior dos hotéis e lojas, mas inclui também a sinalização de acesso, paisagismo e ambiente circundante, interior e *layout* do estabelecimento, equipamentos usados para servir o cliente diretamente, qualidade e temperatura do ar, arrumação do apartamento, entre outros elementos tangíveis que fazem parte das evidências físicas do lugar e meios de transporte.

A evidência física tem início com a posse de um bilhete aéreo, que simboliza a viagem, com um *voucher* de hotel ou de passeios, e inclui diversos aspectos de paisagem, equipamentos e construções. É o que se vê e o que se sente. Os cinco sentidos dos visitantes ensejam uma evidência física, a visão, o tato principalmente, a audição, o paladar para os apreciadores de comida, o olfato para sentir o aroma das flores e comidas. Enfim, é sentindo que se pode avaliar se a evidência física agrada ou não ao visitante.

17.5.7 Processos

Tudo em turismo são processos: reservas, *check-in*, *check-out*, serviço de transporte, serviços de hospedagem, serviços de visitação e até mesmo serviços de pré e pós-venda, entre outros.

Até um provável local de turismo precisa ser formatado antes de receber visitantes, tais como sinalizações, sanitários, estacionamentos, segurança, água, esgoto, luz e uma série de detalhes que incluem inspeção e autorização dos bombeiros, com rotas de fuga em caso de incêndio e inúmeros outros processos.

A reserva de um hotel envolve diversos processos, desde a confirmação do andar, do tipo de apartamento até a emissão do *voucher*. Serviços de quarto e supervisão, frigobar e outros serviços devem estar devidamente estabelecidos por processos e sistemas operacionais.

Até mesmo uma visita a uma cachoeira, ou mesmo as cataratas, enfim, todos os lugares de turismo contemplativo contam com um processo de visitação, com trilhas de acesso, sinalizações, sanitários, primeiros socorros. Embora o contato do turista seja mais visual, é preciso formatar todo o processo de acesso e saída.

Há uma série de procedimentos necessários para que o turismo ocorra, seja em um parque de diversões, uma praia ou uma cachoeira, não importa o local, desde a negociação para a venda da visita ao lugar, toda a logística de acesso e saída deve ser concebida, inclusive o processo de avaliação da satisfação do visitante. Enfim, há processos ao longo de toda a cadeia de marketing.

15.5.8 Posicionamento estratégico

A marca de um serviço em turismo é mais do que um nome, tem todo um posicionamento na mente das pessoas em função do que ele proporciona: alegria, felicidade ou apreensão, entre outras emoções, seja viajando a negócios, estudo ou lazer.

Empresas aéreas, cidades, locais de entretenimento e os diversos serviços de turismo nunca mais serão os mesmos após a pandemia da Covid-19 em 2020. A vida das pessoas terá uma nova dimensão, e as marcas terão que inovar e reposicionar os seus serviços. As pessoas tendem a esquecer esses momentos difíceis da pandemia, mas é provável que o turista esteja sempre em busca de liberdade, ao passo que as empresas em turismo adoram fidelizar seus clientes. Em função da crise causada pela pandemia, o mundo dos negócios de turismo levará um tempo para se reciclar e buscar oferecer novas alternativas ao consumidor.

15.5.9 *Performance* (desempenho)

O desempenho de um serviço poderá ser mensurado de diversas maneiras: em número de turistas, em volume de vendas, em preços praticados ou em lucros obtidos em cada operação. Mas o melhor indicador de desempenho é a felicidade do cliente, mensurada por meio de pesquisas de satisfação realizadas durante e após a utilização do serviço. O resultado do esforço de marketing depende da relação de investimentos realizados e resultados alcançados, tanto em quantidade como em qualidade.

CONCLUSÃO

A realização de uma viagem envolve diversas etapas, desde o sonho de viajar até o momento em que a viagem efetivamente ocorre. Em todas as etapas, existe um tipo de serviço para atender à demanda por viagens, seja de negócios ou lazer.

Com o objetivo de administrar a demanda de viagens, os agentes do processo realizam investimentos em pesquisa, comunicação, venda, atendimento e avaliação de satisfação.

Todas as etapas preveem um esforço de marketing para persuadir o viajante e estimular o consumo. Entre outras, citam-se:

1. Pesquisa do lugar a ser visitado.
2. Avaliação do meio de transporte a utilizar.
3. Onde se hospedar.
4. O que visitar.
5. Onde comer.
6. O que fazer durante a estada.
7. Marcar o retorno.
8. Estar feliz.

Para que o visitante sinta-se satisfeito, é preciso que o atendimento em todas as etapas seja adequado e, se possível, agradável, já que, afinal, o visitante traz em sua bagagem de volta apenas lembranças. O encantamento é a palavra-chave do sucesso em turismo.

TRADUZINDO EM PONTOS DE AÇÃO ESTRATÉGICA

- ✓ Investir em conhecimento. O que o consumidor turista quer e precisa?
- ✓ Treinar as equipes para um correto atendimento ao cliente de turismo.
- ✓ Formar um grupo de crise para estar apto a "apagar incêndios", caso algo dê errado.
- ✓ Definir um plano de carreira com base em avaliação de desempenho.
- ✓ Administrar competências, e não apenas gerenciar pessoas.

QUESTÕES

1. Defina sumariamente o que é marketing em turismo.
2. Como é possível atender bem o turista se não se consegue entendê-lo?
3. Como proporcionar encantamento em uma viagem aérea ou rodoviária?
4. Como proporcionar alegria ao turista?
5. De que maneira um hotel pode proporcionar felicidade aos seus hóspedes?

REFERÊNCIAS

BENI, Mario Carlos. *Turismo*: planejamento estratégico e capacidade de gestão. Barueri: Manole, 2012.

COBRA, Marcos. *Marketing de turismo*. 3. ed. São Paulo: Cobra, 2001.

COBRA, Marcos. *Estratégias de marketing de serviços*. 3. ed. São Paulo: Cobra, 2002.

COBRA, Marcos. *Estratégias de marketing de turismo*: cidades e lugares. Amazon, 2017.

PANOSSO NETO, Alexandre; GAETA, Cecilia. *Turismo de experiência*. São Paulo: Senac, 2010.

TROIANO, Jaime. *As marcas no divã*. Rio de Janeiro: Globo, 2009.

TROIANO, Jaime. *Brand Intelligence*: construindo marcas que fortalecem empresas e movimentam a economia. Barueri: Estação das Letras e Cores, 2017.

Conclusão

É preciso reinventar a organização de serviços, observando tendências e novas ondas

O ser humano nasce, vive e morre sob a égide de um serviço. A lei biológica da vida incorpora seus conceitos ao ciclo de vida dos serviços. Muitos deles deixaram de existir, e outros devem seguir o mesmo rumo. Sob o impacto de frequentes novidades tecnológicas, os serviços ou se adaptam e se reinventam ou morrem.

Hoje, e sempre, a ciência da administração continua se reinventando. Os aplicativos inovam e revolucionam os mercados. Como dizia o apresentador de televisão Chacrinha, "no mundo nada se cria, tudo se copia", e navegamos em inovações e experiências. Os grandes inventores caminharam na observação, como Thomas Edison, por exemplo, que poderia ter inventado uma vela maior, mas aproveitou uma tendência e criou a lâmpada elétrica. Isaac Newton acompanhou a queda de uma maçã e descreveu pela primeira vez a lei da gravidade. Santos Dumont poderia ter produzido balões maiores, mas aproveitou a tendência e concebeu o avião.

O aplicativo Uber observou uma tendência de serviços de táxi precários e inovou com sistemas rápidos de mobilidade urbana, mais baratos e, às vezes, oferecendo serviços de bordo durante o trajeto. Hoje, o aplicativo já disponibiliza viagens de helicóptero como um novo serviço de táxi aéreo. Vários outros aplicativos já copiam o conceito do Uber para o compartilhamento de residências, escritórios, consultórios, e isso não para.

Quando o Comandante Rolim criou os serviços diferenciados da empresa aérea TAM, ele copiou uma tendência do táxi aéreo para oferecer serviços onde o passageiro que contratasse a ida quisesse voltar também pela mesma empresa.

O estilista de moda nada mais faz do que observar as tendências da rua, ou seja, a moda é tendência, assim como comunicação e marketing.

Para observar e identificar tendências, nada como observar necessidades não atendidas, atuais e futuras, e sobretudo, necessidades nunca imaginadas pelo consumidor.

As vendas no varejo, apesar de enfrentarem as vendas no varejo *on-line*, não vêm inovando o suficiente para reter e atrair clientes, afirmam alguns especialistas. Os *shopping centers*, por exemplo, precisam rever conceitos e dar mais espaço a serviços de uma maneira geral, de alimentação e entretenimento, em especial.

Até a Coca-Cola, nas palavras de seu CEO mundial, em junho de 2017, vem perdendo mercado para as vendas *on-line*, pois as pessoas, saindo menos de casa para fazer compras, consomem menos o refrigerante.

O marketing navega nas ondas da experiência

Os serviços que dominam a economia das nações não podem ser armazenados após serem produzidos. Os serviços só proporcionam lembranças baseadas em experiências. Uma viagem, uma refeição, uma hospedagem, para não exagerar em citações, constituem uma experiência. O relacionamento humano é uma experiência.

Se isso é verdade, por que não dar ao consumidor a oportunidade de experimentar um produto antes da compra? Do tipo: leve para casa o produto e experimente, se não devolver em dois dias o produto é seu e o cartão de crédito processa automaticamente.

O toque, como os demais cinco sentidos humanos (tato, olfato, visão, audição e paladar), tem a magia de despertar a intenção da posse. Por exemplo, um colchão não é para ser apalpado em uma loja, mas sim experimentado deitando-se sobre ele.

As cidades turísticas precisam preservar a natureza e estar se reinventando constantemente. De que forma? Produzindo novas emoções e preservando o imaginário do visitante. Os parques temáticos são quase sempre experiências saborosas. E isso é fruto da inovação tecnológica apoiada em ações de marketing.

A cidade de Óbidos, em Portugal, recebia visitantes de um só dia, por estar próxima ao destino final, que era a basílica de Fátima, maior polo religioso do país. O que fez Óbidos? Implantou uma fábrica de chocolates, e o turista passou a pernoitar na cidade. Portanto, observou uma tendência e procurou melhorar a oferta.

Como dizia o Comandante Rolim: "em função do ótimo não se faz o bom". O administrador precisa ser um gestor de pessoas, de competências, de recursos e, também, de tendências, entre outras especificidades.

Hoje, o grande foco é, portanto, a gestão de tendências, que precisam ser identificadas e implantadas. Descobrir antes o que deve vir por aí, administrar tendências com base no conhecimento. Na atualidade, marketing é, sobretudo, experiência.

Mas qual será o futuro dos serviços?

Os desafios da inteligência artificial deixam em risco o trabalho humano, substituído por robôs, e, por consequência, afetam o mercado de trabalho, diminuindo a empregabilidade de diversas categorias profissionais e do administrador em especial.

Veja o que afirmou o engenheiro de computação Guy Perelmuter (2017), no artigo "Máquinas que aprendem":

> O campo de pesquisa denominado Inteligência Artificial existe desde 1956. Após algumas décadas de promessas e muitas expectativas, começamos a conviver definitivamente e de forma irreversível com máquinas dotadas de habilidades cognitivas - algo que até então estava ao alcance apenas dos seres humanos. Conjuntos gigantescos de dados (conhecidos como *big data*), algoritmos inovadores executados em processadores cada vez mais velozes, capacidade de armazenamento ilimitada e uma redução significativa no custo da infraestrutura tecnológica permitem que o desenvolvimento de aplicações e dispositivos "inteligentes" torne-se uma realidade.
>
> A área de pesquisa em Inteligência Artificial (ou IA) pode ser subdividida de diversas formas - seja em função das técnicas utilizadas (como, por exemplo, sistemas especialistas, redes neurais artificiais, computação evolutiva) ou dos problemas endereçados (visão computacional, processamento de linguagem e sistemas preditivos, entre outros). Atualmente, uma das técnicas de IA mais utilizadas para o desenvolvimento de novas aplicações é conhecida como *machine learning* ("aprendizado da máquina"), ou ML. De forma simplificada, em ML procura-se apresentar aos algoritmos inteligentes a maior quantidade possível de dados, permitindo que os sistemas desenvolvam a capacidade de realizar recomendações autonomamente.
>
> A percepção da relevância das mudanças que serão possíveis em praticamente todas as indústrias é refletida no aumento dos investimentos em *startups* de *software* do setor: de acordo com a CB Insights, globalmente esse valor saiu de cerca de US$ 600 milhões em 2012 para mais de US$ 5 bilhões em 2016. Vale observar que esses números não incluem os investimentos em pesquisa realizados por governos, universidades e corporações ao redor do mundo.
>
> Empresas de tecnologia - como Google, Microsoft, Apple, Facebook e Amazon - já incorporam técnicas inteligentes em seus produtos e caminham rumo a um futuro onde todas as suas linhas de negócios terão uma componente de ML embutida. Não importa a natureza da aplicação - tradução simultânea automática durante uma ligação, recomendações do que você quer (ou vai querer) comprar *on-line*, ou o correto reconhecimento da sua voz na interação com seu celular.

Modernas formas de gestão

O mundo da inovação não para, e os gestores de serviços vivem desafios permanentes à medida que o conhecimento tem prazo de validade cada vez menor.

A administração de recursos humanos, por exemplo, antes centrada em gestão de pessoas, hoje, concentra suas ações em gestão de competências, ou seja, em administrar diversas competências necessárias para o bom desempenho no mundo dos negócios. Mas o foco está mudando da responsabilidade para a aprendizagem. As inovações surgem em burburinho. O importante para uma empresa de serviços é saber administrar tendências de mercado, ou seja, ter um observatório para prever eventos futuros. É de olho na tecnologia que se inova e o mercado se acirra. Portanto, o bom gestor em serviços é aquele que possui uma percepção acurada para prever tendências.

Uma grande ideia é imperativa

Uma empresa de serviços, para ser bem-sucedida, precisa investir em talentos criativos. Além de enfatizar o trabalho em equipe, deve se antecipar à roda do tempo e permanentemente estar em busca de uma grande ideia. Eis algumas regrinhas básicas:

1. Ouvir o que cliente quer e espera receber.
2. Divulgar a nova ideia para as pessoas que com ela possam contribuir.
3. Montar uma rede de negócios eficaz, por meio de:
   - estratégia: desenvolver um modelo de negócios apoiado em hipóteses inovadoras;
   - conceber um novo serviço para os principais clientes;
   - desenvolver o serviço com base em uma engenharia ágil;
   - montar equipes velozes e ávidas de aprendizado;
   - estabelecer métricas de avaliação de poder de aquisição de clientes, volume de perdas e viralidade;
   - evitar o insucesso, sabendo prevenir e inibir o que não funciona;
   - manter velocidade apoiada em dados confiáveis.

Uma nova academia

Diante de novos desafios organizacionais, as escolas de administração precisam rever currículos e introduzir conceitos inusitados, antes que seus programas de ensino se tornem inadequados.

Os modelos de gestão estratégica, por exemplo, vêm evoluindo muito rapidamente, desde o conceito de matriz BCG – uma metodologia de análise gráfica do portfólio de produtos (ou negócios) – até inúmeras outras estratégias, tais como as disruptivas, que mudam conceitos e aplicações de produtos, como fez na Apple seu fundador Steve Jobs, um grande mestre, talvez o maior deles.

Mas as evoluções de estratégias são contínuas, não param de surgir novas; como as águas de um rio que passam debaixo de uma ponte, nunca são as mesmas.

As estratégias seguem o curso natural do mundo dos negócios: do *blue ocean* (oceano azul, um mercado sem concorrências aguerridas), navegando em águas calmas, sem surpresas, para se contrapor às estratégias em oceanos vermelhos, mercados agitados com muitos e fortes concorrentes, com uma forte concorrência predadora em preços.

O mundo não para. Novas e inusitadas tecnologias e novo saber estão fazendo a diferença antes que o mundo, no ano 2050, mude as formas de labor em serviços financeiros, de saúde, educação, entretenimento, entre outros serviços, todos eles precisam se reinventar permanentemente, pois em breve, como afirmam alguns, não haverá mais emprego. Novas ondas surgem, como a 4.0 e, em breve, a 5.0.

REFERÊNCIA

PERELMUTER, Guy. Máquinas que aprendem. *O Estado de S. Paulo*, São Paulo, 13 abr. 2017. Disponível em: https://economia.estadao.com.br/noticias/negocios,maquinas-que-aprendem,70001736664. Acesso em: 29 jul. 2020.

Casos

- ✓ Caso 1: serviços de saúde – **Dr. Consulta**
- ✓ Caso 2: serviços de turismo e hospitalidade – **Hotel Bella Italia**
- ✓ Caso 3: serviços de comunicação e mídia – **29HORAS Mídia Aeroportuária**
- ✓ Caso 4: serviços educacionais – **Universidad de la Empresa (UDE)**

CASO 1: SERVIÇOS DE SAÚDE – DR. CONSULTA

Ana Maria Malik e equipe

Thomaz Srougi e Marcos Fumio Koyama

No Brasil, após a promulgação da Constituição de 1988, foi instituído o Sistema Único de Saúde (SUS), por meio da Lei nº 8.080 de 1990, que afirma ser a saúde um direito fundamental do ser humano, devendo o Estado prover as condições indispensáveis ao seu pleno exercício. É dever do Estado garantir a saúde a partir da formulação e execução de políticas econômicas e sociais que visem à redução de riscos de doenças e de outros agravos.

O conjunto de ações e serviços de saúde, prestados por órgãos e instituições públicas, constitui o Sistema Único de Saúde. A iniciativa privada poderá participar do SUS, em caráter complementar. Entre os objetivos do SUS, está a assistência às pessoas por intermédio de ações de promoção, proteção e recuperação da saúde, com a realização integrada de ações assistenciais e das atividades preventivas. O cidadão tem direito ao acesso universal à saúde e aos serviços de saúde, de maneira integral e integrada, em função apenas de sua necessidade, independentemente de raça, sexo, classe social e origem.

Como ocorre em todos os sistemas de saúde do mundo, as pessoas nunca estão inteiramente satisfeitas. A capacidade de oferta é finita, enquanto os desejos, as necessidades e as demandas são infinitas. Em geral, há diferenças no acesso, pelo menos em termos do tempo que demora a obtenção da assistência e, por vezes, da percepção da qualidade recebida.

Experimento científico social: o conceito

A história começou em 2011, com um projeto liderado por Thomaz Srougi, que afirma que seu propósito era melhorar o seu entorno, inspirar outros brasileiros e realizar um investimento que tivesse grande impacto para a sociedade, em um modelo de negócios onde se aplicam as técnicas de marketing social. Vindo de uma família de médicos, Thomaz acompanhou a jornada e o desgaste desses profissionais para poder ter uma boa renda e não teve interesse em seguir a profissão. Mesmo assim, sempre pensou que faltava algo na área de saúde. Não conseguia entender por que as empresas não podiam participar da solução dos problemas sociais. Questionava constantemente se, no caso do Brasil, o governo era realmente ineficiente ou estava falido, até concluir que na saúde faltava gestão.

Descobriu que mais de 100 milhões de pessoas não tinham acesso adequado ao sistema de saúde. Imaginou o potencial caos social que ocorreria, caso essas pessoas se organizassem em torno dessa reivindicação. Nesse momento decidiu interromper suas atividades profissionais para desenvolver o que chamou de experimento científico com impacto social, buscando oferecer acesso aos serviços a quem necessitasse, promoção de saúde de forma eficiente e boa remuneração para o médico: assim nasceu o *Dr. Consulta*.

A filosofia da empresa tem como base testar, abrir, operar e, ao longo do caminho, corrigir a rota. Seu CEO afirma ter aprendido com a demanda e a partir das necessidades de seus clientes/pacientes. "Construímos o *Dr. Consulta* com os pacientes da comunidade de Heliópolis, perguntando-lhes o que realmente queriam", diz Thomaz. Dentro desse conceito, a primeira unidade, localizada em Heliópolis, cresceu rapidamente, validando o conceito de unidade abrangente e com poder resolutivo. Segundo ele, a baixa expectativa da população em relação aos serviços de saúde ajudou a viabilizar as primeiras unidades, pois mesmo os gestores percebendo a necessidade de ajustar seu funcionamento, os pacientes ficavam satisfeitos.

Uma das maiores dificuldades do período inicial foi atrair profissionais para trabalhar. Apenas três ou quatro aceitaram ser os pioneiros, limitando o escopo de atuação. À medida em que o modelo foi se provando viável, mais médicos passaram a aderir, em função do processo de trabalho desenvolvido e da forma de remuneração. Isso possibilitou à empresa expandir-se e atender mais de 40 especialidades. Os preços das consultas médicas variam (agosto de 2016) de R$ 60,00 a R$ 135,00, dependendo da especialidade. Nas unidades, ainda é possível realizar exames, desde laboratoriais mais simples até outros mais sofisticados como tomografia computadorizada, ressonância magnética e densitometria, entre outros. Nem todos os exames são realizados em cada um dos centros, alguns apenas nos especializados (por exemplo, em oftalmologia e saúde da mulher). Realizam, inclusive, pequenas cirurgias, segundo seu CEO, sempre zelando pela segurança na assistência.

Thomaz cita seu compromisso com a causa do médico, lembrando seu histórico familiar e considerando a governança de sua organização, de cujo Conselho participam também esses profissionais. O médico tem necessidade de trabalhar em boas condições para exercer seu ofício com qualidade e de progredir economicamente. "Se você quer ótimos profissionais, você deve oferecer excelentes possibilidades, é esse o nosso lema", diz ele. "Queremos somente os melhores e, por isso, quando começamos, tínhamos em nossa equipe médicos oriundos da Faculdade de Medicina da USP e da Harvard Medical School".

O *Dr. Consulta* tem como requisito para a atuação do médico, ao mesmo tempo, mostrar produtividade e ser bem avaliado pelo usuário. Para isso, deve haver, nas unidades, todo o necessário para desempenhar sua atividade a contento, do uniforme ao equipamento. Quanto à remuneração, a proposta da empresa é pagar, mais rapidamente, valores mais elevados do que ele recebe em outro tipo de vínculo, uma vez cumpridos os critérios de avaliação.

Em 2015, juntou-se à equipe gestora um vice-presidente médico, Marcos Fumio Koyama. "Quando o médico é muito bem avaliado, o vínculo do paciente é certo", afirma ele. Ele explica, ainda, que os médicos são treinados desde o momento inicial na filosofia do *Dr. Consulta*, cujas premissas são resolutividade e continuidade do cuidado, buscando satisfação do paciente.

Gestão da informação, gestão do paciente e modelo assistencial

Outra lição aprendida foi a necessidade de ser eficiente, eficaz e resolutivo. "Pela seriedade das pessoas envolvidas no projeto desde o início, não dava para brincar", diz Thomaz, referindo-se aos investidores e aos pioneiros. A gestão do paciente passou a ser uma ferramenta de trabalho: seus itinerários, suas preferências, onde ele aderia, onde ele se queixava, o que ele preferia e, principalmente, seu comportamento. Foi possível gerar um indicador próprio da organização: se, normalmente, diz-se que uma consulta gera cerca de seis exames, no *Dr. Consulta* este indicador é de 1,69 exame, o que pode ser visto como racionalização na solicitação de procedimentos complementares, racionamento puro e simples ou utilização da tecnologia da informação, como resultante de um processo de trabalho que permite consolidar vários serviços, para fornecer ao paciente cuidado integral. Atualmente, os pacientes atendidos retornam, em média, três vezes ao ano, mostrando adesão ao serviço.

Tendo em mãos os dados dos pacientes, a equipe consegue gerenciá-los, monitorando suas diversas passagens pelo sistema e evitando procedimentos (e gastos) desnecessários. Thomaz ressalta que não é possível fazer gestão do paciente sem dados, de retorno e resultados clínicos. É necessário acompanhar suas diferentes passagens pelo sistema e identificar os chamados *heavy users* que gastam (e usam os serviços) em demasia e os que não utilizam nem o necessário. Estes, quando buscam o sistema, já podem estar em situação fora de controle, sob o ponto de vista das condições de saúde e das despesas.

A partir das informações coletadas nos seus cinco anos de atividade, o *Dr. Consulta* desenvolveu um diagnóstico da necessidade real da população que atende. Acredita ter desenhado um sistema que otimiza gastos e oferece mais qualidade de vida e saúde ao seu usuário, reduzindo custos para todos os agentes envolvidos: o usuário, as empresas onde eles trabalham, as operadoras de saúde e o Estado.

Mas não era só dar acesso? O que há de diferente?

O objetivo do *Dr. Consulta,* segundo seu fundador, nunca foi fazer um atendimento episódico. Thomaz faz questão de lembrar que não se trata de *minute clinic*, *retail clinic* nem de *walk in*; sua missão é o atendimento continuado, garantindo acesso a programas para melhorar a saúde, independentemente de o usuário dispor de plano de saúde. Ele não se propõe a substituir o Estado, mas sim a facilitar a vida do cidadão, oferecendo serviços em função de sua necessidade, a preços "possíveis".

Pacientes que realizam exames nos centros do *Dr. Consulta* têm diversos resultados disponíveis no seu prontuário em cerca de duas horas. Com informações centralizadas, com auxílio de profissionais de enfermagem, que monitoram telefonicamente os pacientes vinculados a programas, e o histórico do paciente em mãos, os gestores conseguem programar recursos para cada período.

O *Dr. Consulta* contava, no segundo semestre de 2016, com dez programas preventivos, voltados a condições crônicas, entre as quais hipertensão, diabetes, cardiopatia e obesidade, respondendo ao desenho de empresa voltada à promoção da saúde. Segundo Fumio, obtiveram redução de custos em torno de 30% com os pacientes monitorados, se comparados àqueles sem acompanhamento, pois o número de pacientes crônicos descompensados diminui e a assistência fica melhor organizada a partir do nível primário, gerando controle mais efetivo, além de redução na utilização de exames e serviços desnecessários. Há três tipos de pacientes atendidos: um tipo é voltado à pediatria e ginecologia/obstetrícia; outro a algumas especialidades, como dermatologia, clínica, otorrinolaringologia e oftalmologia; finalmente, um terceiro, cujo foco são pacientes geriátricos, ortopédicos, neurológicos e cardiológicos. Além desses, há quem procure consultórios por sua localização de fácil acesso, em supermercados e ao lado de terminais de ônibus ou de metro. A partir dos dados de utilização é feita uma análise e, então, desenhadas as ações para buscar o engajamento de pacientes e de médicos.

A especificidade do *Dr. Consulta* é fixar um médico a um paciente, no modelo de um médico orientador do cuidado. Isto permite prever a economia do mês por meio de uma medida: a quantificação dos exames (desnecessários) que deixaram de ser realizados e a oferta do recurso considerado justo e necessário. "A ideia é controlar o doente crônico e reverter o pré-crônico. Só conseguimos fazer isso porque tratamos do paciente individualmente e, dessa forma, entramos em contato com o que ele precisa, entregando experiência e resultado clínico e reduzindo custos, consequentemente. Esse trabalho contribui para o sistema de saúde", diz Thomaz. Além disso, buscam fazer a gestão dos casos com a equipe de enfermagem, agregando as informações clínicas, cadastrais e de geolocalização, prevendo e analisando padrões de comportamento e necessidades por serviços de saúde.

Empreender

Empreendedorismo no século XXI é um negócio baseado em informações. Apenas após colocar o negócio em prática é possível entender as necessidades de mudança, afirma Thomaz. No começo, tudo o que tinham era uma planilha Excel. Com o tempo, vieram investimentos para estrutura física, equipamentos, contratação e treinamento de novos profissionais e planejamento de longo prazo. A estrutura organizacional era pouco complexa, para evitar engessamento e demora nas decisões. Hoje, existe no *Dr. Consulta* um modelo de governança corporativa com conselho de administração composto por profissionais de organizações como multinacionais, bancos, fundos de investimento e empresas de consultoria, além de um conselho médico com profissionais renomados.

A missão da empresa é traduzida em metas anuais, desdobradas em cada área, com uma rotina gerencial de acompanhamento, suportada por sistemas de informação. Os encontros dos gestores das áreas ocorrem semanalmente, para discussão de problemas setoriais e tomada de decisão sobre ações corretivas para o próximo período. As decisões mais complexas são testadas para validação dos impactos esperados, antes de serem definitivamente incorporadas à rotina. Mensalmente, os KPIs (indicadores-chave de desempenho) de metas são discutidos com o *staff* gerencial e ajustes estratégicos são avaliados, uma vez que a velocidade de crescimento e a dinâmica da empresa impõem reavaliações precoces e continuadas no contexto do planejamento vigente. A tecnologia da informação é um dos fatores críticos de sucesso da organização, mas Thomaz ainda acredita que sua maior vantagem competitiva são as pessoas, que chama de cabeças pensantes.

O propósito inicial continua: a lucratividade para o *Dr. Consulta*, segundo Thomaz, se traduz por um lucro social, que traz impacto na oferta de boas condições para o médico exercer sua atividade, com remuneração justa e em condições adequadas de acesso, e resolubilidade para o paciente, ao menor preço possível. O lucro econômico se traduz em "capitalismo do bem".

Investidores, investimentos e marketing

É público que o *Dr. Consulta* conta com diversos investidores. Alguns apoiam organizações com impacto social, alinhados com o propósito da empresa. Outros investem em empreendedores para construir empresas duradouras de alto impacto. Captar recursos para viabilizar novas unidades é essencial, mas também é importante manter os pacientes e atrair novos usuários. A taxa de crescimento do negócio tem sido exponencial, apesar da crise econômica do país.

O *Dr. Consulta* está presente em diversos meios de comunicação, com estratégias diferentes. É fácil acessar entrevistas e matérias contando sua história de sucesso e seu modelo inovador. Nas redes sociais, a empresa vem se destacando pela forma rápida de atender à demanda dos clientes, chegando a obter o prêmio "Época Reclame Aqui", que reconhece quem responde rapidamente às queixas deixando os "reclamantes" satisfeitos. Suas ações não se limitam a responder reclamações: também desenvolve estratégias de engajamento de clientes como no Facebook, onde, entre outras ações, envolvem usuários solicitando sugestões de locais para novos centros e convidam potenciais pacientes para participar de grupos de bate-papo. No LinkedIn, desenvolvem estratégias para a captar profissionais. Utilizam ainda outros canais, em cada um uma abordagem específica.

Empreender sem muita verba de marketing é difícil. Fazer experimentação não é comum. Captar investidores tampouco é tarefa fácil. O *Dr. Consulta* utilizou uma estratégia para atrair novos consumidores, divulgando seus serviços junto com um cupom de descontos associado ao boleto da conta de gás, da qual desistiu ao perceber retorno limitado. Também fizeram propaganda em painéis de estações do metrô ou em centros de compras. No entanto, a efetividade destas medidas é mais difícil de aferir.

Perspectivas

A empresa começou o ano de 2016 com dez centros médicos e pretendia triplicar esse número até dezembro do mesmo ano. Em 2017, a empresa já possuía 45 clínicas e, em 2018, passou para 75 após receber o aporte de R$ 300 milhões de diversos investidores estrangeiros. Com 150 mil atendimentos por mês, a equipe gerencial afirma ser possível continuar crescendo na estrutura atual.

Quando essa demanda crescer, será possível praticar preços mais baixos mantendo o nível de serviço atual. Além da comodidade oferecida ao paciente e da possibilidade de agendar consultas ou exames com rapidez, a estrutura integrada garantirá a fluidez na linha assistencial e nos resultados clínicos. Os gestores alegam conseguir isso por meio de um sistema informatizado e integrado ao prontuário eletrônico do paciente, usando os resultados de exames como variáveis de predição de resultados clínicos, otimizando a utilização de recursos. Para 2017, o plano era chegar ao total de 50 centros médicos, mas chegou a 75 dentro da estratégia de crescimento.

Em face da grande visibilidade do *Dr. Consulta*, a concorrência vem crescendo, cabendo citar a Cia. da Consulta, fundada em 2017, que atraiu investidores como Marcel Telles (um dos fundadores da Ambev), Elie Horn (dono da Cyrela) e José Vitor Oliva (empresário da noite).

Segundo o especialista Paulo Furquim do Insper, diretor do Centro de Estudos de Consulta de Negócios, o *Dr. Consulta* acertou ao priorizar os nichos mais baratos da saúde: consulta e exame. É uma lógica diferente do plano de saúde, que, na verdade, funciona como um seguro. A pessoa paga para não ficar sem atendimento, caso precise.

Alguns planos de saúde como o Prevent Senior, com foco no idoso, procuram realizar exames preventivos para reduzir custos com internação e cirurgia, justamente o elo mais custoso da cadeia (SCHELLER, 2017).

QUESTÕES

1. Quais são as vantagens competitivas do *Dr. Consulta* em relação a:
   a) concorrência;
   b) planos de saúde;
   c) profissionais de saúde;
   d) laboratórios de análises clínicas (medicina diagnóstica).
2. Como continuar rentabilizando a operação, diante da entrada de novos concorrentes no sistema proposto?
3. Que estratégias de comunicação devem ser adotadas para manter o fluxo da demanda de clientes?
4. Que diferenciais estratégicos devem ser buscados no curto e médio prazo?

REFERÊNCIA

SCHELLER, Fernando. Após receber aportes de R$ 300 milhões, Dr. Consulta prepara forte expansão. *O Estado de S. Paulo*, Caderno Negócios, 26 out. 2017, p. B6.

CASO 2: SERVIÇOS DE TURISMO E HOSPITALIDADE - HOTEL BELLA ITALIA

Arnaldo Bortoli

Cidade de Foz do Iguaçu

Está localizada no oeste paranaense e no centro do Mercosul, fazendo fronteira com Puerto Iguazú (Argentina) e Ciudad del Este (Paraguai). Sua demografia é etnicamente variada, formada por 72 nacionalidades e expressiva influência de islâmicos e budistas, tida como uma cidade cosmopolita no interior do estado do Paraná.

A região passou por vários ciclos econômicos, mas nunca de forma sustentável. Um dos primeiros foi o cultivo e a extração da erva-mate e de madeira em 1880, tendo o Rio Paraná como rota de escoamento da produção. No início do século XX, a região se volta ao turismo, mas de forma bem tímida. Em 1915, inspirados no que estava acontecendo na Argentina, pioneiros constroem o primeiro hotel em Foz do Iguaçu, possibilitados por um aporte do cônsul brasileiro em Posadas (Argentina) para o desenvolvimento da área, sugerindo ao governo brasileiro a abertura de alternativas de visitação às cataratas no lado brasileiro, em face da atuação forte dos argentinos em seu território.

Foi em um sobrado abandonado na principal avenida comercial da cidade, Avenida Brasil, que Frederico Engel deu início à atividade hoteleira e turística na região. Esse foi o primeiro hotel da cidade, mais tarde, no mesmo ano, com a liberação do proprietário das terras em torno das quedas, instalou-se o Hotel dos Saltos, localizado nos arredores das Cataratas do Iguaçu. Inicialmente, o estabelecimento possuía apenas três cômodos e depois foi ampliado para receber até 14 hóspedes.

Outra grande abertura para o turismo local foi a intercessão de Alberto Santos Dumont, o pai da aviação, em 1916 junto ao governo para a desapropriação das terras, para que a região das cataratas fosse transformada em área pública. Os turistas que, a princípio, visitavam o parque eram os próprios moradores de Foz do Iguaçu. Colonos da região faziam piqueniques, pescarias e praticavam até caça nas horas vagas. Quando ocorreu a ampliação do uso de máquinas fotográficas, as Cataratas do Iguaçu foram divulgadas para o mundo.

Em 1939, Getúlio Vargas cria o Parque Nacional do Iguaçu e, com isso, começaram os investimentos públicos em turismo no município. Foz do Iguaçu tinha 176 hotéis e 27,5 mil leitos, de acordo com a versão 2014 do Inventário Turístico da Secretaria Municipal de Turismo.

Hotel Bella Italia

Arnaldo Bortoli, um gaúcho de origem italiana, atuava com sócio no comércio de insumos agrícolas, mas com as diversas crises econômicas do Brasil, muito da agropecuária local se mudou para o Paraguai. Entretanto, ele optou por continuar seus empreendimentos em Foz do Iguaçu. Foi por volta de 1987 que veio o estalo, montar um hotel com alma italiana. E, assim, em voo solo, Arnaldo resolveu abraçar uma nova aventura de um sonho: abrir com sua família um hotel com características italianas. A operação do Hotel Bella Italia, inaugurado em agosto de 1990, começou com 40 apartamentos, depois 80 em 1997 e, finalmente, para a configuração atual, com 135 apartamentos.

Apesar de o turismo de compras no Paraguai ser muito forte na década de 1990, o Hotel Bella Italia apostou no atendimento ao mercado corporativo, vendedores, representantes comerciais, enfim, profissionais que viajam o ano todo, vindos do Paraguai, Argentina e do próprio Brasil, e que são mais fidelizáveis. Na época, o mercado de viajantes a negócio era pouco explorado pela hotelaria local.

Para atrair clientes, o Bella Italia apostava na sua localização central, próximo ao Cataratas Shopping e diversos outros estabelecimentos comerciais, no fácil acesso a todos os atrativos e, ainda, no atendimento cordial e na gastronomia e serviços.

Estratégias de marketing

Segundo o gerente de marketing do Hotel Bella Italia, Sidiclei de Moura, desde o princípio um dos grandes diferenciais do hotel foi a gastronomia, a começar por um farto café da manhã, sempre muito elogiado, com enorme variedade de produtos.

Em 2000, foi lançado o jantar "Noite Italiana", no início somente aos sábados e depois também às quartas-feiras. Com o passar dos anos e o fortalecimento da marca, atualmente a "Noite Italiana" acontece de terça-feira a sábado. A marca ficou muito forte no mercado local, e os turistas comentam "aquele hotel que tem o famoso jantar italiano". Hoje, 40% dos clientes da "Noite Italiana" são hóspedes do Bella Italia e 60% provenientes de outros hotéis e moradores da cidade (no *site* Tripadvisor foi o quinto restaurante mais bem avaliado pelos turistas em 2017).

O conceito de atender o cliente em tudo o que ele precisar em Foz do Iguaçu é levado muito a sério no grupo Bella Italia, começando pelo atendimento dentro do hotel, em todos os setores, em que o objetivo é satisfazer o cliente nos pequenos detalhes. O ambiente familiar é um dos pontos positivos que tornam o atendimento mais caloroso e faz com que o hóspede sinta-se em casa.

Conforme diz a gerente de reservas Alessandra Mori, a venda começa em uma busca no *site* do hotel e é finalizada pelo setor de reservas. Uma boa conversa dá ao futuro hóspede um gostinho ávido de curiosidade acerca das cataratas e das condições prazerosas de gastronomia que o Bella Italia oferece.

Serviços – histórico

O "Passaporte Turístico" foi criado pelo hotel para atender o turista com hospedagem, passeios e refeição em um único pacote. Foi um marco no início dos anos 2000, já dando conotações de que o Bella Italia tinha uma vocação mais ampla do que apenas hospedagem.

A Loumar Turismo teve início como um balcão no *lobby* do Bella Italia, para oferecer programas turísticos em Foz do Iguaçu, Puerto Iguazú e Ciudad del Este. Hoje, a Loumar está em mais de 15 pontos distribuídos em Foz do Iguaçu, em outros hotéis e nos pontos mais centrais da cidade, incluindo os dois *shoppings*. É uma das maiores operadoras da região, com diversos veículos proporcionando inusitados programas nas três cidades da tríplice fronteira, incluindo vans, ônibus, ônibus dois andares para *city tour*, tanto do lado brasileiro quanto argentino.

A "Lojinha dos Sonhos", situada no *lobby* do Bella Italia, começou como um balcão de venda de acessórios indispensáveis ao hóspede, mas, hoje, se tornou uma loja de conveniências que complementa os serviços do hotel e que fecha com a gastronomia elogiada toda a fantasia das visitas à tríplice fronteira, cataratas e demais pontos turísticos.

Atualmente, além do Hotel Bella Italia, fazem parte do grupo o Hotel Águas do Iguaçu, Hotel Bogari e as parceiras Loumar Turismo e Igufoz Locadora. Um dos segredos do grupo são seus funcionários, que compartilham do mesmo pensamento de bem servir e contribuíram para que o grupo Bella Italia seja, hoje, uma empresa sólida.

Razões do sucesso de um sonho

Sempre acreditando no atendimento com um requinte italiano, o Sr. Arnaldo, como é conhecido, acredita que o sucesso se deva à governança (o proprietário e seus filhos moram no hotel): no Bella Italia, o fundador – Sr. Arnaldo; no Águas do Iguaçu – o filho Marcio Bortoli; no Bogari – o outro fillho, Marcelo Bortoli.

Conceitos adotados por cada hotel

A partir de 2015 foi adotada uma identidade e um conceito próprio para cada hotel do grupo. O Hotel Bella Italia, com foco no turismo de negócios, segue com uma identidade italiana. O Hotel Bogari e o Águas do Iguaçu seguem o conceito de hotel turístico, com quartos mais amplos, pé direito mais alto e aparelhos de TV maiores e mais modernos, além de espaço amplo para piscinas. Ambos também oferecem um bom café da manhã e investem no visual para atrair novos hóspedes.

Concorrência

- A concorrência de hotéis 4 estrelas em Foz do Iguaçu: Nadai, Continental, Viale, Recanto, Rafain, entre outros, mas com tarifas básicas maiores.
- O grupo Bella Italia, como hotel de 3 estrelas, pratica uma tarifa básica de R$ 220.
- O Ibis atua na faixa tarifária do grupo Bella Italia, mas não dispõe de gastronomia tão intensiva, apesar de ter construído uma nova unidade em frente ao Cataratas Shopping, próximo ao Bella Italia.
- Uma nova unidade do hotel Bourbon também veio se situar em frente ao Cataratas Shopping.
- Na categoria 5 estrelas, se destacam: Belmont, Mabu e Bourbon.
- Hotéis argentinos de Puerto Iguazú e a nova zona hoteleira da selva das cataratas.

Os desafios do mercado hoteleiro no Brasil – sinais vermelhos

Foz do Iguaçu é terceira cidade de turismo mais procurada pelos estrangeiros.

O Rio de Janeiro é a primeira cidade de destino turístico e, com as Olimpíadas em 2016, era a "bola da vez", de expectativa tão maravilhosa quanto o *slogan* da cidade. O tecido urbano havia se transformado e tudo levava a crer em um crescimento hoteleiro, sobretudo na degradada zona portuária, que foi rebatizada de Porto Maravilha. A rede hoteleira Marriott, a maior do mundo, lançou um empreendimento na região, mas o turismo desabou, e a taxa de ocupação caiu. O excesso de oferta e a recessão vêm prejudicando, desde 2016, o setor de hotéis. Os lugares turísticos sofrem ainda a concorrência de plataformas de estada, como o Airbnb, que oferece quartos desocupados para quem vai se hospedar por curta temporada. Em 2016, o número de hospedagens do *site* cresceu 140%, enquanto a situação do mercado hoteleiro enfrentava dificuldades em todo o Brasil. Em 2017, ocorria com o mercado hoteleiro um fenômeno parecido com a bolha dos *flats* dos anos 1990, quando milhares de pequenos investidores apostaram suas poupanças no setor, que também passou por um momento de excesso de oferta (BERTÃO, 2017).

Em 2017, a rede francesa AccorHotels cresceu na América do Sul, investindo em luxo e *lifestyle*. Por muito tempo, a Accor falou em economia com Ibis, que se tornou sinônimo de hospedagem econômica. Mas, hoje, a estratégia é desenvolver e trabalhar mais marcas de luxo e *lifestyle* (BARBOSA, 2017).

Em 2020, a crise da Covid-19 atingiu todo o segmento de turismo: empresas aéreas, agências de viagem, hotéis, restaurantes e similares. A cidade de Foz do Iguaçu teve suas fronteiras com Argentina e Paraguai fechadas em março de 2020. Em função desses obstáculos, e para minimizar custos, a estratégia adotada pelo Grupo Bella Itália foi fechar para reforma os hotéis Águas das Cataratas e Bella Italia até 2021, mantendo de portas abertas apenas o Hotel Bogari.

Forças do grupo Bella Italia em Foz do Iguaçu

São Paulo e Foz do Iguaçu são as cidades que menos têm sofrido com a bolha hoteleira. O Grupo Hotel Bella Italia tem conseguido superar crises econômicas do país e, de certa forma, navega financeiramente nas ondas das cataratas.

Seriam a união familiar e os exemplos do casal fundador e dos filhos os responsáveis pelo sucesso do grupo? Ou a união com os funcionários, que formam uma equipe discreta, porém bastante unida e disposta a enfrentar a concorrência? Na verdade, o sucesso do Bella Italia é resultado, também, da atuação criativa do genro Marcelo Valente, que, como superintendente do hotel, impulsionou grandes saltos, tornando o Bella Italia uma referência nacional. Além de associar a Loumar Turismo como uma operadora que atrai hóspedes, teve discernimento de se afastar da gestão aos poucos para dar espaço aos seus cunhados, preservando a unidade familiar. Isso se deve a uma gestão humana, até carinhosa, que a Karina, filha do Sr. Arnaldo e esposa do Marcelo Valente, imprime ao setor de gestão de pessoas: as pessoas vêm em primeiro lugar e, depois, vem a rentabilidade do hotel.

Estratégias promocionais

O Grupo Bella Italia concentra sua atuação promocional por *e-mail* marketing, enfatizando as datas e feriados do calendário anual (Natal, Páscoa, Ano Novo, Dia dos Namorados) como excelente oportunidade para vender o jantar "Noite Italiana". Há diversos *outdoors* pela cidade divulgando o evento, sobretudo na estrada das cataratas brasileiras. Há, também, uma forte atuação junto às operadoras de turismo local e nacional, com ênfase na gastronomia.

Segundo pesquisa de ocupação hoteleira realizada em 2019 pelo Sindicato de Hotéis, Restaurantes, Bares e Similares (Sindhotéis) em parceria com a Secretaria de Turismo de Foz do Iguaçu, a cidade tem capacidade de 32 mil leitos em mais de 180 hotéis, pousadas, *hostels* e albergues. A ocupação mensal dos hotéis da região, por categoria, foi a seguinte:

- 5 estrelas (Luxo): 62,4%;
- 4 estrelas (Superior) 66,5%;
- 3 estrelas (Turístico) 58,6%;
- 2 estrelas (Pousadas) 54,9%.

O desempenho é melhor nos hotéis de 4 estrelas, vindo a seguir os de 5 estrelas, que recebem muitos eventos e congressos. Os melhores anos de ocupação foram 2012, com 81,1% de ocupação, e 2016, com 77,%. Em 2019, a ocupação média foi de 60% (PIMENTEL, 2020).

QUESTÕES

1. O incremento da concorrência, com novos hotéis 4 estrelas em Foz do Iguaçu e novos hotéis 5 estrelas na zona de selva do lado argentino em Puerto Iguazú, pode diminuir o valor das tarifas. Como superar esse eventual desafio?
2. Como incrementar o turismo da região para minimizar a dependência de congressos e eventos?
3. Como se preparar para crises como da Covid-19 e outras como a bolha hoteleira e das plataformas de estada?
4. Até quando o sucesso de serviços e gastronomia do Bella Italia prevalecerá como vantagem competitiva? Como vencer a crise no turismo causada pela pandemia da Covid-19?
5. Quais serão as ameaças futuras, no período pós-pandemia, ao sucesso contínuo das redes de hotéis em Foz do Iguaçu?

REFERÊNCIAS

BARBOSA, Bárbara. AccorHotels cresce na América do Sul e investe em luxo e lifestyle. *Propmark*, 6 mar. 2017, p. 34.

BERTÃO, Naiara. A bolha dos hotéis estourou no Brasil. *Revista Exame*, 7 jun. 2017, p. 34-36.

PIMENTEL, Ronildo. Hotéis de Foz do Iguaçu tiveram ocupação média de 60% em 2019. 9 mar. 2020. *GDia*. Disponível em: https://gdia.com.br/noticia/hoteis-de-foz-do-iguacu-tiveram-ocupacao-media-de-60-em-2019. Acesso em: 4 ago. 2020.

CASO 3: SERVIÇOS DE COMUNICAÇÃO E MÍDIA – 29HORAS MÍDIA AEROPORTUÁRIA

Juliana Ferreira Simões

Amigos, irmãos, Antônio Carlos, Patrício Valério (Tonhão) e Pedro Barbastefano, foram companheiros no curso de graduação da FGV no início dos anos 1980.

Graduados e especializados em Marketing, Pedro iniciou seus primeiros passos na Nestlé e Tonhão na Unilever. A passagem de Pedro pela Nestlé foi breve e ele logo mergulhou no ambiente editorial. Com passagem pela Editora Abril e, posteriormente, pela Editora Globo já como Diretor de Publicidade, Pedro levou Tonhão para o mercado de revistas para lançarem "Pequenas Empresas Grandes Negócios" (PEGN).

A partir desse sucesso lançaram outros títulos até que, no final de 1988, resolveram empreender. Ao se desligarem da Globo, o destino lhes oferece uma superoportunidade. Começaram a mergulhar em um novo ambiente da comunicação que estava engatinhando no Brasil, o negócio da mídia aeroportuária.

Nesse período, a Infraero, empresa responsável pela gestão dos aeroportos do Brasil, estava em transição. Historicamente gerida por milhares, ela começa a dar os primeiros passos para a gestão civil.

O arquiteto Micherefe, responsável pela planta do aeroporto novo de Cumbica, decide abrir as portas para empresas que teriam interesse em explorar essa mídia de uma nova forma: esteticamente melhor, mais serviços e mais interativa.

Nasce, então, a Meta29. Um terceiro personagem é agregado ao filme nesse momento: Clóvis Cordeiro, engenheiro naval politécnico, amigo de infância de Pedro e Tonhão. Ele era o "cara" que daria vida aos principais projetos desta nova empresa.

No ano de 1993, a nova empresa, embasada em muita pesquisa quantitativa e qualitativa e inspirada nos principais projetos inovadores nos aeroportos dos Estados Unidos e Europa, começa a dar seus primeiros passos. Naquela época, o Brasil transportava em torno de 20 milhões de passageiros/ano.

Nestes 25 anos de vida, lançaram mais de 100 projetos diferenciados, inúmeros projetos culturais, utilizando arte contemporânea, holografias e curtas como suporte para a publicidade.

Os primeiros projetos de tecnologia, nos anos de 1996 a 2002, também fizeram parte dessa trajetória.

Em 2008, nasce outro grande filhote, a revista *29HORAS*.

Ocupando um nicho *top* no Aeroporto de Congonhas, a revista mensal, com distribuição gratuita, se tornou nos últimos nove anos a grande referência de conteúdo dos passageiros que frequentam o aeroporto. O sucesso influenciou, inclusive, a nova marca da empresa, que passou a ser conhecida como 29HORAS Mídia Aeroportuária.

Mas, afinal, qual é a importância da mídia aeroportuária?

Os meios de comunicação fora do lar OOH (*Out of Home*) mais especializados vêm crescendo ano a ano, e em 2016 já representavam algo em torno de 2,2% do investimento publicitário total.

Tabela 1 Tipos de meio de comunicação de acordo com valores de investimento publicitário

MEIOS	Jan. a Dez./2016		Jan. a Dez./2015	
	R$ (000)	(%)	R$ (000)	(%)
Total	**129.984.446**	**100**	**132.059.608**	**100**
TV aberta	71.616.459	55,1	69.961.861	53,0
TV assinatura	16.407.050	12,6	15.064.924	11,4
Jornal	15.263.439	11,7	16.851.771	12,8
TV *merchandising*	7.955.511	6,1	6.945.328	5,3
Rádio	4.894.977	3,8	5.173.378	3,9
Revista	4.737.082	3,6	5.386.908	4,1
Display	4.513.854	3,5	8.724.182	6,6
OOH	2.888.245	2,2	1.585.447	1,2
SEARCH*	1.197.832	0,9	1.640.247	1,2
Cinema	509.998	0,4	725.564	0,5

Fonte: Kantar IBOPE Media – Monitor Evolution (2016).

** Search – mídia digital focada em conversão de estratégias-meio em estratégias finais, ou seja, é um funil para outras mídias.

Meios

Entre os meios monitorados, a TV aberta seguia, em 2016, com a maior fatia do bolo publicitário, 55,3%. Somados os investimentos destinados ao *merchandising*, o meio obteve 61,2% de participação no total investido no período, seguido por TV por assinatura (12,6%) e jornal (11,7%).

Os investimentos em formatos *display* na internet alcançaram 3,5% de participação do total em mídia destinado pelas agências e anunciantes, ante 6,6% em 2015.

Previsões

De acordo com uma pesquisa do IPG Mediabrands Magna, a compra de mídia digital iria superar a de TV pela primeira vez em 2017. O digital deve se tornar a primeira categoria de publicidade, alcançando *market share* de 40%, o que representará a movimentação de US$ 202 bilhões ao redor do mundo. Em comparação, a venda de mídia para TV deve gerar cerca de US$ 186 bilhões e alcançar um *market share* de 36%. Em 2020, a mídia digital é líder de mercado (Facebook, Instagram, *e-commerce*, mídia social, buscadores, identidade visual, Twitter, YouTube filmes etc.) e não para de crescer no mercado de comunicação.

Praças

No *ranking* dos maiores mercados do país, São Paulo continua na liderança, absorvendo 23,8% da verba total. Rio de Janeiro (9,8%), Belo Horizonte (4%), Porto Alegre (3,3%) e Curitiba (2,4%) completam a lista dos cinco maiores mercados em volume de investimento publicitário.

Além de Congonhas, a 29Horas atua também em aeroportos como Santos Dumont, no Rio de Janeiro, e em cidades como Porto Alegre, Belo Horizonte, Recife, Florianópolis, Curitiba, Salvador, Londrina, entre outras.

Atualmente, a empresa conta com totens da revista *29Horas*; monitores de TV de 50 polegadas; LCD *walls* e diferentes tipos de painéis de propaganda. Possui ainda mídia em redes de *wi-fi*, novos totens interativos, ativações no universo do entretenimento, facilitadores no ambiente da mobilidade urbana. Ambos os projetos publicitários (revista e espaço multimídia) objetivam interagir com o público circulante dos aeroportos. Todas essas mídias impactam praticamente 100% passageiros e acompanhantes que passam pelos aeroportos em que a empresa está presente. O público total atingido por ano é de cerca de 100 milhões de pessoas.

A mídia nos aeroportos é, portanto, a grande cereja do ambiente OOH. Nenhuma outra consegue atingir o tripé quanti/quali/tempo de espera com tanta eficiência.

QUESTÕES

1. Quanto do potencial de mercado de consumo brasileiro a 29Horas atingiu em 2017?
2. A Elemidia, telas de vídeo em elevadores com programa informativo e publicidade, foi criação de um então funcionário da 29Horas. Que outro tipo de mídia (OOH) pode surgir no mundo de negócios publicitários em aeroportos e outros pontos de circulação como pontos de ônibus urbano e interurbano, metrôs e trens?
3. Dê sua opinião sobre a eficácia da publicidade aeroportuária.
4. Qual é o negócio da 29Horas, publicidade ou informação? Há possibilidade de esse meio ser interativo? Dê sugestões.

CASO 4: SERVIÇOS EDUCACIONAIS – UNIVERSIDAD DE LA EMPRESA (UDE)

Guillermo Jasidakis

Breve histórico do país

O Uruguai é um dos países mais desenvolvidos da América do Sul, um dos menos corruptos, com a melhor classificação no Índice de Prosperidade Legatum e pioneiro em medidas relacionadas com direitos civis e democratização da sociedade. Legalizou o divórcio em 1907 e, em 1932, concedeu o direito de voto às mulheres. Legalizou o casamento entre pessoas do mesmo sexo, autorizou o aborto e, em 2017, legalizou o consumo da maconha com fins recreativos.

A população uruguaia não cresce há 30 anos, sendo estimada, em janeiro de 2016, em 3,5 milhões de pessoas, sendo que 1,8 milhão vive em Montevidéu. A idade média da população é de 34,5 anos (32,8 anos dos homens e 36,2 anos das mulheres). Segundo dados de 2015, a expectativa de vida é de 77 anos. É o nono país mais "habitável e verde" do mundo, conforme a revista *Reader's Digest*, sendo tipicamente um país agrícola e de serviços.

Mercado educacional no Uruguai

A educação é obrigatória no Uruguai por um total de nove anos, começando na educação primária, sendo gratuita da pré-escola até a educação superior (96,8% da população é alfabetizada). O hábito de leitura por habitante é de sete a nove livros por ano.

Análise da concorrência

1. A estrutura universitária do Uruguai é a seguinte:
   - A Universidad de la República Uruguay (Udelar) é uma instituição estatal, única universidade até o ano de 1985. É gratuita e com ingresso livre, sem nenhuma limitação de acesso nem de exigência de escolaridade. É também a maior. Sua dimensão se conhece mediante censos periódicos e se estima em mais de 100 mil estudantes, ainda que não sejam todos ativos.
   - A Universidad Católica del Uruguay (UCU) é a mais antiga das universidades privadas, pertencente à Conferência Episcopal, e sua gestão é realizada pelos jesuítas. Juntamente com a ORT (Universidad ORT Uruguai), fundada em 1942 como escola técnica sem fins de lucro, é a maior universidade privada do país. A Universidad ORT integra a rede ORT em nível internacional e é vinculada à comunidade judaica.
   - A Universidad de Montevideo, vinculada ao Opus Dei, é, juntamente com a Claeh Universidad, a menor universidade do Uruguai. Esta última, antigo Instituto Universitário, foi aprovada como universidade em 2017 e também mantém vínculos com grupos católicos.
   - A Universidad de la Empresa (UDE) - que, como o próprio nome indica, nasceu com o apoio de todas as organizações empresariais - é uma instituição laica. Foi a última a ser aprovada no grupo da década de 1990 e, desde então, por seu contínuo e rápido crescimento, conquistou o terceiro lugar em tamanho.
2. A UDE tem dois diferenciais muito valorizados: sua vinculação com o setor empresarial e seu perfil laico. Primeiro, a proximidade com o setor empresarial se entende à sua formação, que é ajustada aos que preferem os empresários ao contratar formandos, e em segundo lugar, porque o Uruguai é o país da América que tem o maior sentimento laico.

3. Estas definições foram reconhecidas por seus aspectos operacionais que as reforçarão como diferencial:
   - Uma metodologia educativa com forte vinculação com a realidade, de modo que os estudantes conheçam, desde o começo de seus estudos, a realidade de seu futuro desempenho quando graduados. Visitas a empresas, receber profissionais e empresários de sucesso para que nas aulas transmitam suas experiências, concursos de aplicação de conhecimentos, uso do método do caso etc. fazem parte de sua filosofia de trabalho.
   - A laicidade é entendida como o direito de os estudantes terem suas próprias ideias e poderem expressá-las, respeitando as dos demais, em um ambiente de tolerância e livre de dogmas.
   - Os estudantes têm o direito de exporem todas as ideias para que possam formar livremente sua própria linha de pensamento.
   - Os professores contam com liberdade de cátedra sujeita a duas limitações: o cumprimento do programa da matéria e o respeito às opiniões dos estudantes.
4. Um terceiro e importante diferencial foi se desenvolvendo como consequência dos anteriores: uma universidade inserida no tecido social, ou seja, as propostas educativas surgem a partir de demandas da sociedade na qual está inserida. Assim, foram surgindo as carreiras e faculdades nas áreas de saúde, educação, engenharia etc.

   Como isso é operado? De várias formas. Por um lado, foram criados conselhos assessores em cada zona na qual a UDE opera. Esses conselhos estão integrados por autoridades locais, diretores de colégios, empresários, o que se chamam as "forças vivas", com aprovação e interesse da sociedade local.

Diferenciais da UDE

Asas de um sonho

Os pioneiros são sempre sonhadores, e de um esforço de capacitar executivos o grupo capitaneado por Jorge Abuchalja e Roberto Brezzo resolveu adentrar no mercado educacional. Para isso, pensam grande, sonham não com uma escola, mas com uma universidade, com diversos cursos.

O sonho ganha forma

O professor Roberto Brezzo foi escolhido como o primeiro reitor da UDE. A UDE começou a oferecer os primeiros cursos em um antigo hospital municipal, na Calle Soriano, número 959, no centro velho de Montevidéu, hoje, seu *campus* central.

Com a crise internacional na Espanha, a Universidad de Valencia vendeu à UDE seu *campus* uruguaio na cidade de Colonia del Sacramento. Essa localização é estratégica, pois é ligada em 45 minutos por aerobarcos a cidade de Buenos Aires. Em 2018, a Universidad de la Empresa abriu uma unidade em Punta del Este, sobretudo para atender aos estudantes vindos do exterior.

Evolução da UDE

1. Até o ano de 1995 não estavam autorizadas no Uruguai as universidades privadas. A exceção fora a Universidad Católica del Uruguay, aprovada em 1984 por lei, mas sem autorizar as universidades privadas em geral.
2. Por essa razão, a Universidad de la Empresa começou a funcionar em 1982 como Escola de Negócios UDE, com 35 estudantes.
3. A partir da aprovação do Decreto que autorizou a instalação de universidades privadas, surgiram três novas instituições: a ORT, a Universidad de Montevideo e a Universidad de la Empresa (UDE), aprovada em março de 1998.
4. Nesse momento, a UDE contava com três faculdades: Ciências Empresariais, *Design* e Ciências Agrárias.
5. Com um crescimento contínuo, em 2017 a realidade da UDE pode ser assim resumida:
   - 5.500 estudantes distribuídos em oito faculdades - Ciências Empresariais: Ciências Econômicas e Contábeis; Desenho e Comunicação; Ciências Agrárias; Ciências da Saúde; Engenharia; Educação; Ciências Jurídicas; uma Escola de Desenvolvimento Empresarial.
   - Um estudo realizado pelo Ministério da Educação do país mostrou que, nos últimos dez anos, a UDE é a universidade privada que mais cresceu, cerca de 96% contra uma média de 46% de todas as outras. Hoje, ela é a terceira do país.
   - Atualmente, os cursos da UDE são ministrados em cinco *campi*: três deles em Montevidéu, um em Colonia del Sacramento e outro em Punta del Este.
   - Os cursos práticos nas áreas da Saúde são realizados no sanatório Casa de Galicia, e os de Educação Física nas instalações desportivas da Scuola Italiana di Montevideo.
   - Entre docentes e não docentes, a UDE conta com o trabalho de 600 pessoas.
   - Entre seus graduados, se encontram intendentes, ministros, parlamentares, empresários, CEOs etc.
   - Com um mercado interno restrito pelas dimensões do país em face de um sonho tão arrojado, a UDE tenta atrair alunos dos países vizinhos, notadamente Brasil, Argentina e Paraguai. Todos os anos recebe mais de 600 estudantes estrangeiros nos cursos de pós-graduação.

Relações internacionais

Desde sua criação, a UDE não para de crescer, lançando continuamente novos cursos de graduação para o mercado nacional e de pós-graduação para estudantes do exterior.

Os acordos acadêmicos estão espalhados por diversas faculdades, localizadas nos Estados Unidos, Brasil, Itália, França, Paraguai, México, Panamá, Venezuela, Países Baixos, Peru, Reino Unido, República Dominicana, Rússia e Suíça.

Desafios

Em face do seu crescimento acelerado, sobretudo em níveis de mestrado e doutorado, a UDE se tornou a terceira universidade privada do país. O desafio para os próximos cinco anos será o de consolidar a sua estrutura e, em dez anos, ampliar o número de faculdades.

Algumas considerações do marketing educacional

- Marketing de relacionamento: objetiva perenizar a relação de um aluno com a instituição onde ele formou a base do seu conhecimento profissional.
- Qualidade de ensino: os cursos oferecidos devem possuir sempre uma qualidade superior aos concorrentes.
- *Network*: as redes de trabalho devem ser alimentadas por ofertas de cursos que permitam um contínuo aprimoramento do conhecimento e consequente ampliação de competências.
- Marketing de qualidade: o próprio marketing da instituição de ensino precisa dar orgulho ao aluno. Uma comunicação bem-feita é sempre fonte de orgulho, para o aluno e o ex-aluno.
- O valor da marca da Instituição de Ensino Superior é alta para alunos e seus pais, e média para os candidatos a aluno de outras escolas. O que significa que a comunicação deve fazer um direcionamento estratégico para ganhar a simpatia e admiração de todos os possíveis candidatos a aluno da instituição e da comunidade em geral.

A marca da UDE é relativamente nova em seu país e na América Latina. A parceria com escolas internacionais de renome tem sido a estratégica para ganhar destaque e valor, além de aprimorar a qualidade do ensino.

Em 2017, a Universidad de la Empresa enfrentava alguns desafios, quais sejam:

- proporcionar alojamento aos estudantes estrangeiros;
- oferecer financiamento subsidiado aos alunos;
- buscar novas alianças internacionais;
- consolidar e aprimorar os cursos atuais;
- validar os diplomas uruguaios em alguns países.

Resumo

A UDE teve um rápido crescimento no país graças à crescente oferta de novos cursos de qualidade. Em nível internacional, conseguiu atrair alunos estrangeiros em razão da credibilidade da educação do Uruguai na América Latina. Além do sucesso de seus alunos em suas carreiras, a internet e a seriedade da instituição se incumbirão de criar uma imagem positiva para a marca UDE, tanto no Uruguai como no exterior.

QUESTÕES

1. De que maneira a UDE pode crescer no Uruguai e nos países vizinhos, como Argentina, Brasil, Chile e Paraguai? E em quais cursos deveria dar ênfase?
2. Proponha ações estratégicas em marketing para atrair novos alunos e reter os atuais.
3. Faça uma análise dos dados de mercado educacional no Uruguai e vizinhos, como Argentina, Brasil, Chile e Paraguai.
4. Que diferenciais a UDE deveria oferecer para atrair novos alunos e reter os atuais?
5. Como fortalecer a marca UDE na América Latina?

Índice Alfabético

D

O

P

Q

R

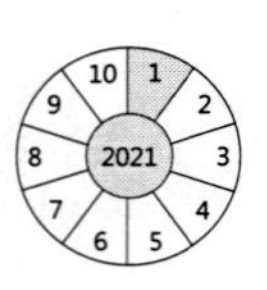

10
1
2
3
4
5
6
7
8
9
2021